ANNALES DE L'INSTITUT DE PHILOSOPHIE ET DE SCIENCES MORALES

(UNIVERSITÉ LIBRE DE BRUXELLES)

La collection des *Annales de l'Institut de Philosophie et de Sciences Morales de l'Université libre de Bruxelles* est la lointaine descendante de la revue *Morale et Enseignement* fondée en 1951 sous la direction du professeur Jeanne Croissant-Goedert. De simple liasse de seize à vingt pages agrafées, elle est reliée et dotée d'une couverture à partir des n° 33-34 en 1960. Le n° 64 publié fin 1967 est le dernier de *Morale et Enseignement* proprement dit. La revue revient sous le titre *Annales de l'Institut de Philosophie* et la direction du professeur Chaïm Perelman en 1969. « Morale et Enseignement » apparaît désormais comme une sorte de sous-titre, reconnaissance symbolique du passé, car un éditorial souligne qu'il ne s'agit plus de se limiter à « des problèmes de morale » mais bien de pouvoir « couvrir la totalité du champ de la philosophie ». Les volumes sont annuels et, à partir de 1974, édités par Ch. Perelman et J. Sojcher. En 1979, les *Annales* deviennent thématiques et sont éditées par J. Sojcher et G. Hottois. En 1985, Gilbert Hottois devient le directeur de la collection qui quitte, en 1989, les Éditions de l'Université de Bruxelles pour être désormais publiée chez Vrin. C'est en 1992, avec le titre « H. Arendt et la Modernité », que les *Annales* acquièrent tout à fait leur forme actuelle : celle d'un livre collectif sur un thème ou un auteur traité par des spécialistes internationaux sous la responsabilité scientifique d'un coordinateur. La référence aux anciennes *Annales* n'apparaît plus qu'en pages intérieures. Il demeure cependant que, depuis plus d'un demi-siècle, la série de publications qui va de *Morale et Enseignement* à la collection d'aujourd'hui (dirigée de 2017 à 2024 par Thierry Lenain et depuis par Sylvain Delcomminette) constitue un bon témoignage historique de l'activité philosophique à l'Université libre de Bruxelles.

L'ACTIVITÉ DE LA MATIÈRE

DANS LA MÊME COLLECTION

Philosophie de l'esprit et sciences du cerveau, 1991, 162 p.
Hannah Arendt et la modernité, 1992, 176 p.
Hans Jonas. Nature et responsabilité, 1993, 192 p.
L'effet Whitehead, 1994, 220 p.
Hegel aujourd'hui, 1995, 234 p.
Temps cosmique et histoire humaine, 1996, 192 p.
L'image. Deleuze, Foucault et Lyotard, 1997, 162 p.
Gilles Deleuze, 1998, 192 p.
Matières pensantes. Études historiques sur les conceptions matérialistes en philosophie, 1999, 176 p.
Philosophie et science fiction, 2000, 156 p.
Écrits posthumes de Sartre II, 2001, 208 p.
Simondon, 2002, 208 p.
Genre et Bioéthique, 2003, 192 p.
Mensonge, mauvaise foi, mystification, 2004, 208 p.
Philosophie comparée : Grèce, Inde, Chine, 2005, 192 p.
Perspective, Leibniz, Whitehead, Deleuze, 2006, 172 p.
Vie et expérimentation. Peirce, James, Dewey, 2007, 176 p.
L'envers de la raison. Alentour de Canguilhem, 2008, 192 p.
« Enhancement » : éthique et philosophie de la médecine d'amélioration, 2009, 224 p.
Analyse et ontologie. Le renouveau de la métaphysique dans la tradition analytique, 2010, 204 p.
Personne/Personnage, 2011, 214 p.
Les philosophes et le futur, 2012, 288 p.
Arrachement et évasion : Levinas et Arendt face à l'histoire, 2013, 190 p.
La philosophie au cœur de l'éducation. Autour de Matthew Lipman, 2014, 256 p.
Étienne Souriau : une ontologie de l'instauration, 2015, 196 p.
Dilthey et l'histoire, 2016, 196 p.
Liberté au Moyen Âge, 2017, 180 p.
Philosophie du végétal, 2018, 182 p.
Penser l'évolution – Nietzsche, Bergson, Dewey, 2019, 200 p.
La méthode de division de Platon à Érigène, 2020, 192 p.
Sapience : des transformations de la sagesse dans la philosophie moderne, 2021, 186 p.
Les biographies existentielles de Sartre : thèmes, méthodes enjeux, 2022, 184 p.
Perspectivismes métaphysiques, 2023, 192 p.

ANNALES DE L'INSTITUT DE PHILOSOPHIE DE BRUXELLES

Directeur : Sylvain DELCOMMINETTE

L'ACTIVITÉ DE LA MATIÈRE

coordination scientifique

Guillaume Coissard et Arnaud Pelletier

PARIS

LIBRAIRIE PHILOSOPHIQUE J. VRIN

6, place de la Sorbonne, Ve

2024

Imprimé en France

ISSN 0778-4600
ISBN 978-2-7116-3180-3

www.vrin.fr

INTRODUCTION

RETOURS SUR L'AGENTIVITÉ ET L'ACTIVITÉ DE LA MATIÈRE

L'idée d'une *agentivité* de la matière rencontre une certaine fortune depuis une vingtaine d'années, en particulier chez les « néo-matérialistes ». Toutefois, l'*activité* de la matière est loin d'être une idée nouvelle. Le présent livre entend ouvrir le dialogue.

LES NÉO-MATÉRIALISMES ET L'AGENTIVITÉ DE LA MATIÈRE

Les *New materialisms* ont réussi le tour de force de faire du matérialisme, une philosophie traditionnellement dominée et méprisée, une étiquette désirable dont il est en vogue de se réclamer. Ce mouvement, qui se développe depuis la deuxième moitié des années 2000, est protéiforme et divergent. Il est cependant possible d'identifier certains traits communs des approches dites « néo-matérialistes ».

1. Elles se définissent la plupart du temps par un retour à l'ontologie. Il s'agit en effet de « revenir aux questions les plus fondamentales à propos de la nature de la matière et de la place des êtres humains incarnés dans le monde matériel »[1]. La construction d'ontologies matérialistes procède alors d'une double rupture. D'une part, avec toutes les formes de

1. D. Coole et S. Frost, *New Materialisms. Ontology, Agency and Politics*, Durham-London, Duke University Press, 2010, p. 3.

constructivisme [1], qu'il s'agisse d'affirmer la construction sociale de l'être ou la préséance du langage, les néo-matérialistes cherchent à revenir en-deçà de ces médiations pour élaborer des métaphysiques qui se fondent sur la matière et ses métamorphoses. D'autre part, et de manière conséquente, la rupture s'opère aussi avec toutes les formes de critique qui, dans la lignée de B. Latour [2], sont comprises uniquement comme des manières de séparer ce qui est hybridé, et comme des approches purement négatives [3]. L'ontologie court-circuite ces détours pour revenir à une approche plus directe et plus affirmative des choses et des processus matériels.

2. Les « néo-matérialistes » remettent en cause un certain nombre de dualismes jugés constitutifs des fondements de notre modernité. La critique de la séparation entre nature et culture en est un exemple paradigmatique. Là encore dans la suite de Latour, il s'agit de penser les agencements [4] ou les enchevêtrements (*entanglement* [5]) dans lesquels les humains sont pris avec des entités non humaines, ou la continuité de la « natureculture », pour reprendre un concept forgé par D. Haraway [6]. Avec ce dualisme archétypal en tombent d'autres, comme celui de la technique et de l'organique, celui du politique et du biologique, ou encore du masculin et du féminin.

3. Les ontologies développées sont très souvent des ontologies relationnelles dans lesquelles les rapports priment les entités. À cet égard, le concept d'« intra-action » forgé par K. Barad est exemplaire. Il vise à penser la constitution d'entités plus ou moins discrètes à partir d'un seul et même processus continu de matérialisation. Car, pour Barad, « la matière n'est pas une chose, c'est un faire (*Matter is not a thing, it's a doing*) » [7]. L'« intra-action » permet ainsi de penser la différence, non pas comme un

1. D. Coole et S. Frost, *New Materialisms..., op. cit.*, p. 6.

2. B. Latour, *Nous n'avons jamais été modernes* [1991], Paris, La Découverte Poche, 1997, p. 13-17 et p. 53-56.

3. Voir l'entretien avec K. Barad dans R. Dolphijn et I. Van der Tuin, *New Materialism : Interviews and Cartographies*, Ann Arbor, University of Michigan Library-Open Humanities Press, 2012, p. 49.

4. J. Bennett, *Vibrant Matter. A Political Ecology of Things*, Durham, Duke University Press, 2010, p. 20-38.

5. K. Barad, *Meeting the Universe Halfway : Quantum Physics and the Entanglement of Matter and Meaning*, Durham (NC), Duke University Press, 2007.

6. D. Haraway, *The Companion Species Manifesto : Dogs, People and Significant Otherness*, Chicago, Pricly Paradigm Press, 2003, t. I.

7. K. Barad, « Posthumanist Performativity : Toward an Understanding of How Matter Comes to Matter », *Signs : Journal of Women in Culture and Society* 28/3, 2003, p. 822.

donné, mais comme le résultat d'un procès de différenciation. Elle suppose, ultimement, un matérialisme moniste qui produit la multiplicité à partir de l'unité.

4. Ces thèses s'accompagnent d'une critique de l'anthropocentrisme et parfois d'une revendication de « post-humanisme »[1]. C'est la conséquence du décentrement opéré par les néo-matérialistes : l'être humain n'est pas séparé du reste de la nature, son monde n'est pas un empire dans un empire et, en conséquence, il n'a à être ni le point de départ, ni l'objet spécifique de la métaphysique.

5. Enfin, toutes ces approches ont en commun de reposer sur un effort de reconceptualisation de la matière. Il s'agit alors de penser son *agentivité* (*agency*), c'est-à-dire une puissance propre de la matière ou des choses matérielles ; une capacité à agir dans le monde et sur le monde. La thèse de l'agentivité de la matière et des matérialités est probablement la plus commune et la plus typique des nouveaux matérialismes, en tant qu'elle synthétise toutes les autres : c'est en effet à partir d'elle qu'il devient possible de penser une ontologie de la différenciation immanente des processus matériels ; c'est à partir d'elle encore que les hybrides cessent d'être le pur résultat de la domination et de l'exploitation humaine sur les matérialités qui nous entourent, comme si celles-ci n'étaient rien d'autres que des choses inertes disponibles pour la gestion humaine. Au contraire, les assemblages hybrides manifestent une agentivité distribuée : on comprend donc aussi comment cette même thèse coïncide avec la critique de l'anthropocentrisme. Enfin, il s'agit d'une proposition fortement métaphysique, qui ravive la vieille question des propriétés de la matière.

Les stratégies mises en place pour penser, ou mettre en évidence, une telle agentivité des choses matérielles sont alors multiples. K. Barad, par exemple, fonde ce qu'elle nomme « réalisme agentiel » sur une interprétation de la physique quantique dont les racines se trouvent chez Bohr[2]. Mais la tendance la plus lourde des néo-matérialistes consiste en la réactivation d'un schème vitaliste : l'*agentivité* est traduite en *vie* de la matière, comme si les deux concepts étaient interchangeables. Nous prendrons sur ce point les exemples de deux grandes figures néo-matérialistes.

1. Voir l'usage de cette catégorie chez R. Braidotti, *The Posthuman*, Cambridge, Polity Press, 2013.

2. K. Barad, *Meeting the Universe Halfway*, *op. cit.* Pour un échantillon, en français, des travaux de Barad, on consultera : K. Barad, *Frankenstein, la grenouille et l'électron. Les sciences et la performativité queer de la nature*, Le Pré Saint Gervais, Asinamali, 2023.

Jane Bennett, d'abord, qui, avec *Vibrant Matter. A political ecology of things* (2010), a livré l'un des manifestes les plus représentatifs de ce mouvement. Elle s'y propose notamment de penser le « pouvoir-des-choses » (*thing-power*)[1], c'est-à-dire leur capacité à se comporter comme des agents indépendamment des activités et des volontés humaines. Or, ce pouvoir est un peu plus loin spécifié comme « une vie » (*a life*), qui désigne le principe général indéterminé à la base de toute individuation. Elle déclare alors : « "Une vie" nomme ainsi une activité perpétuelle, une force-présence créatrice-destructrice qui ne coïncide pleinement avec aucun corps spécifique »[2]. Le concept de vie reçoit alors une extension universelle qui va bien au-delà des limites de l'organique : les métaux, par exemple, sont dotés d'une vie impersonnelle[3]. Ces hypothèses ont pour origine une relecture des passages de *Mille-Plateaux* où Deleuze et Guattari cherchent à penser « une vie propre de la matière, un état vital de la matière en tant que telle, un vitalisme matériel qui, sans doute, existe partout, mais [est] ordinairement caché ou recouvert »[4]. À partir de ces mêmes passages, R. Braidotti construit le concept de « *Zoe* », qui ne désigne pas seulement la vie dans ses formes organiques (*Bios*), mais plutôt « l'énergie cosmique », « impersonnelle et inhumaine »[5] qui déborde ses instanciations dans des formes singulières. *Zoe* fait alors signe vers une ontologie moniste d'inspiration spinoziste qui présuppose un principe universel dont l'activité consiste à se produire et à se reproduire perpétuellement, en faisant émerger et en détruisant des modes passagers. La vie individuelle suppose quelque chose de plus fondamental : un principe vital pré-individuel et génératif.

La critique des dualismes, la réintégration de l'être humain dans le monde matériel auquel il a toujours déjà appartenu, l'accent mis sur les relations qui constituent les entités sont des points remarquables des nouveaux matérialismes qui en font des approches particulièrement actuelles et fécondes. Mais, éclairés à l'aune de leur tendance vitaliste, les nouveaux matérialismes posent aussi un certain nombre de problèmes irrésolus. Parmi ceux-ci se trouvent des problèmes relatifs à la méthode employée. Le refus de tout criticisme et la volonté de construire des ontologies qui se présentent comme des visions du monde mettant l'accent

1. J. Bennett, *Vibrant Matter...*, *op. cit.*, p. 2
2. *Ibid.*, p. 54.
3. Voir aussi J. Bennett, « Matérialismes métalliques », *Rue Descartes* 59, 2008, p. 57-66.
4. G. Deleuze et F. Guattari, *Capitalisme et Schizophrénie, 2 : Mille Plateaux*, Paris, Éditions de Minuit, 1980, p. 512.
5. R. Braidotti, *The Posthuman*, *op. cit.*, p. 131.

sur l'agentivité des choses matérielles ne garantit en rien l'adéquation entre le discours et les choses. Il s'agit beaucoup plus, *in fine*, de statuer sur *ce que devraient être nos représentations* des non-humains pour cesser de les dominer et de les exploiter, plutôt que de dire *ce qu'ils sont*. Le discours, privé de toute garantie critique, ne peut jamais échapper au risque de projeter sur les choses nos propres désirs et nos propres représentations. Étrange matérialisme – franchement idéaliste même – qui considère que les représentations du monde précèdent le monde et qui reconduit finalement la matière au statut de pur support de ce que nous souhaiterions en dire. Chez J. Bennett, ces problèmes se traduisent par la revendication explicite d'une méthode *naïve*[1] qui procède par anthropomorphisme et qui attribue brutalement aux matérialités non-humaines des propriétés humaines.

Un deuxième problème touche à la signification même de l'affirmation de l'agentivité de la matière. L'égalité souvent tracée entre *agentivité* et *vie* révèle une confusion conceptuelle plutôt qu'elle ne permet de gagner en précision. Le vitalisme des néo-matérialistes est un principe si universel qu'il ne lui correspond aucune altérité et qu'il finit par désigner toutes les choses et tous les processus naturels. Un tel vitalisme généralisé ne désigne en fait rien de précis; en tant que discours totalisant, il fait même violence aux diverses manières d'être des matérialités en leur appliquant universellement un unique principe de vie. Pire, au prix d'une telle généralité, les ontologies matérialistes sont susceptibles d'interprétations exactement contraires à celles qu'elles prétendent véhiculer[2]. En effet, l'agentivité ou vie de la matière devient un principe mystérieux caché dans les phénomènes matériels et les animant. Rien n'empêche de lire Bennett comme une philosophe animiste qui suppose l'existence d'une infinité d'âmes immatérielles, retirées et invisibles, qui seraient la raison dissimulée de l'agentivité de la matière. Du moins ce modèle est-il compatible avec le « vital matérialism »[3] qu'elle défend. Rien n'empêche non plus de lire Braidotti en panthéiste et de considérer *Zoe* comme l'esprit du monde. Ce genre de retournement du matérialisme en spiritualisme est particulièrement visible dans la trajectoire intellectuelle d'E. Grosz : figure de proue du vitalisme néo-matérialiste, elle en est venue à s'intéresser à la

1. J. Bennett, *Vibrant Matter...*, *op. cit.*, p. 17-18.

2. F. Neyrat montre ainsi que la généralisation du vitalisme implique paradoxalement une tendance au spiritualisme. Voir *Literature and Materialisms*, London-New York, Routledge, 2020, p. 91-92.

3. J. Bennett, *Vibrant Matter...*, *op. cit.*, p. 17.

dimension incorporelle de la matérialité[1], admettant que les processus d'organisation, le dynamisme de la matière, et les faits de signification impliquent de poser l'insuffisance de la matière à tout produire et à tout expliquer. C'est le résultat du flou conceptuel et de la grande malléabilité de la notion d'agentivité.

Une histoire longue

Que sous-entend la revendication à la nouveauté? En quoi les nouveaux matérialismes sont-ils «nouveaux»? Les philosophies néo-matérialistes se caractérisent aussi par une certaine interprétation de leur place dans l'histoire de la philosophie et des ruptures qu'elles y opèrent. De ce point de vue, comme déjà mentionné, le contexte proche est celui d'une rupture avec toutes les formes de constructivisme : le *material turn* répond au *linguistic turn* et aux structuralismes de la seconde moitié du XXe siècle. Mais un autre positionnement, plus profond, structure l'historiographie des néo-matérialistes : il s'agit de rompre avec une représentation *moderne* du monde selon laquelle la matière ne serait qu'une chose inerte, malléable et disponible pour nos actions. Une telle conception a son origine chez Descartes, car « nous devons en réalité beaucoup de nos idées à propos de la matière à Descartes, qui l'a définie au XVIIe siècle comme une substance corporelle constituée de longueur, largeur et profondeur; comme étant étendue, uniforme et inerte »[2]. Plus largement, elle est exprimée au plus haut point par la physique classique, qui aurait parfaitement formulé (et constitué?) l'anthropologie des modernes. Voici comment Latour, figure tutélaire des nouveaux matérialismes, s'exprime sur ce point :

> La situation politique et écologique dans laquelle nous sommes est extra-ordinairement dure pour tout le monde. On est simplement affectés par toutes ces transformations dont on nous parle tous les jours dans les journaux, la question du climat, de ces réunions internationales pour essayer de contrôler la biodiversité, et même la question de ce que sont le progrès, l'abondance. On se rend compte que ces questions sont associées au monde dans lequel on était jusqu'à récemment : un monde organisé autour du principe que les choses n'ont pas de puissance d'agir. Galilée est un exemple tout à fait typique de ce monde-là : à partir d'un plan incliné, le calcul des boules de billard qui tombent et cette magnifique invention

1. E. Grosz, *The Incorporeal. Ontology, Ethics, and the Limits of Materialism*, Columbia University Press, 2017. Elle développe aussi cette idée dans un entretien mené avec T. Clément Mercier : « Immaterial Matters, or the Unconscious of Materialism : a Convesation with Elizabeth Grosz », *Síntesis. Revista de Filosofí* 4/2, 2021, p. 141-166.

2. D. Coole et S. Frost, *New Materialisms...*, *op. cit.*, p. 11.

> qu'est la découverte de la loi de la chute des corps. Une boule de billard n'a pas du tout d'identité, aucune puissance d'agir, ce que l'on appelle en anglais l'*agency*[1].

Or, il est impossible de soutenir sérieusement que la modernité dans son ensemble s'accorde sur la conception d'une matière étendue, inerte et sans puissance d'agir. Il s'agit même de l'une des controverses les plus vivaces de cette époque : celle de la définition de la matière, de l'interrogation sur ses propriétés, et de la possibilité de sa réduction au seul attribut de l'étendue. Les matérialistes du XVIIIe siècle, par exemple, s'opposent farouchement à l'idée d'une matière sans puissance d'agir et cherchent, par diverses stratégies, à penser la manière dont elle agit, sans recourir à aucun principe immatériel. Ainsi, comme le remarque C. T. Wolfe, il ne s'agit pas tant de distinguer entre l'ancien et le nouveau, entre le moderne et le non-moderne, mais plutôt entre deux conceptions de la matière coexistantes et opposées :

> Plutôt qu'entre l'ancien matérialisme et son héritier néo-matérialiste du XXIe siècle, il serait plus utile, nous semble-t-il, de distinguer entre un matérialisme fondé sur une notion de la matière *passive* et un matérialisme de la matière *active*[2].

On ajoutera que l'opposition entre une tradition qui conçoit la matière comme passive et une autre qui, au contraire, met l'accent sur son activité n'est ni spécifiquement moderne, ni d'ailleurs ne recoupe parfaitement l'opposition entre matérialistes et anti-matérialistes. Il s'agit d'une *controverse ouverte et générale* tout au long de l'histoire de la philosophie qui a conduit les philosophes à inventer de nombreux modèles théoriques pour penser l'activité ou, au contraire, la passivité de la matière. D'où un étonnement qui vient à la lecture des textes néo-matérialistes : les philosophes qui se sont déjà explicitement posé la question de l'activité de la matière sont très rarement mentionnés (sauf peut-être Spinoza), la tradition matérialiste est parfaitement occultée au profit du spiritualisme de Bergson ou du vitalisme de Driesch[3], ou encore de la phénoménologie merleau-pontienne[4]; les solutions théoriques déjà avancées pour la résolution d'un même problème ne sont jamais reprises ou discutées. La révolution des

1. B. Latour, *Habiter la Terre. Entretiens avec Nicolas Truong*, Paris, Les Liens qui Libèrent et Arte Éditions, 2022, p. 35.

2. C. T. Wolfe, *Lire le matérialisme*, Lyon, ENS Éditions, 2020, p. 222.

3. Deux références qu'on trouve chez J. Bennett, *Vibrant Matter…*, *op. cit.*, p. 62-81.

4. D. Coole, « The Inertia of Matter and the Generativity of Flesh », in *New materialisms…*, *op. cit.*, p. 92-115.

nouveaux matérialismes n'en est finalement peut-être une que par l'oubli de l'histoire de la philosophie : tout est nouveau quand le passé n'existe pas. Puisque les nouveaux matérialistes ont redonné une actualité à l'activité de la matière, reprenons ses histoires.

REPRENDRE LES HISTOIRES DE LA MATIÈRE LE MOMENT LEIBNIZIEN

L'idée selon laquelle la matière aurait toujours été réduite jusqu'à la modernité à une masse homogène purement passive, insensible, morte, en elle-même dépourvue d'activité et par conséquent exclusivement disponible ou à disposition de l'activité d'autre chose, est une illusion doxographique. Celle-ci sert souvent, par contraste, à mettre en scène l'idée d'une activité de la matière comme renversant radicalement le canon qu'on s'est fabriqué à dessein. Cette petite scénographie un peu facile pour esprits en manque de nuance et de profondeur historique ignore la multitude des figures conceptuelles qui ont cherché à penser le rapport entre matière et activité et manque ainsi toutes les occasions qu'elles offrent d'intensifier ou de prolonger un geste qui a toujours été actuel : interroger le concept de matière.

Sur le chemin de cette enquête, on ne peut manquer de rencontrer la figure de Leibniz, non seulement parce qu'il fait partie de la grande famille de ceux qui ont cherché à penser l'activité au cœur de la matière, le changement au cœur du mouvement, l'agentivité au cœur des agencements, mais parce qu'il a lui-même ouvert une multitude de fronts de discussion, se tournant vers toutes sortes de figures, de conceptualités et de lexiques pour les éprouver, les situer, les traduire ou les retourner. Sur cette question comme sur d'autres, Leibniz se tourne vers des approches, des histoires et des scènes philosophiques multiples qu'aucune antinomie ne vient ressaisir et dont aucune n'est à mépriser puisque chacune est un essai pour expliciter, à sa mesure, un aspect du réel. Sans entrer dans le détail des questions et des distinctions qu'il rencontre et sur lesquelles il revient, il peut être utile, dans cette introduction, d'évoquer cette attitude méthodologique face aux penseurs de la matière, et sa manière de faire retour sur les concepts de matière.

Le phénomène de la matière

Le point de départ est phénoménologique : le nom de matière renvoie d'abord de manière abstraite à l'ensemble des phénomènes dont nous faisons l'expérience sensible. Or, et c'est un point constant, il n'y aurait pas d'apparition de phénomènes s'il n'y avait pas de mouvement de leurs parties. Autrement dit, le mouvement des parties, ou plus exactement la différence des mouvements des parties, est la condition même de la phénoménalité pour nous. Une partie de la matière ne nous paraît donc immobile et inerte (par exemple : la table devant moi) que relativement à d'autres parties qui ne le sont pas. Ou encore : sans mouvement, la matière n'est rien. Ainsi, dans un de ses premiers textes sur le concept abstrait de la matière première des corps, Leibniz écrit explicitement :

> Si la matière première est au repos, elle n'est rien. [...] Et si la matière première est mue de matière uniforme, c'est-à-dire selon des lignes parallèles, elle est au repos et par conséquent n'est rien (*quiescere, et per consequens nihil esse*)[1].

Immédiatement, plusieurs fils sont noués ensemble qui impliquent des formes d'activité : d'une part, il n'est de matière que comme phénomène pour un percevant, supposant ainsi une activité de percevoir ; d'autre part, il n'est de matière que par l'existence de mouvements différenciés, lesquels présupposent une activité de production, communication et dispersion des mouvements. Dès ces premières remarques, nous sommes conduits à des questions redoutables, que Leibniz poursuivra assidûment : comprendre ce qu'est la perception, comprendre la cause des mouvements dans la matière, comprendre le rapport entre les deux. Toutefois, sans avoir à trancher la question de savoir comment l'activité vient à la matière, et si elle est constitutive de la matière, on peut au moins retenir cette caractérisation minimale selon laquelle la matière est coextensive à l'activité, et peut-être même à différentes formes d'activité.

La déclaration emblématique d'une telle activité coextensive à toute la matière, ou à toute la nature, se trouve dans l'un de ses derniers textes, au paragraphe 69 de la *Monadologie* :

1. Leibniz, [*De materia prima*], 1670 ?, in *Sämtliche Schriften und Briefe*, édition de l'Académie des Sciences de Berlin-Brandebourg et de l'Académie des Sciences de Göttingen-(Darmstadt)-Berlin-Boston, Walter de Gruyter, 1923 *sq.*, cité désormais A, suivi du numéro de série, de tome, de page, ici A VI, 2, 280. De nouveau, le point de départ est que ce qui n'est pas senti est rien (*quicquid non sentitur, nihil est*), *ibid.* Le même argument est repris dans le [*De materia, de motu, de minimis, de continuo*], décembre 1675, A VI, 3, 466.

> Ainsi il n'y a rien d'inculte, de stérile, de mort dans l'univers, point de chaos, point de confusion qu'en apparence; à peu près comme il en paraîtrait dans un Étang à une distance dans laquelle on verrait un mouvement confus et grouillement, pour ainsi dire, de poissons dans l'étang, sans discerner les poissons mêmes [1].

Si la phrase ne mentionne pas le terme de matière, on peut toutefois extrapoler l'univers comme un ensemble de corps matériels, comme cet étang plein de poissons qui enveloppent encore en eux des étangs pleins de poissons, ainsi qu'il était déjà précisé juste auparavant: « Il y a un Monde de créatures, de vivants, d'Animaux, d'Entéléchies, d'Âmes dans la moindre partie de la matière » [2]. Parler d'activité *de* la matière serait ici une impropre catachrèse puisqu'il n'est encore question que de vie *dans* la matière, aussi loin qu'on la divise, c'est-à-dire à l'infini [3]. On retrouve ici la caractérisation de la matière par sa phénoménalité, par cette dimension d'apparence où s'atteste, aussi loin que porte la division, qu'il y a des mouvements et des grouillements partout, et donc finalement qu'il n'y a rien d'inerte, c'est-à-dire, au plus près de l'étymologie privative de l'*in-ars*, qu'il n'est rien qui soit dépourvu d'*ars*, dépourvu d'activité. On retrouve ce nouage intime entre la matière phénoménale, l'activité qui produit les changements *dans* les phénomènes et l'activité qui perçoit les changements *des* phénomènes. Cela n'est encore que le point de départ, et comme une caractérisation nominale de la matière: que dire d'autre de cette matière indissociablement liée à une activité, à quelque échelle des phénomènes que l'on se place, depuis l'infiniment petit jusqu'à l'infiniment grand, c'est-à-dire bien au-delà du point de vue humain? C'est là que Leibniz fait retour sur différentes conceptualités.

En effet, l'idée d'un étagement des phénomènes de la matière introduit à l'idée d'un étagement des perspectives sur la matière, et par conséquent des concepts de matière. Au paragraphe 69, Leibniz rapporte bien l'inactivité – qu'on la dise pure étendue, stérilité, insensibilité, passivité ou mort – à une question d'échelle dans les apparences, à un effet de confusion de la perception qui se dissout lorsque l'on décompose les phénomènes. Ce dont nous faisons l'expérience – comme les objets qui nous entourent – peut paraître inactif, c'est-à-dire sans mouvement, lorsque nous ne le percevons que confusément à notre échelle, tout comme – selon un exemple souvent

1. Leibniz, *Monadologie*, § 69, in *Die Philosophischen Schriften von G. W. Leibniz*, éd. C. I. Gerhardt, Berlin, 1875-1890, 7 t., cité désormais GP, suivi du numéro de tome et de page, ici GP VI, 618.

2. *Ibid.*, § 66, GP VI, 618.

3. *Ibid.*, § 65.

repris par Leibniz – nous croyons voir des lignes parfaitement droites et des courbes régulières parce que nous les imaginons droites mais nous percevons en réalité confusément des figures géométriques qui, dans la nature, ne sont jamais parfaites : il n'existe pas la moindre ligne droite dans l'univers[1]. C'est bien cet étagement et cet emboîtement des phénomènes qui invitent à penser une pluralité d'aspects de la matière au-delà de la simple caractérisation nominale que nous venons de mentionner. Cela invite donc à faire droit à une pluralité de discours sur la matière, eux-mêmes plus ou moins développés et plus ou moins confus. Tel est, nous semble-t-il, le geste de Leibniz lorsqu'il se tourne vers les discours sur la matière qui l'ont précédé : il s'agit de situer leur perspective propre, non pour les dénoncer et leur opposer frontalement un autre concept, mais pour voir ce qui peut en être retenu ou traduit selon le plan auquel ils se situent. Les scénographies ne s'excluent pas, elles se multiplient, dans leur hétérogénéité même. Non seulement les phénomènes peuvent être hétérogènes à des échelles différentes – il n'y a en ce sens aucune difficulté à décrire des phénomènes de la matière par des lois causales à un certain niveau et par des lois que l'on dirait probabilistes à un autre niveau – mais les phénomènes sont hétérogènes aux substances ou à ce dont ils résultent. Les concepts et les reprises se multiplient : il y a une matière en tant que quelque chose est étendu ; il y a une matière en tant que quelque chose est vivant, pris « dans un flux perpétuel comme les rivières et [que] des parties y entrent et en sortent continuellement »[2] ; il y a une matière en tant que quelque chose est passif ; il y a une matière du corps et une matière de la monade ; il y a une matière première en tant qu'on considère un aspect incomplet d'un concret – et aucune ne se laisse penser indépendamment de l'activité. Deux aspects de cet étagement des perspectives peuvent être soulignés.

1. Voir la lettre à Sophie du 31 octobre 1705, A I, 25, 246 : « C'est nostre imperfection, et le defaut de nos sens, qui nous fait concevoir les choses physiques, comme des estres Mathematiques, où il y a de l'indeterminé. Et l'on peut demonstrer qu'il n'y a point de Ligne ou de figure dans la nature qui donne exactement et garde uniformement par le moindre espace et temps, les proprietés de la ligne droite ou circulaire, ou de quelque autre dont un esprit fini peut comprendre la definition ».

2. Leibniz, *Monadologie*, § 71, GP VI, 619.

Retour sur Descartes

La manière dont Leibniz se rapporte à la matière étendue chez Descartes est exemplaire de cette approche étagée. Elle mérite d'être soulignée car elle diffère de cette opposition frontale et sans nuance mise en scène par nombre de nos contemporains – et en particulier certains « nouveaux matérialistes » – qui réduisent la modernité à Descartes et qui, chez Descartes, réduisent les corps matériels à la seule étendue, faisant ainsi de la *res extensa* le slogan d'un réductionnisme qu'il s'agirait précisément de dépasser[1].

Descartes, on le sait, fait de l'étendue l'attribut principal de la matière ou du corps *en général*, lequel attribut vient caractériser sa nature ou son essence, de sorte que « tout ce que d'ailleurs on peut attribuer au corps présuppose de l'étendue (*extensionem praesupponit*) et n'est qu'une dépendance de ce qui est étendu (*modus quidam rei extensae*) »[2]. Le texte est parfaitement clair : il ne soutient pas une réduction ou identification complète de la matière à l'étendue ; par contre l'étendue est la seule propriété qui est présupposée par toutes les propriétés que l'on peut attribuer à la matière – c'est-à-dire que l'on peut connaître de la matière – et c'est ce qui lui vaut son titre d'attribut principal. À l'inverse, le fait d'être senti « de quelque façon » n'est pas une propriété présupposée par tout corps matériel.

Sans succomber ainsi au contresens d'un réductionnisme intégral qui frappe les lectures hâtives, Leibniz n'en a pas moins multiplié les textes rejetant vigoureusement l'idée selon laquelle la nature (ou l'essence) de la matière (ou du corps) consiste dans l'étendue. C'est le cas en particulier lors de la grande offensive anti-cartésienne qu'il mène publiquement au début des années 1690, c'est-à-dire au moment de l'invention de sa dynamique et au moment où paraît aussi l'hagiographique *Vie de Monsieur Descartes* par Adrien Baillet. Il publie ainsi en 1691 une lettre dans le *Journal des savants* :

1. Voir D. Coole et S. Frost, *New Materialisms…*, *op. cit.*, p. 7-8. Étrange réductionnisme, à la vérité, que celui qui identifierait complètement la matière à la simple étendue géométrique, bref à de la matière… sans matière.

2. Descartes, *Principes de la philosophie*, « Première partie », art. 53, dans *Œuvres*, éd. C. Adam et P. Tannery, rév. par B. Rochot et P. Costabel, Paris, Vrin-CNRS, 1964-1974, 11 t. [désormais AT], ici AT IX-II, 48 (français) / VIII, 25 (latin). Voir aussi « Deuxième partie », art. 4 ; AT IX-II, 65 / VIII, 42 : « La nature de la matière, ou du corps pris en général, ne consiste point en ce qu'il est une chose dure, ou pesante, ou colorée, ou qui touche nos sens de quelque autre façon, mais seulement en ce qu'il est une substance étendue en longueur, largeur et profondeur ».

> Si l'essence du corps consistait dans l'étendue, cette étendue seule devait suffire pour rendre raison de toutes les affections du corps : mais cela n'est point. Nous remarquons dans la matière une qualité, que quelques-uns ont appelée l'inertie Naturelle, par laquelle le corps résiste en quelque façon au mouvement, en sorte qu'il faut employer quelque force pour l'y mettre (faisant même abstraction de la pesanteur) et qu'un grand corps est plus difficilement ébranlé qu'un petit corps [1].

Leibniz fait ainsi observer que l'étendue peut bien être reconnue comme l'attribut principal des corps au sens cartésien d'une *présupposition* de l'étendue, mais celle-ci ne suffit pas pour *rendre raison* de toutes les propriétés que nous remarquons dans les corps, comme l'inertie, et l'exercice des forces en général. Autrement dit, l'attribut *principal* qu'est l'étendue n'épuise pas toute l'essence du corps matériel : il faut chercher quelque chose de plus *primitif* qui puisse aussi rendre compte de l'activité des forces en eux. Il va donc opposer à Descartes deux séries de remarques, qui concernent d'une part la notion d'*étendue* et d'autre part la notion d'*essence* elle-même, laquelle est en réalité le cœur de l'affaire.

En effet, la notion d'étendue n'est pas plus une notion simple que l'étendue n'est une propriété primitive. S'il n'y a pas d'étendue sans chose étendue – ce que Descartes admet –, alors il n'y a pas d'étendue sans l'activité d'extension de la chose et le concept géométrique d'étendue n'est qu'un concept confus lorsqu'on ne le décompose pas en ses réquisits, à savoir la pluralité, la continuité et la coexistence de parties :

> Car l'etendue ne signifie qu'une repetition ou multiplicité continuée de ce qui est répandu, une pluralité, continuité et coexistence des parties; et par consequent elle ne suffit point pour expliquer la nature même de la substance répandue ou repetée, dont la notion est anterieure à celle de sa repetition [2].

L'étendue résulte de propriétés antérieures, dont on ne peut dire qu'elles soient absolument primitives, puisqu'elles se décomposent à leur tour en propriétés antérieures. Toutefois, il ne s'agit pas de se débarrasser simplement du concept cartésien de matière, mais de situer le discours cartésien sur la matière, lequel dit bien quelque chose d'*essentiel* des corps qui nous environnent, même s'il n'en dit pas l'*essence*. Il faut accorder que l'attribut principal cartésien ne prétendait pas dire complètement la chose :

1. Leibniz, « Extrait d'une lettre de M. de Leibniz sur la question si l'essence des corps consiste dans l'étendue », *Journal des Savants*, 18 juin 1691 ; GP IV, 464.

2. Leibniz, « Extrait d'une lettre de M. D. L. pour soutenir ce qu'il y a de luy dans le Journal des Sçavans du 18 juin 1691 », *Journal des Savants*, 5 janvier 1693 ; GP IV, 467.

l'étendue ne dit pas tout de la chose étendue; par contre elle est requise « pour en avoir une connaissance distincte »[1] conformément au projet cartésien d'établir quelque chose de ferme et de constant dans les sciences. Cette proposition – et présupposition – minimale peut bien suffire à une connaissance mathématique; mais Leibniz conteste que l'on puisse employer pour cela le mot d'*essence*, lequel connote davantage le discours métaphysique de ce qu'est la chose dans toute sa complétude. Il fait droit à cette nuance et distingue trois sens du mot *essentiel*, dans une lettre où il répond à un commentaire que Malebranche avait fait sur la lettre de 1691 citée plus haut :

> Pour parler de l'essence du corps, on peut distinguer entre predicats essentiels, reciproques et primitifs. Tout predicat necessaire est de l'essence d'une chose ou essentiel, tout predicat reciproque epuise toute l'essence, et lors qu'on le connoist, on peut dire qu'on connoist en quoy consiste l'essence de la chose; mais lorsqu'on en connoist les attributs primitifs on se peut vanter de la connoistre parfaitement. Or il s'en faut tant que l'essence du corps consiste dans l'étendue que ceux qui avouent qu'un corps peut estre en plusieurs [lieux], sont obligés d'avouer que l'etendue n'est pas mêmes de l'essence du corps[2].

L'étendue est donc bien *essentielle* au corps matériel selon les deux premiers sens : elle est un réquisit *nécessaire* de son essence (il n'y a pas de corps sans étendue) et *réciproque* ou réciproquable avec son essence (seuls les corps sont étendus, contrairement aux thèses holenméristes de Henry More, par exemple). C'est en cela qu'elle est une présupposition essentielle du corps. Mais elle n'est pas un attribut *primitif* de son *essence* (car tout dans le corps ne se réduit pas à l'étendue). Descartes a donc raison du point de vue de la connaissance mathématique des corps, mais il a manqué de cette analyse des notions nécessaire à la pleine et vraie métaphysique et que, ajoute-t-il *cum grano salis*, l'allemand Jungius « a mieux entendu que luy »[3].

1. Descartes, *Principes de la philosophie*, « Première partie », art. 62, AT IX-II, 53 (français) / VIII, 30 (latin)
2. Lettre à Paul Pellisson-Fontanier, novembre 1692, A II, 2, 613.
3. Lettre à Christian Philipp, décembre 1679, A II, 1^2, 767.

Un point de perspective sur les concepts de matière

Le geste méthodologique de Leibniz consiste ainsi à faire droit aux différents concepts de matière dans leurs limites propres, c'est-à-dire selon leurs perspectives respectives [1]. Toutefois, cette pluralité ne mène pas à une dispersion sémantique totale car il identifie une *fonction* commune à tous ces concepts de matière, qui est de marquer ou de signifier des formes de *limitation*. Ainsi, l'étendue spatiale est le résultat d'une activité, et ce résultat consiste en une certaine délimitation de l'espace, qui n'est rien d'autre que la matière du corps géométrique, lequel n'est lui-même qu'un abstrait au regard du corps physique phénoménal, c'est-à-dire d'une certaine délimitation des phénomènes, lequel à son tour n'est qu'un abstrait au regard des substances ou monades dont il résulte.

En somme, « la » *matière* se pense toujours relativement à une *activité* parce qu'elle en signifie la *limitation*. On peut donc penser la matière d'un corps physique comme la limitation de forces physiques, ou encore la matière d'une monade comme limitation d'un principe actif qu'il appelle parfois entéléchie. On comprend que Leibniz ait pu se tourner vers des distinctions ayant une longue histoire – entre être incomplet et complet, entre matière première et entéléchie [2] – pour les relire comme des essais de traduction de cette fonction de limitation de l'activité. Pour signifier cette fonction commune à tous les étages, les lexiques peuvent se superposer, ce qui en rend parfois la lecture difficile. Ainsi, relevant les différentes manières de parler de la matière, il se propose même une fois « d'expliquer la chose en se passant du mot de Matière, qui est ambigu » [3].

Bien entendu, la perspective leibnizienne n'est qu'une parmi d'autres. il est toutefois utile de la mettre en avant à titre de liminaire.

D'une part, parce qu'elle noue indissociablement, au cœur de la modernité, matière et activité. De manière significative, lorsque Leibniz introduit dans la langue française – du moins de manière publique – le terme de « matérialiste » (en même temps que le terme d'« idéaliste » comme son contrepoint), c'est précisément pour dénoncer « la mauvaise doctrine

1. Ainsi, il n'y a pas de sens à reprocher à Descartes son anti-vitalisme (comme le font voir D. Coole et S. Frost, *New Materialisms…, op. cit.*, p. 94) s'il ne pose pas le type de question qui peut amener une telle réponse.

2. Voir, *inter multis,* Leibniz, *De ipsa natura* (1698), GP IV, 511 ; ou [*Contre les cartésiens*], mai 1702, GP IV, 395-397.

3. Lettre à Michael Gottlieb Hansch, 22 mars 1710 [LBr 361, f° 32r], éd. et trad. fr. A. Pelletier, dans « La réception perdue : La monadologie démontrée de Michael Gottlieb Hansch », *Les Études Philosophiques* 164, 2016, p. 475-494.

de ceux qui croient que l'âme est matérielle suivant Épicure et Hobbes »[1], c'est-à-dire la doctrine de ceux qui parlent de la matière comme détachée de toute activité, et partant aussi de l'âme comme séparée du corps. Ce sont là des doctrines – peut-être mal comprises – qui n'ont pas attendu les *New materialisms* pour être dénoncées.

D'autre part, parce qu'elle opère une multitude de retours sur les concepts de matière pour interroger leur articulation à cette activité dont nous faisons d'abord l'expérience dans les phénomènes. C'est en vue de refaire ce même geste que nous avons rassemblé les contributions qui suivent.

L'idée de ce livre est ainsi double. Il s'agit d'abord de s'interroger sur les différentes façons dont a été pensée l'activité de la matière au cours de l'histoire de la philosophie. Quels ont été les concepts forgés, quelles ont été les thèses défendues, et quels arguments ont été avancés pour lutter contre la réduction de la matière à une chose inerte et passive ? C'est alors la richesse d'une lignée de l'histoire de la pensée qu'on découvre ou qu'on rappelle. Cependant, cette enquête ne vise pas seulement une correction érudite dont le but serait de dire aux néo-matérialistes : « Cela a déjà été pensé ». Car, après tout, la caricature et l'oubli du passé comptent parmi les stratégies possibles des philosophes, quoiqu'elles puissent irriter les historiennes et historiens de la philosophie. Il s'agit plutôt de créer les conditions d'un dialogue qui n'a pas lieu[2], ou du moins très rarement, entre ces ontologies contemporaines et l'histoire du matérialisme, entendue ici au sens large. Avec la conviction qu'un tel dialogue débouche sur un enrichissement réciproque : d'un côté, les questionnements les plus actuels gagnent en effet à se confronter à des pensées qui ont déjà rencontré des problèmes théoriques semblables ; les ontologies contemporaines peuvent dès lors emprunter des matériaux anciens pour les résoudre, redéfinir certains concepts issus de la tradition, réagencer des arguments ou, au contraire, rejeter ce qui conduit à d'insurmontables apories. Cette confrontation peut par exemple déboucher sur la résolution de certains des problèmes mentionnés plus haut, afférant à la tendance vitaliste des

1. « Réponse de Mr. Leibnitz aux Reflexions contenuës dans la seconde Edition du Dictionnaire Critique de Mr. Bayle, Article *Rorarius*, sur le *Système de l'Harmonie préétablie* », rédigé en 1702 et publié dans P. Des Maizeaux (éd.), *Histoire critique de la République des lettres*, t. XI, 1716, p. 91 ; GP IV, 559.

2. T. Lemke se propose un programme semblable et cherche à produire l'articulation entre les *new materialisms* et la tradition marxiste. Voir T. Lemke, *The Government of Things. Foucault and the New Materialisms*, New York, New York University Press, 2021.

nouveaux matérialismes. De l'autre côté, l'histoire de la philosophie redevient féconde par sa confrontation avec les problématiques les plus actuelles : elle est envisagée, non pas comme le recueil de ce qui a été dit, mais comme un ensemble de ressources pour ce qui peut encore l'être. La mise en place d'un dialogue autour du thème de l'activité de la matière vise en fait à réactiver le potentiel latent de la tradition. Car, comme celle du monde qui nous entoure, la matière du passé n'est pas tout à fait morte.

Guillaume COISSARD
FNRS / Université libre de Bruxelles

Arnaud PELLETIER
Université libre de Bruxelles

LA THÉORIE ÉPICURIENNE DE L'ESPRIT ENTRE MÉCANISME ET « AGENTIVITÉ » ?

LUCRÈCE UN NÉO-MATÉRIALISTE ANCIEN ?

Les néo-matérialismes bâtissent en partie leur identité sur une prise de distance radicale avec les matérialismes « anciens »[1]. Toutefois, quelque exception est admise. C'est le cas du matérialisme épicurien[2] et en particulier de celui de Lucrèce[3]. Dans l'œuvre de Jane Bennett, une des

1. Je qualifie d'« anciens » les matérialismes à la fois antiques et modernes. Cette macro-catégorie, qui pose un certain nombre de problèmes d'un point de vue de l'histoire de la philosophie, n'existe qu'en relation à la « nouveauté » des néo-matérialismes. Pour une analyse approfondie des limites de cette catégorisation voir C. Wolfe, *Lire le matérialisme*, Lyon, ENS Éditions, 2020, p. 213-235.

2. L'emploi du concept de matérialisme pour qualifier l'atomisme épicurien demande quelques précautions : voir P.-M. Morel, « Corps et cosmologie dans la physique d'Épicure : *Lettre à Hérodote* », § 45 », *Revue de métaphysique et de morale* 37/1, 2003, p. 33). À propos de l'usage chez Lucrèce du terme *materia* comme traduction du terme grec ὕλη, voir E. Malaspina, « L'introduzione di materia nel vocabolario retorico e filosofico a Roma : Cicerone e Lucrezio », *Atti Accademia Delle Scienze di Torino* 1/125, 1991, p. 41-64.

3. L'originalité de Lucrèce en tant que philosophe et son statut en tant que témoin sont encore aujourd'hui objets de débats. Les deux perspectives principales sur cette question sont celle de Piet Schrijvers (P. Schrijvers, *Lucrèce et les sciences de la vie*, Leiden-Boston-Köln, Mnemosyne, 1999, p. 167-182) selon lequel Lucrèce était un philosophe engagé dans les débats philosophiques de son époque et celle de David Sedley (D. Sedley, *Lucretius and the Transformation of Greek Wisdom*, Cambridge, CUP, 1998, p. 71-72), selon lequel le poète aurait été un interprète attentif du traité *De la nature* d'Épicure. Actuellement, la majorité des spécialistes s'accordent sur l'idée que l'originalité de Lucrèce ne résiderait pas tant dans le contenu théorique mais dans la forme (poétique et argumentative) choisie. Pour cette raison, les spécialistes, dont nous partageons le point de vue, se servent du poème lucrétien en le considérant comme authentiquement épicurien et sans faire de distinctions entre ses contenus et les contenus des écrits d'Épicure.

philosophes les plus représentatives de la pensée néo-matérialiste, l'épicurisme lucrétien constitue une sorte de précurseur de la réflexion actuelle sur la matière active et sur ses pouvoirs (*agencies*).

Nous retrouvons le poète-philosophe romain tout au long de sa réflexion de façon plus ou moins explicite[1]. Dans son premier livre, *The Enchantment of modern life* (2001), la philosophe introduit ses réflexions sur la matière en réponse au problème du désenchantement caractérisant la modernité et au problème de la non-affectivité. Selon Jane Bennett le désenchantement de la vie moderne provient de la négligence des existences et des possibilités liées aux « attachements affectifs », humains et non humains, dans le monde quotidien. Les relations actives des êtres humains avec les objets matériels sont identifiées, par Bennett, comme la voie principale pour accéder à l'enchantement[2] dans la vie moderne. Dans cette réflexion sur « ce qui est matériel » et sur ses connexions avec l'humain, Lucrèce avec sa physique trouve une place privilégiée en tant qu'il présente un « matérialisme enchanté » (*enchanted materialism*)[3]. Dans ces pages, nous retrouvons un motif qui deviendra courant dans la pensée de Bennett, celui d'un atomisme (lucrétien) qui résiste à l'approche téléologique, sous la forme d'un matérialisme où la matière « est animée mais pas finalisée » (*is animated but not designed*)[4], mais sans concevoir pour autant « un univers mécaniste comme seule alternative possible » (*a mechanistic universe as the only alternative*)[5]. Les *primordia* épicuriens, terme que la philosophe préfère à celui d'atomes, sont conçus comme « non animés par un esprit divin » (*not animated with divine spirit*)[6] mais tout de même « assez animés » (*quite animated*)[7] et en tout cas « pas morts du tout » (*not dead at all*)[8]. Dans ces pages, nous retrouvons *in nuce*

1. Malgré son apparente absence dans le dernier livre de Bennett (*Influx & Efflux : Writing Up with Walt Whitman*, New York, Duke University Press, 2020), la présence de Lucrèce semble tout de même suggérée par son titre renvoyant aux *effluvia* et *simulacra* lucrétiens.

2. Bennett définit l'enchantement comme « un état d'émerveillement » (*a state of wonder*) qui émerge d'un « engagement actif avec les objets qui suscitent une stupeur sensuelle » (*active engagement with objects of sensuous awe*), voir J. Bennett, *The Enchantment of modern life* [désormais *The Enchantment*], Princeton, PUP, 2001, p. 5.

3. *Ibid.*, p. 12.

4. *Ibid.*, p. 11.

5. *Ibid.*, p. 12.

6. *Ibid.*, p. 81.

7. *Ibid.*

8. *Ibid.*

le concept clé[1] sur lequel se concentre son deuxième travail : celui de « matière vibrante » (*vibrant matter*)[2]. Cette expression définit une matière animée, toujours en mouvement mais sans âme. Dans ce deuxième ouvrage (*Vibrant Matter*), c'est la conception d'un matérialisme vital, sous la forme d'une entreprise conceptuelle, qui est mise au centre par l'auteure. Elle en propose même une sorte de généalogie :

> Je poursuis un matérialisme dans la tradition de Démocrite-Épicure-Spinoza-Diderot-Deleuze plus que dans celle de Hegel-Marx-Adorno (*I pursue a materialism in the tradition of Democritus-Epicurus-Spinoza-Diderot-Deleuze more than Hegel-Marx-Adorno*)[3].

La première tradition, celle dont Bennett s'inspire, se distinguerait de la deuxième par sa tendance à ne pas reconnaître comme fondamentales les distinctions entre « vie et matière, ou organique et inorganique, ou humain et non-humain, ou homme et Dieu (*life and matter, or organic and inorganic, or human and nonhuman, or man and god*) »[4]. Démocrite et Épicure sont mentionnés mais c'est plutôt Lucrèce, encore une fois, que nous retrouvons dans ses réflexions. L'accent est mis plus clairement sur la théorie qui, sans que la philosophe ne l'explicite vraiment, fait du matérialisme de Lucrèce un matérialisme vital : le *clinamen*. Cette théorie épicurienne, transmise par le poète romain dans le chant II du *De rerum natura*, introduit, en plus des mouvements atomiques de chute et de rebondissement, un troisième mouvement de « déclinaison ». Les atomes dans le vide auraient la capacité de dévier légèrement de leur trajectoire, en un lieu et en un temps non déterminés. La théorie de la déviation est défendue par Lucrèce avec deux arguments dits « cosmogonique » et « libertaire ».

1. Bennett ne parle pas explicitement de l'importance philosophique de cette idée qui remonte, selon Aetius (I, 23), à Démocrite. Nous le retrouvons à deux reprises chez Épicure (*Lettre à Hérodote*, *op. cit.*, § 43 et § 50) qui en traite en utilisant deux termes différents : παλμὸς et πάλσις. Malgré la proximité de sens, les deux termes employés sont différents. D'une part (*ibid.*, § 43), on a le micromouvement de l'atome serré dans le composé, d'autre part (*ibid.*, § 50) on parle d'un mouvement vibratoire qui permet au corps d'éjecter dans une secousse les simulacres. Il est difficile d'identifier avec certitude la différence entre ces deux phénomènes mais on peut proposer une hypothèse. La différence pourrait résider dans le fait que dans le premier cas il s'agit d'un mouvement de l'atome pris singulièrement, un mouvement vibratoire, donc différent pour chaque atome. Dans le deuxième cas, il s'agirait plutôt d'un mouvement qui implique tous les atomes ensemble, donc d'une ondulation globale et ordonnée impliquant tout le corps, bien qu'il soit imperceptible à nos sens.

2. J. Bennett, *Vibrant Matter : A Political Ecology of Things* [désormais *Vibrant Matter*], New York, Duke University Press, 2010, p. 81.

3. *Ibid.*, p. XIII.

4. *Ibid.*, p. 62-63.

Par le premier, le poète explique que sans cette déviation tous les atomes tomberaient verticalement comme des gouttes de pluie sans jamais se rencontrer et donc sans jamais former de composés. L'univers comme nous le connaissons, fait de corps différemment agencés, n'existerait pas. Le deuxième argument justifie la déclinaison atomique par l'existence évidente d'une libre volonté (*libera voluntas*) chez les vivants. En effet, dans un univers où tout état présent serait le résultat nécessaire de l'état précédent, par les liens de cause à effet, il n'y aurait aucune place pour la liberté. Le *clinamen* établit alors une rupture de ces liens, suffisamment discrète pour que l'ordre de l'univers ne soit pas bouleversé[1] mais suffisamment importante pour que toute action humaine ne soit pas toujours soumise à la nécessité. C'est ce qui fait dire à Bennett que l'univers de Lucrèce

> n'est pas constitué de matière morte et d'êtres vivants, mais d'atomes en mouvement qui forment des flux turbulents et productifs (*consists not of dead matter and living beings but of swerving atoms forming turbulent and productive flows*)[2].

Cela explique aussi la fascination de la philosophe pour Lucrèce, le seul épicurien chez qui nous retrouvons cette théorie[3], au détriment de son maître Épicure. Le *clinamen* lucrétien, en tant qu'« impulsion excentrique »[4], constituerait ainsi la première tentative de théoriser une vitalité intrinsèque à la matière en tant que telle, en opposition à une « ontologie hylémorphique qui postule qu'une matière passive ne peut prendre forme qu'en vertu de l'action d'un esprit ou d'un principe formateur extérieur qui

1. *Cf.* Lucrèce, *De rerum natura*, V v. 669-679. À propos de la régularité des phénomènes naturels, voir G. Scalas, *La théorie épicurienne du vivant. L'âme avec le corps* [désormais *La théorie épicurienne du vivant*], Paris, Classiques Garnier, 2023, p. 321-323.

2. J. Bennett, *Vibrant Matter…*, *op. cit.*, p. 68.

3. Lucrèce, *De rerum natura*, II v. 216-293 ; Cicéron, *De fato*, 22-23 ; 46-48, *De natura deorum*, I 25 69 ; *De finibus* I 6 19 ; Philodème, *De signis* XXXVI II-17 De Lacy ; Plutarque, *De sollertia animalium* 964C ; Diogène d'Œnoanda, fr. 54 III 5-7 Smith. Pour approfondir la question du *clinamen*, voir S. Bobzien, « Did Epicurus discover the free-will problem ? », *Oxford Studies in Ancient Philosophy* 19, 2000, p. 287-337 ; D. Fowler, « Lucretius on the *clinamen* and free will (II, 251-293) », *SYZHTHSIS. Studi sull'epicureismo greco e latino offerti a Marcello Gigante*, Napoli, Bibliopolis, 1983, p. 329-352 ; T. O'Keefe, « Does Epicurus Need the Swerve as an Archê of Collisions ? », *Phronesis* 41, 1996, p. 305-317 ; J. Purinton, « Epicurus on "free volition" and the Atomic Swerve », *Phronesis* 44, 1999, p. 253-299.

4. J. Bennett, « (Pourquoi) Lucrèce importe. Conversation avec Jane Bennett » [désormais « Conversation »], *Lucretius : Unfounded Nature / Lucrezio : Natura senza fondamento*, *K. Revue trans-européenne de philosophie et arts* 6/1, 2021, p. 212.

n'est pas lui-même matériel »[1]. Le « matérialisme lucrétien » s'opposerait de fait au « matérialisme aristotélicien ». Toutefois, le matérialisme de Lucrèce s'oppose aussi, selon l'auteure, à une conception mécaniste de la réalité. Ce n'est pas par hasard si, dans *Vibrant Matter,* les réflexions sur l'atomisme épicurien se trouvent dans le chapitre intitulé « Ni vitalisme ni mécanisme (*Neither vitalism nor mechanism*) ». Le matérialisme vital de Bennett affirme la nécessité d'une idée de nature qui, sans être un « organicisme téléologique » (*a teleological organicism*)[2], ne soit pas non plus « un mécanisme aveugle » (*a blind mechanism*)[3]. Cette troisième voie se trouverait déjà sous une forme pour ainsi dire embryonnaire chez Lucrèce. Le *clinamen* constituerait, en effet, un élément de césure à la fois avec une perspective téléologique de la nature et avec une perspective mécaniste.

En outre, Bennett considère la reconnaissance des pouvoirs (*agencies*) de la matière comme la fin de la frontière humain-non humain. Encore une fois, l'épicurisme s'impose comme précédent incontournable. En effet, non seulement dans l'univers atomiste de Lucrèce l'individu est une configuration atomique, mais cette configuration est telle qu'elle n'annule pas les forces dont elle se compose :

> Nous autres êtres humains, absorbons, nous nous nourrissons, devenons et exsudons toujours des éléments venteux, minéraux, ignés, aquatiques, etc., outre ceux dont nous savons bien qu'ils nous sont propres[4].

Dans la lecture de Bennett, le poème lucrétien propose alors une image ontologique de la matière « a-personnelle »[5]. Pour le dire autrement, l'humain et le non humain partageraient la même substance constitutive et ils ne se distingueraient pas qualitativement mais seulement par les différents degrés de complexité de leurs configurations. Avec les épicuriens, la frontière entre vie et matière, humain et non humain, organique et inorganique s'estomperait.

Tout en reconnaissant la pertinence et l'intérêt de l'usage que Bennett fait de l'épicurisme dans son entreprise néo-matérialiste, il nous semble important de revenir avec un regard critique sur les théories épicuriennes évoquées, afin de s'assurer qu'elles puissent servir au débat actuel sans pourtant être dénaturées. Notre objectif n'est pas évidemment de reprocher à Bennett une approche peu historiciste, ce qui serait inintéressant et hors

1. « Conversation », p. 210.
2. *Vibrant Matter*, p. 112.
3. *Ibid.*
4. « Conversation », p. 208.
5. *Ibid.*

propos, mais de nuancer la tendance « actualisante » de Lucrèce, afin que la complexité de sa position ainsi que de celle d'Épicure soit mise davantage en valeur et au service d'une réflexion plus poussée dans le cadre de la pensée néo-matérialiste.

Pour ce faire, nous avons décidé de traiter de l'une des deux théories qui font de l'épicurisme le candidat idéal pour la recherche d'une généalogie néo-matérialiste avant l'heure. Il ne s'agit pas du *clinamen*, sur lequel Bennett a beaucoup écrit, mais de la théorie de l'esprit.

UN CAS D'ÉTUDE
L'ESPRIT

La philosophie épicurienne répond à deux exigences fondamentales et apparemment incompatibles : d'une part, prôner une véritable connaissance de la nature par une étude rigoureuse des lois qui en règlent et déterminent le fonctionnement, afin d'éradiquer la peur que sa contemplation suscite chez l'individu[1] ; et d'autre part, défendre l'existence d'une libre volonté chez l'individu, afin d'éviter toute forme d'aliénation du principe de choix et de déresponsabilisation morale[2]. Afin de libérer les individus du trouble, les épicuriens bâtissent une « physiologie » (un discours sur la nature) qui explique tout phénomène macroscopique comme le résultat des activités atomiques au niveau microscopique. Ces activités dépendent des caractéristiques des atomes (forme, taille et poids)[3] et de leurs mouvements (chute et rebondissement)[4]. Cette conception de l'organisation et de la structure de la nature est caractérisée par un modèle explicatif qui ne convoque que les seules chaînes causales efficientes[5]. Autrement dit, chaque phénomène est l'effet d'un phénomène qui le précède et par lequel son existence s'explique. Cela vaut autant pour les phénomènes microscopiques que pour les phénomènes macroscopiques. Et puisque les premiers s'expliquent par les seconds, il est vrai de dire que, chez les épicuriens, tout phénomène présent dans l'Univers s'explique par l'activité atomique qui l'a précédé et provoqué. La régularité et donc la prévisibilité des phénomènes qui en permettent la compréhension sont

1. Sur la raison d'être de la physiologie, *cf.* Épicure, *Maximes capitales* (*MC*) XI et XII et Lucrèce, *De rerum natura* I, v. 146-148.

2. Épicure, *Lettre à Ménécée* § 134 et *De rerum natura* II, v. 215-242.

3. Épicure, *Lettre à Hérodote*, *op. cit.*, § 44 et § 54.

4. *Ibid.* § 44-45, et selon Lucrèce, la déclinaison, *De rerum natura* II, v. 215-242.

5. Lucrèce, *De rerum natura* IV, v. 826-857.

garanties par la loi de la nécessité. Cette approche, qui à l'époque moderne sera nommée « mécaniste »[1], pourrait impliquer une certaine forme de déterminisme réductionniste. Épicure, cependant, dit refuser « le destin des physiciens » à savoir cette « inflexible nécessité »[2] qui annule toute possibilité pour l'individu d'agir selon sa propre volonté. En ce sens, les épicuriens essayent de défendre l'existence d'un libre principe de choix non seulement des causes qui pourraient déterminer l'individu et le conditionner de l'extérieur mais encore des causes originaires, à savoir sa constitution matérielle. Comment ces différentes tendances apparaissent dans l'étude de l'esprit et de son fonctionnement ?

LA « MACHINE » DE L'ESPRIT

Dans le chant III du *De rerum natura,* Lucrèce traite de la composition atomique de l'esprit et de l'âme[3]. Selon les épicuriens, l'âme se constitue de trois éléments connus – la chaleur, le souffle et l'air – et d'un élément sans nom. La présence de ce dernier élément, plus subtil que les autres, est ce qui permet de distinguer les êtres animés des êtres inanimés. Il s'agit donc du principe de la sensibilité[4]. Les trois autres éléments sont identifiés par les épicuriens à partir de l'observation d'un individu mourant. À partir du dernier soupir, il est possible de distinguer la présence de deux matières : le souffle et la chaleur. Or, puisque la chaleur est un composé très raréfié, l'air doit forcément s'y mêler.

Dans son poème, Lucrèce met en relation la théorie des éléments avec la question des caractères :

> Mais il règne plus de chaleur dans l'être au cœur féroce, / dont l'esprit coléreux s'enflamme et bout facilement. / Le meilleur exemple est la race rageuse des lions : / à force de rugir ils rompent leur

1. Ce rapprochement est moins anachronique que l'on pourrait croire. Sans être systématiques, les références aux mécanismes artificiels sont loin d'être absentes du corpus épicurien. C'est le cas, par exemple, dans le *De rerum natura,* où Lucrèce se réfère à la *machina* à deux reprises, pour expliquer le fonctionnement de la marche (*ibid.*, IV v. 901-906) et des phénomènes du cosmos (*ibid.*, V, v. 96). À ce sujet, voir D. M. Balme, « Greek Science and Mechanism : II. The Atomists », *The Classical Quarterly* 35, 1941, p. 23-28 ; J.-F. Moreau « Le mécanisme épicurien et l'ordre de la nature », *Les Études Philosophiques* 1975/4, p. 467-486 ; S. Berryman, « Ancient Automata and Mechanical Explanation », *Phronesis* 48/4, 2003, p. 344-369.
2. Épicure, *Lettre à Ménécée,* § 134.
3. Lucrèce, *De rerum natura,* v. 94-416.
4. Pour une analyse plus détaillée, voir *La théorie épicurienne du vivant,* p. 96-97.

> poitrail, / ne pouvant y contenir les flots de leur colère. / Plus venteux au contraire est l'esprit froid des cerfs, / plus prompt à lever dans la chair les souffles glacés / qui provoquent un tremblement parmi leurs membres. / La nature des bœufs vit surtout d'air paisible, / jamais ne perce en elle la torche du courroux / pour répandre l'ombre aveugle de sa fumée, / jamais les dards glacés de la peur ne l'engourdissent, / elle tient le milieu entre le cerf et le lion féroce [1].

Selon Lucrèce, en fonction de la proportion de chaque élément à l'intérieur de l'âme, le caractère de l'individu est différent. Une quantité importante de chaleur implique un caractère plutôt colérique, une forte prépondérance de l'élément froid donne lieu à un tempérament craintif, et, enfin, la primauté de l'air produit une nature calme et placide. Mais de quelle façon ces éléments conditionnent-ils le caractère de l'âme qu'ils constituent? La théorie élémentaire du caractère pourrait être comprise selon la perspective des différents degrés de chaleur du souffle. La chaleur en tant qu'élément chaud expliquerait le caractère colérique, idéalement lié au feu indomptable, le souffle en tant qu'élément froid expliquerait la nature craintive dont les symptômes les plus évidents sont les frissons, et enfin l'air, en tant qu'élément tiède, représenterait le milieu entre les deux, le calme entre la nature colérique et la nature craintive. Si cette explication rend compte de certains des aspects fondamentaux de la doctrine des caractères, elle n'arrive pas à expliquer de quelle façon la proportion de ces éléments à l'intérieur de l'âme peut être impliquée dans l'accomplissement de l'action propre à chaque tempérament qui est, d'une certaine façon, le produit manifeste du caractère. C'est pour résoudre cette question qu'il faut recourir à une autre théorie transmise par Lucrèce, celle de la différence de mobilité des éléments. Bien que tous très subtils, les éléments ne le sont pas tous de la même manière. Dans les vers qui évoquent le mouvement de propagation de la sensation, Lucrèce classe les éléments en fonction de leur subtilité et de leur mobilité [2]. Selon cet ordre de subtilité décroissante, nous avons, en partant de la nature sans nom : la chaleur, le souffle puis l'air. Lucrèce suit le même ordre pour expliquer le rapport entre prépondérance de l'élément et caractère. Pourquoi ? Pour répondre à cette question il faut prendre en considération un autre passage du poème. L'objectif de cet autre groupe de vers est explicité par le poète lui-même : expliquer comment il arrive qu'on se mette en mouvement quand on le

1. Lucrèce, *De rerum natura* III, v. 294-307; *De la nature* [désormais *De la nature*], trad. fr. J. Kany-Turpin, Paris, GF Flammarion, 1998, p. 197.
2. Lucrèce, *De rerum natura*, III, v. 177-207.

veut. Autrement dit, il s'agit de comprendre selon quel mécanisme l'être vivant passe de la conception de l'action à sa réalisation :

> Mais comment nous pouvons marcher quand nous le voulons, / donner à nos membres les divers mouvements, / quelle force déplace tout le poids de notre corps, / je le dirais maintenant, et toi écoute-moi. / Je dis que les images du mouvement viennent d'abord / marteler notre esprit, comme nous l'avons dit plus haut. / Puis naît la volonté, car nul ne commence rien / si l'esprit auparavant n'a vu ce qu'il veut faire. / Cette prévision consiste en l'image de l'acte. / Quand donc l'esprit se meut de manière à vouloir / aller et s'avancer, il frappe aussitôt l'âme / à travers tout le corps et l'organisme éparse, / chose facile en raison de leur union étroite [1].

L'argumentation se développe en trois phases : il est d'abord question de la conception de l'action (expliquée par la théorie des simulacres), puis de la communication de l'action (expliquée par la théorie de l'âme) et enfin du mouvement du corps (expliqué par une théorie qui se fonde sur le travail conjoint de l'âme et de l'air externe). Lucrèce rend d'abord compte de l'aspect volontaire du mouvement, en faisant appel à la théorie de l'imagination qui conclut la section sur la perception et sur la pensée du chant IV. Il affirme que la phase de conception de l'action s'explique par le contact des simulacres du mouvement avec l'esprit. Il dit notamment que ces images viennent « frapper ou marteler l'esprit » (*animum pulsare*). Par le mot *pulsare*, Lucrèce insiste sur une caractéristique propre à l'acte imaginatif du mouvement : le choc répété des simulacres. En effet, le poète parle explicitement de *simulacra meandi*, soit d'« images de mouvement » [2]. Or, le simulacre [3] n'est qu'une image statique, l'instantané qui immortalise l'objet à un moment donné. Il va de soi que cette image ne peut pas se mouvoir comme se meut l'objet duquel elle s'est détachée. Comment peut-on alors expliquer que l'on puisse « souhaiter marcher » ?

> Il n'est pas étonnant que les images se meuvent, / lancent les bras et tous les membres en cadence / comme elles paraissent le faire au sein des rêves : / à peine l'une a-t-elle disparu qu'une autre est déjà née / dans une autre attitude et la première semble changer la sienne. / Il faut certes penser que tout cela est rapide. / Si prompts et si nombreux sont les simulacres des

1. Lucrèce, *De rerum natura*, IV, v. 890-896 ; *De la nature*, p. 291-293.

2. Par *simulacra meandi*, le poète entend les images qui représentant la marche ou plus ne général la locomotion.

3. Le seul mouvement qui caractérise le simulacre est la vibration du corps qui le fait détacher et le pousse vers l'extérieur, cf. *supra* n. 1, p. 27.

> choses, / si grand est le nombre en un seul instant perceptible, / de leurs minces composants qu'ils pourvoient ces visions [1].

L'esprit peut être soumis à ce qui va s'apparenter à une forme de flux de simulacres. Lucrèce décrit un flux de simulacres, qui se manifestent l'un après l'autre en une succession tellement rapide qu'ils nous donnent l'impression d'un objet en mouvement. C'est ce qui nous arrive quand on imagine ou rêve d'un corps en mouvement. Cela pourrait être comparé au mécanisme des films [2].

C'est ainsi que fonctionne probablement la conception de l'action, selon Lucrèce. Puisque l'action conçue est un mouvement, il n'y aurait pas un seul simulacre qui agit sur l'esprit mais plusieurs, en une rapide succession. Cependant, l'esprit n'est pas complètement passif. En effet, le mécanisme de la pensée est le fruit de l'activité conjointe des simulacres et de l'esprit qui se focalise sur les simulacres qui l'intéressent :

> Mais comme ils sont ténus, l'esprit ne peut bien voir / que ceux auxquels il est attentif: tout simulacre passe et se perd, sauf celui auquel il s'est préparé. / Or l'esprit se tient prêt et toujours il s'attend / à voir la suite d'une chose; elle advient donc. / Quand nos yeux se mettent à fixer des objets ténus, / ne les vois-tu pas aussi se tendre et se préparer, / condition nécessaire pour bien les observer? Même pour les objets visibles, tu reconnais / que si tu manques d'attention ils sont pour ainsi dire / en tout temps distraits, infiniment lointains. / Pourquoi donc t'étonner si l'esprit perd tous les simulacres / hormis ceux des choses auxquelles il s'est voué [3] ?

Les corps produisent continuellement des simulacres grâce au mouvement vibratoire qui en facilite le détachement. De plus, les atomes qui circulent librement dans l'air se réunissent facilement en constituant spontanément tout genre de formes. Ces images en nombre élevé continuent à traverser l'air quand elles ne sont pas déchirées par des obstacles ou captées par l'esprit de quelqu'un. L'atmosphère est dans une certaine mesure saturée d'images [4]. Comme les yeux ont la capacité de se concentrer, donc de faire la mise au point, sur un corps en particulier, et de faire passer au deuxième plan tous les autres, de la même façon l'esprit se

1. Lucrèce, *De rerum natura*, IV, v. 771-776; *De la nature,* p. 285-287.

2. J'entends par cela l'impression de mouvement produite par la succession très rapide d'images représentant le même sujet dans des poses légèrement différentes qui est à la base du mécanisme des films ou des dessins animés.

3. Lucrèce, *De rerum natura*, IV, v. 799-815; *De la nature,* p. 287.

4. Lucrèce, *De rerum natura*, IV, v. 722-826.

concentre seulement sur les images qu'il « souhaite » et auxquelles il porte attention. L'esprit sélectionne donc les images qu'il désire.

Lucrèce affirme ensuite qu'une fois l'esprit frappé « naît la volonté » (*voluntas fit*)[1]. Voici ce qui distingue l'activité de réflexion seule de la pensée suivie par l'action. En effet, après avoir reçu l'image de l'action à accomplir, c'est-à-dire après avoir été mis en mouvement par la série d'images de l'action, l'esprit communique ces mouvements à l'âme. Or, l'esprit peut être en mouvement sans pour autant frapper le reste de l'âme. Cela est possible, puisqu'il est, pour ainsi dire, barricadé à l'intérieur de la poitrine[2]. Le fait que l'esprit communique le mouvement au reste de l'âme est ce qui permet de distinguer une action pensée d'une action « voulue ». Autrement dit, afin de renforcer l'aspect décisionnel et actif du phénomène de l'action, Épicure, et donc Lucrèce, introduisent cette « phase » qui empêche de conclure que, selon leur système, toute pensée imaginée se résout dans l'action. Ce qui fait la différence est donc la volonté, à savoir la communication du mouvement entre la poitrine, siège de l'esprit, et le reste de la matière qui constitue l'âme et le corps.

Le troisième moment décrit par le poète est celui du mouvement en tant que tel. Le corps, d'après Lucrèce, est mis en mouvement, petit à petit, élément par élément, par l'âme. Il se raréfie : *rarescit corpus*. La raison de cette raréfaction se comprend si on tient compte du fait que le corps est, selon Épicure et Lucrèce, comme un composé de tissus dont les mailles peuvent s'élargir et se resserrer. C'est pourquoi le corps est dit se raréfier dans le mouvement. En effet, le mouvement est décrit par Lucrèce comme une tension ou une dilatation du corps et donc du tissu qui le constitue. Cette tension du tissu corporel produit une raréfaction. À travers le corps raréfié entre de l'air qui, s'ajoutant à la matière de l'âme en mouvement, contribue à pousser le corps vers l'accomplissement de l'action. Dans ces vers, Lucrèce, afin d'expliquer l'action conjointe de l'âme et du corps, se

1. Ce passage a été au centre d'un débat qui ne concerne pas la phénoménologie du mouvement mais la question du *clinamen* et de la *libera voluntas*. À ce propos, voir parmi les commentateurs C. Bailey, *Lucretius, De Rerum Natura III*, Oxford, Clarendon Press, 1947, p. 1287 ; A. Ernout et L. Robin, *Lucrèce, De rerum natura, Commentaire exégétique*, Paris Les Belles Lettres, 1962, p. 266-267 ; C. Giussani, *T. Lucreti Cari De Rerum Natura libri sex*, Torino, Ermanno Loescher, 1896, p. 146-148. Parmi les spécialistes contemporains, voir D. Fowler, « Lucretius on the *clinamen* and free will (II, 251-293) », *SYZHTHSIS. Studi sull'epicureismo greco e latino...*, *op. cit.*, p. 329-352 ; T. O'Keefe, *Epicurus on Freedom*, Cambridge, CUP, 2005 ; J. Annas, « Epicurus on Agency », M. Nussbaume et J. Brunschwig (eds), *Passions and Perceptions : Studies in Hellenistic Philosophy of Mind*, CambridgeCUP, 2009, p. 53-71.

2. Lucrèce, *De rerum natura*, III, v. 136-142.

sert d'un paradigme explicatif explicitement mécaniste. Pour expliquer comment l'âme, fine et composée de peu d'atomes, met en mouvement le corps, bien plus lourd, Lucrèce prend l'exemple du navire. Ce dernier, malgré sa masse et son chargement, peut être mis en mouvement par la force du vent sur les voiles et dont la poussée est contrôlée par le gouvernail. La solution à la disproportion entre moteur du mouvement et masse de l'objet est explicitée, par le poète, par une autre référence, celle de la machine qui « au moyen de poulies et de grues, [...] meut et soulève d'un léger effort les plus grands poids »[1].

Toutefois, Lucrèce ne se limite pas à employer le paradigme mécaniste dans l'explication de l'accomplissement de l'action. Dans la phase initiale que j'ai appelée « de conception de l'action », nous avons vu comment, l'esprit, par son extrême subtilité, se comporte d'une certaine façon comme un organe de sens. La volonté naît en effet après l'impression du simulacre de l'action sur l'esprit. Une fois conçu le projet, la volonté surgit et l'esprit se meut en frappant la matière du corps qui se met à son tour en mouvement pour accomplir l'action. Pour que cela se produise, il est nécessaire que l'esprit soit doué de deux qualités exceptionnelles : la subtilité et la mobilité. Ces deux caractéristiques, en effet, assurent que l'esprit conçoive le projet de l'action (à travers l'impression du simulacre sur lui) et le mette en pratique (en transmettant un « ordre » au corps) avec une vitesse exceptionnelle. Lucrèce dans ces vers considère la consistance de l'esprit en général, sans aller dans le détail. Toutefois, nous pouvons lire la théorie élémentaire du caractère à la lumière des vers sur la naissance de la volonté. Si en effet l'extrême mobilité est la condition fondamentale pour le fonctionnement de l'esprit, et si l'esprit est composé d'éléments caractérisés par différents degrés de mobilité, dont l'un prédomine sur les autres, il faut supposer que le degré de mobilité propre à l'élément prédominant a un effet sur le fonctionnement de l'homme en général. Si cela est vrai, il faut conclure que les effets manifestes de la mobilité propre à l'élément prédominant sont les comportements et les actions typiques de chaque caractère examiné par Lucrèce. La nature colérique caractérisée par un tempérament fier, ardent et impulsif serait le produit de l'élément le plus fin (après l'élément sans nom), donc du plus mobile, la chaleur. Cette ardente impulsivité serait le symptôme macroscopique de l'hypermobilité, et donc de l'hyperréactivité de l'esprit dominé par la chaleur. La nature craintive, caractérisée par un tempérament suspicieux et toujours prêt à s'enfuir, s'expliquerait grâce à une prédominance de l'élément venteux. Dans ce cas, la mobilité du

1. Lucrèce, *De rerum natura*, IV, v. 905-906 ; *De la nature*, p. 293.

souffle, qui est d'un degré légèrement inférieur à celui de la chaleur, donne lieu à une hyperréactivité différente, qui est une sorte d'inquiétude. L'effet n'est donc pas la colère et l'agressivité, mais la vigilance et la fuite. Enfin le troisième caractère, le moins impulsif, le plus calme et le plus placide est le produit de la prédominance de l'élément le moins mobile. Cet élément plus calme et stable rend le caractère dans lequel il prédomine moins réactif à tout ce qui l'entoure et donc très paisible. Le paradigme mécaniste permet donc aux épicuriens de rendre raison non seulement de l'action du corps, mais aussi dans une certaine mesure de l'action de l'esprit.

La causalité de l'esprit

Cette explication mécaniste du fonctionnement de l'esprit sur la base des différents degrés de subtilité et de mobilité des éléments qui le composent sert aux épicuriens à rendre compte d'un fait communément observable : la régularité des comportements des individus selon leur tempérament naturel. Dans une certaine mesure, et comme tous les phénomènes naturels, l'esprit et ses manifestations, étant doués d'une certaine régularité et prévisibilité, sont explicables d'un point de vue physiologique. Toutefois, le poète n'est pas fataliste à cet égard, puisqu'il affirme que le caractère prédéterminé n'empêche pas l'individu de « vivre une vie digne des dieux » (*dignam dis degere vitam*). Lucrèce affirme que la raison peut se libérer, dans une certaine mesure, des effets de la prédominance d'un des éléments qui la constituent. Comment est-ce possible ?

Quelques passages du livre XXV du traité d'Épicure *Sur la Nature* permettent de le comprendre :

> αυν[±6/7]ς οὐ μαχόμεθα τοῖς ἕ̣[θισμα] κα[ὶ] οὐ τὴν ἀτον̣[ί]αν ἔχουσ[ιν ἀλλ'] ο̣ὐ[δ]ὲ παρακαλεῖν ἐπιχειροῦμεν καὶ παροξύνειν ἐπὶ τὰ κ[α]ιρι[ώ]τ̣α̣τ̣α̣ ὡς ἤδη πέπ̣ηγε̣ν ἀ[πὸ] ̣τῆς φύσεως τῆς αὐτῆς κακη̣θρο̣[ι]σμένης.
>
> Nous ne nous opposons pas à ceux-ci [*scil.* les produits développés] qui ont un caractère stable et qui n'ont pas la souplesse et nous n'essayons même pas de les exhorter ni de les stimuler vers les choses les plus opportunes, parce que désormais ils se sont endurcis sur la base de la nature mal-disposée [1].

1. Ici et ci-dessous nous suivons l'édition de S. Laursen, « The later parts of Epicurus, On Nature 25th book » [désormais « The later parts of Epicurus »], *Cronache Ercolanesi* 27, 1997, p. 25 (notre traduction).

Selon Épicure, l'esprit est originairement caractérisé par une certaine souplesse (πλαδαρότης)[1]. Cette souplesse correspond à la constitution d'un esprit qui peut encore être exhorté et stimulé « vers les choses les plus opportunes » (ἐπὶ τὰ κ[α]ιρι[ώ]ṭαṭα). En effet, quand le composé mental s'est solidifié et endurci (πέπηγεν), toute tentative de le modifier se révèle inutile. Cet endurcissement est le signe que l'individu, même en ayant la possibilité d'évoluer, de se modifier et donc de s'améliorer, est resté lié à sa constitution originaire qui s'est endurcie. Le caractère, suite aux expériences, s'est fixé au point de constituer son identité de façon stable et permanente. Pour cette raison, il est inutile de s'opposer et de faire des reproches à ceux dont les « produits développés »[2] (à savoir l'esprit dans ce stade d'évolution finale) ne peuvent plus se modifier. Cette fixation du caractère pourtant ne dépend pas de l'âge ou d'une sorte de vieillissement naturel de la constitution originaire :

> ...οὐκ ἐξ ἀνάγκ̣ης τοιοῦδε ἀ̣πογεννωμένου ἤ οὐκ ἐπειδὰν προβ̣ῆ̣ι γε τῆι ἡλικίαι τοιοῦδε ἀπογεννωμένου κατ'ἀνὰγκη̣ν̣ ἀλλ'ἐξ ἑαυτοῦ δυναμέ̣ν ο̣υ καὶ τ̣ῆ̣ς ἐξ ἑαυ̣τ̣ου αἰτίας ...
> [un tel produit] ne se développe pas par nécessité quand l'âge est avancé, il se développe par nécessité mais de son propre pouvoir et de son propre principe causal[3]...

Nous trouvons ici la coïncidence des deux tendances dont nous avons traité auparavant : d'un côté, l'institution de la nécessité comme norme qui

1. « The later parts of Epicurus », p. 46.

2. La signification de l'expression « produits développés » (τὰ ἀπογεγεννημένα) est encore sujette à débat parmi les spécialistes. Dans aucun autre lieu du corpus épicurien dont nous disposons n'apparaît cette expression. Comme le remarque Francesca Masi, même le verbe ἀπογεννᾶν est très rarement employé pour décrire la formation d'états psychologiques et physiologiques, voir F. G. Masi Francesca, *Epicuro e La filosofia della mente. Il XXV libro dell'opera Sulla natura* [désormais *La filosofia della mente*], Sankt Augustin, Academia Verlag, 2006. Nombre de savants ont essayé d'en comprendre la signification. David Sedley (« Epicurus' refutation of determinism », *ΣΥΖΗΤΗΣΙΣ. Studi sull'epicureismo greco e romano offerti a Marcello Gigante*, Napoli, Bibliopolis, 1983, p. 17 et p. 38-39), qui considère comme τὰ ἀπογεγεννημένα toutes les dispositions de l'esprit, met tout de même l'accent sur sa signification littérale qu'il décide de rendre avec le mot « developments ». Selon lui, il s'agirait plus spécifiquement des dispositions de l'esprit qui se sont développées après la naissance. Afin de mieux rendre l'idée de « génération », contenue dans le verbe ἀπογεννάω, Simon Laursen (« The Early parts of Epicurus, On Nature, 25th book », *Cronache Ercolanesi* 25, 1995, p. 43) a proposé de traduire ce terme par « produits ». De son côté, Francesca Masi (*La filosofia della mente*), que je suis, a choisi de traduire par « prodotti sviluppati », afin d'indiquer clairement à la fois la dépendance de ces agrégats du substrat atomique, à partir duquel ils se constituent, et la distinction qui pourtant existe entre ces deux éléments.

3. « The later parts of Epicurus », p. 25.

gouverne la nature par les liens de cause à effet, et de l'autre côté, la fondation d'un pouvoir causal propre à l'esprit qui lui permet de se développer de façon autonome. Or, dans le cadre de la philosophie de l'esprit, cette deuxième tendance est parfaitement compatible avec la première. En effet, Épicure ne dit pas que les états mentaux (à savoir l'esprit tel qu'il a évolué) ne se développent pas par nécessité. Le caractère (final) se développe par nécessité, certes. Cependant, cette nécessité n'est pas établie par sa nature originale mais par son propre pouvoir causal. Les choix libres et les actions de l'individu déterminent nécessairement son caractère. Cela n'est pas incompatible avec la théorie du tempérament transmise par Lucrèce et dont nous trouvons quelques traces chez Épicure[1] :

> ἀπ[ὸ τῆς πρ]ώτης ἀρχῆς σπέρμ[ατά ἐστιν ἀγ]ωγά, τὰ μὲν εἰς ταδ[εί], τὰ δ'εἰς ταδεί, τὰ δ'εἰς ἄμφ[ω] ταῦτά [ἐ]στιν ἀεὶ [κα]ὶ πραξεων κ[αὶ] διανοή[σε]ων καὶ διαθέ[σε]ων καὶ πλεί[ω] καὶ ἐλάττωι, ὥστε παρ'ἡμᾶς π[οθ'] ἁπλῶς τὸ ἀπογεγεν- νημένον ἤδη γείνεσθαι τοῖα καὶ τὰ ἐκ τοῦ περιέχοντος κατ' ἀνάγκην διὰ τοὺς πό[ρο]υς εἰσρέοντα παρ'ἡμᾶς π[ο]τε γείνεσθαι καὶ παρὰ τὰς ἡμετέρας [ἐ]ξ ἡμῶν αὐτῶν δόξ[ας]. Καὶ εἰ παρὰ τὴν φύσι[ν...
>
> Dès leur début, les semences conduisent, certaines à ceci, certaines à cela, certaines aux deux à la fois – il est question toujours d'actions, de pensée et de dispositions – et cela dans une plus ou moins grande mesure. De sorte qu'alors dépend absolument de nous désormais le produit développé. De même aussi les flux en provenance de l'environnement traversant les pores par nécessité dépendent de nous, comme ils dépendent de nos opinions, issues de nous. Et si à cause de la nature[2]...

Malgré la complexité de la langue d'Épicure et les difficultés dues à l'état fragmentaire du papyrus, deux éléments apparaissent clairement. Le premier est la présence, à la naissance, d'une composition atomique particulière de l'esprit. Cette composition atomique caractérise chaque individu et constitue sa nature originale. L'individu n'est donc pas une *tabula rasa*, mais naît avec des tendances naturelles qui le disposent à certaines pensées et certaines actions. Le deuxième élément est la façon dont l'esprit arrive à s'émanciper de sa nature originale et à se développer. Épicure semble affirmer que, s'il est vrai qu'au début nous n'avons pas de contrôle sur nos expériences perceptives (nous recevons toutes sortes de simulacres perceptifs et mentaux), au fur et à mesure toutefois, nous apprenons à les choisir et à les sélectionner. Ce choix a un impact sur le développement de

1. Il est donc possible que Lucrèce se soit appuyé sur le contenu du livre XXV pour écrire cette section de son poème sur les tempéraments.

2. « The later parts of Epicurus », p. 32-33 (notre traduction).

notre caractère. Mieux nous choisissons les expériences à vivre, les pensées à formuler, meilleurs[1] seront les simulacres que nous attirerons, sur lesquels nous nous focaliserons, et meilleures seront les actions que nous déciderons d'accomplir. Ce cercle vertueux se fonde sur la capacité de l'esprit de s'auto-façonner et de s'auto-développer.

Selon Épicure, la composition et la configuration atomiques de l'esprit lui confère un pouvoir causal dont l'action pourtant n'est pas conditionnée par les composants et par leur configuration[2]. Cela veut dire que, même si l'esprit est doué d'un principe causal propre à lui, grâce à sa configuration et composition, les produits de cette causalité ne dépendent pas de ces derniers mais de l'esprit lui-même. Toutefois, les effets des produits de cette causalité autonome s'accomplissent par nécessité. Toute forme de changement et de modification due à la réorientation de l'esprit, que ce soit en termes d'expériences, de pensées ou d'actions, s'explique par la seule causalité efficiente et par la forme et les mouvements des atomes.

LE MATÉRIALISME D'ÉPICURE ET LUCRÈCE ENTRE « MÉCANISME » ET « AGENTIVITÉ »

La théorie épicurienne de l'esprit, peut-être davantage encore que la théorie du *clinamen*, montre comment les épicuriens ont su reconnaître à la matière atomique ce qu'on appelle aujourd'hui une agentivité. Si dans le cas du *clinamen*, l'agentivité est représentée par le mouvement de rupture et donc par la déclinaison créatrice et indéterminée, dans le cas de la théorie de l'esprit, l'agentivité coïncide avec la capacité de la matière psychique[3]

1. Les pensées, comme nous l'avons vu, sont des *simulacres* captés par l'esprit. Tout de même, la capacité de « bien » penser, à savoir de raisonner de façon correcte et vertueuse, est le produit d'un travail long et continu de l'individu sur soi-même. Ce travail consiste en une transformation matérielle de l'esprit qui devient de plus en plus « poreux » aux pensés vertueuses et de moins en moins sensibles aux pensées non conformes à la vertu. En cela consiste la progression morale d'un point de vue de la physiologie de l'esprit.

2. Sur les conséquences de cette théorie d'un point de vue éthique voir A. Németh, *Epicurus on the Self. Issues in ancient philosophy*, London, New York, Routledge, 2017; S. Bobzien, « Moral responsibility and moral development in Epicurus' philosophy », *in* B. Reis (ed.), *The Virtuous Life in Greek Ethics*, Cambridge, CUP, 2006, p. 206-229.

3. Le fait que cette capacité concerne uniquement les humains pourrait au premier abord nous conduire à relativiser l'interprétation que fait Bennett du matérialisme épicurien comme d'un matérialisme qui fait tomber les frontières entre humain et non humain. Ce n'est pas le cas, à notre avis. En effet, l'esprit et son pouvoir sont toujours, comme le remarque Bennett, le fait d'une certaine configuration et d'une certaine composition. Autrement dit, ces atomes dans un autre composé et dans une différente configuration peuvent produire un tout autre

à agir spontanément et activement par soi-même et sur soi-même. Il ne s'agit pas, pour le dire autrement, de la rupture de la causalité mais de la production d'une nouvelle causalité. Cependant, ce pouvoir d'action causale n'annule pas les pouvoirs de la nécessité. La physiologie épicurienne de l'esprit, au contraire, est un exemple clair de la possibilité d'une compatibilité de l'agentivité et du mécanisme. En effet, comme nous l'avons vu, la conception mécaniste de la nature est fondamentale aux yeux des épicuriens pour la construction d'un savoir rigoureusement établi qui puisse libérer les individus de la crainte des phénomènes naturels. La nature est réglée par des lois qui en déterminent toute manifestation et qui la rendent compréhensible et prévisible. C'est aussi de cette manière que nous pouvons expliquer une certaine régularité et prévisibilité des comportements des individus[1]. Cela contribue, d'ailleurs, à l'entreprise épicurienne de « normalisation » (chère aussi à Bennett) de phénomènes autrefois considérés comme exceptionnels à savoir tous ces phénomènes qui concernent l'âme et le vivant en général. Toutefois, la nécessité est aussi ce qui explique la réalisation de la modification du caractère causé par l'individu lui-même. Autrement dit la nécessité n'est pas invoquée uniquement à propos du conditionnement de l'environnement ou de la constitution originale mais aussi à propos de l'action causalement autonome de la matière psychique. Dans ce cas, la nécessité est pour ainsi dire soumise au pouvoir causal de l'esprit.

Si les épicuriens ont choisi une troisième voie entre le « vitalisme » et le « mécanisme » comme le suggère Bennett, ce n'est pas en sacrifiant le mécanisme ou ce qui dans l'Antiquité s'y apparentait. En effet, cette approche de la nature est la *conditio sine qua non* de sa compréhension et de la réalisation d'une vie bienheureuse et sans crainte, selon les épicuriens. Si les épicuriens choisissent une troisième voie, il s'agit de celle de la compatibilité entre mécanisme et agentivité. Cette voie n'a pas été exempte de critiques et d'attaques violentes dès l'Antiquité et jusqu'à maintenant[2], et présente sans doute des limites et des aspects peu clairs qui, encore aujourd'hui, restent à questionner. Toutefois, c'est dans cette

corps qui ne sera pas doué des pouvoirs de l'esprit. Il ne s'agira pas d'une différence qualitative mais d'une différence de degré de complexité dans la composition.

1. Et même des animaux.

2. Pour un bref compte rendu de ces critiques, voir E. Delruelle, « Plaisir, contingence et déviation dans le texte de Lucrèce », *Kêpoi : De la religion à la philosophie. Mélanges offerts à André Motte* [online], Liège, Presses universitaires de Liège, 2001, http://books.openedition.org/pulg/1106, consulté le 21 novembre 2023.

forme, peut-être moins résolue mais plus fidèle, qu'il nous semblerait plus intéressant de traiter l'épicurisme dans le cadre des nouvelles réflexions sur la matière. En effet, plutôt qu'une approche enthousiaste qui tend à mythifier le matérialisme d'Épicure, et en particulier celui de Lucrèce[1], une prise en compte de la force et des limites de ce « compatibilisme » entre mécanisme et agentivité, pourrait nourrir davantage les débats matérialistes actuels et contribuer à mieux définir leur nouvelle perspective.

Giulia SCALAS
CNRS-Centre Léon Robin

1. Cf. *supra*, p. 25-26.

LA PUISSANCE ACTIVE DE LA MATIÈRE DANS LES PREMIERS TRAITÉS DE ROGER BACON

CONTEXTE

La notion de « puissance active » de la matière (*potentia activa materie*, ou *in materia*) désigne une disposition active dans la matière. Elle vient en contrepoint de la division héritée de la tradition aristotélicienne qui place l'acte du côté de la forme et la puissance du côté de la matière, car elle traduit sous forme d'activité la tendance préférentielle présente dans la matière pour telle ou telle forme.

Bien plus qu'une notion, la puissance active de la matière est une doctrine qui se constitue au sein de l'école franciscaine du XIIIe siècle, comme l'a montré Silvia Donati au sujet des commentaires anglais à la *Physique* entre 1240 et 1270[1]. Roger Bacon serait l'un des premiers auteurs à lui donner sa pleine expression. L'intérêt d'étudier la puissance active chez Bacon est multiple. Tout d'abord, elle constitue l'une des pièces maîtresses de sa célèbre doctrine de la multiplication des *species*. Selon celle-ci, la génération naturelle s'explique par la multiplication de la puissance de l'agent dans le patient sous la forme d'une *species*, qui ne peut apparaître dans le patient et s'y propager qu'à partir de la puissance active de la matière du patient. Or en dépit de ce rôle crucial dans une doctrine

1. Parmi les livres et articles qui forment le très impressionnant travail de recherche de S. Donati, voir en particulier, pour l'analyse qui suit, « La discussione sulla materia nella tradizione di commento della *Fisica :* commentatori inglesi degli anni 1240-1270 CA », *in* G. Fioravanti, C. Leonardi, S. Perfetti (a cura di), *Il commento filosofico nell'Occidente latino, secoli /The philosophical commentary in the Latin West, 13-15th centuries : atti del colloquio Firenze-Pisa, 19-22 ottobre 2000*, Turnhout, Brepols, 2002, p. 185-232. Notons que l'expression de « puissance active de la matière » connaît une fortune qui va bien au-delà de l'école franciscaine.

non moins fondamentale, la puissance active est rarement étudiée pour elle-même. Le plus souvent, les commentaires traitent de la causalité de la *species* et des difficultés liées à celle-ci plutôt que de la puissance active, qui porte pourtant le mécanisme causal de la propagation au rang d'un dispositif complet.

Bacon offre une analyse approfondie de la puissance active dans certains de ses « premiers » traités, comme les *Questions sur les livres I, II et V-X de la* Métaphysique *d'Aristote* et les *Questions sur les 8 livres de la* Physique[1]. Les *Questions sur la* Métaphysique traitent de la nécessité d'un agent interne appelé « puissance active »[2], avant d'en donner la définition[3] ; les *Questions sur la* Physique traitent de la puissance active au fil du commentaire des livres I et II de la *Physique*, en particulier dans les questions consacrées à la distinction entre la matière première et la matière naturelle[4] et dans celles qui sont consacrées à la privation[5]. À ce corpus s'ajoutent les *Questions sur le* Liber de causis, qui offrent un cadre général d'analyse de la causalité par influx, partant de la distinction entre la création et la génération.

Ces premiers traités, plus rarement étudiés que les œuvres de la maturité (comme les *Communia naturalium*, le *De multiplicatione specierum* et l'*Opus maius*), sont également ceux dans lesquels la doctrine de la multiplication des *species* est présente sous une forme embryonnaire[6], comme

1. R. Bacon, *Questiones supra libros prime philosophie Aristotelis (Metaphysica I, II, V-X)*, éd. Steele-Delorme, 1930 (*Opera Hactenus Inedita*, X) ; *Questiones supra libros octo physicorum Aristotelis*, ed. Steele-Delorme, Oxford, Clarendon Press, 1935 (OHI XIII) ; *Questiones supra librum de causis*, ed. Steele-Delorme, 1935 (OHI XII), désormais abrégés comme suit : *QMet* (OHI X), *QPh* (OHI XIII) et *QLdC* (OHI XII). Par « premiers » traités, j'entends l'ensemble des *questiones* et commentaires situés avant 1250. Pour un aperçu des très difficiles questions de datation, voir en particulier la synthèse de D. Calma, « Adam of Bocfeld or Roger Bacon ? New Remarks on a Commentary on the Book of Causes », *Recherches de Théologie et Philosophie médiévales* 85, 2018, p. 71-108. À défaut de meilleures expressions, la dénomination de « premiers traités » et traités « de la maturité » (*Communia naturalium*, désormais *CN*, *De multiplicatione specierum*, *Opus Maius*) utilisée dans cet article n'exprime pas une hypothèse sur la continuité doctrinale entre les traités de ces deux périodes ; elle invite simplement à la prudence dans la mesure où cette continuité est elle-même tributaire de la question de la datation des traités, encore débattue. Dans cet article, je traduis directement en français les citations de *QMet* et *QPh* et *QLdC*.

2. OHI X, p. 215-220.

3. *Ibid.*, p. 289-296.

4. OHI XIII, p. 56-58.

5. *Ibid.*, p. 58-73.

6. Dans les *QLdC*, la nature de la *species* est analysée dans le cadre de la connaissance par l'âme des choses sensibles (OHI XII, <q 60>, p. 73-76), dans la lignée des théories de la vision héritées du *De perspectiva* de Alhacen, OHI XII, p. 52. Dans les *QPh*, la multiplication des

s'il fallait assumer un chiasme entre les deux périodes. En effet, tandis que les *CN* et le *DMS* traitent principalement de la multiplication des *species* et dans la foulée de la puissance active, les premiers traités développent la notion de puissance active bien plus que celle de la multiplication des *species*. Toutefois, la puissance active appartient déjà, dans les premiers traités, à un réseau de concepts qui préfigurent la future architecture de la doctrine de la multiplication des *species* (voir tableau 1), qui pourrait trouver en elle l'une des premières étapes de sa constitution.

L'idée de loger un principe actif dans la matière appartient aux doctrines qui font de la matière le dépositaire de formes créées potentiellement en elle, et appelées à être déployées lors de la génération. Un ensemble de doctrines répondent à cet enjeu : celle de la *potentia activa*, celle de la *forma diminuta* (Geoffrey d'Aspall) qui lui est relativement analogue, le modèle des raisons séminales (Augustin, Bonaventure) et celui de l'*inchoatio formae* (Albert le Grand)[1]. Si l'école franciscaine est majoritairement représentée dans cet ensemble, elle ne l'est pas exclusivement (Albert le Grand n'est pas franciscain), ni toujours (Pierre Olivi rejette l'idée de puissance active; Duns Scot celle de forme incomplète)[2].

species n'est évoquée explicitement qu'en de rares passages (OHI XIII, p. 33 et p. 55-56). C. Panti fait également part de la pauvreté des références à ce sujet : « Roger Bacon on Chance in Natural Generation in the *Questiones super octo libros Physicorum Aristotelis* », *in* N. Polloni, Y. Kedar (eds), *The Philosophy and Science of Roger Bacon. Studies in Honour of Jeremiah Hackett*, London, Routledge, 2021, p. 36-53.

1. Je me limite pour ces doctrines à leur représentant le plus connu. Pour un tableau plus exhaustif des auteurs, voir S. Donati, « La discussione sulla materia… », art. cit., p. 219-230 et C. Trifogli, « Geoffrey of Aspall on Nature », *Recherches de Théologie et Philosophie médiévales* 85, 2018, p. 47-69, parmi les nombreux et remarquables travaux des deux chercheuses sur ces questions.

2. Pour la critique de P. Olivi, voir D. Demange, *Puissance, action, mouvement. L'ontologie dynamique de Pierre de Jean Olivi (1248-1298)*, Paris, Cerf, 2019, p. 109 *sq*. Duns Scot critique ce qu'il appelle l'*opinio famosa* dans ses *Quaestiones super Libros Metaphysicorum Aristotelis* VII, q. 12, n. 12, dans B. Ioannis Duns Scoti, *Opera philosophica*, New York, St Bonaventure University, 1997, t. IV, p. 197.

QMet, QPh, QLdC	*CN, DMS*
Distinction entre la matière première et la matière naturelle	Définition de six sens de la matière, dont la distinction entre la matière première et la matière naturelle
Définition de l'essence de la matière première comme acte	*Idem*
Définition de la causalité efficiente dans la génération comme influx de *virtus*	*Idem*
Notion de *potentia activa* de/dans la matière	*Idem*
Identification de la *potentia activa* de la matière à une *forma incompleta*	*Idem*
Puissance active de la matière comme *privation* d'une forme plus complète	*Idem*
L'activité de la puissance active de la matière est un *désir* de forme	*Idem*
Superposition partielle de l'action par la *virtus* et de l'action par la substance	Dépassement de la distinction entre l'action par la *virtus* et l'action par la substance
Influx de *virtus* dans la génération, propagation de *species* dans la vision (*QLdC*) – quelques passages évoquant la multiplication des *species*	Doctrine de la multiplication des *species*
Concept de nature comme *virtus regitiva* (OHI XIII)	*Idem*
La *species* est un être incomplet, spirituel, qui a la matière du milieu dans laquelle elle se propage	La *species* n'est pas un être spirituel (sans matière)
Quelques passages distinguent la *virtus* de la *species*	Distinction entre la *virtus* et la *species*

Tableau 1

En outre, Bacon ne serait pas le premier à utiliser la notion de puissance active (elle se trouve déjà chez Rufus), même s'il est manifestement le premier à la définir dans toute son ampleur[1].

1. Anonymus (Richardus Rufus de Cornwall?), *Quaestiones super Physicam*, I-VIII (ms. Erfurt, Wiss. Bibl. Der Stadt. Ampl., Q 312, II, f 3rb, référencé par S. Donati, « La discussione sulla materia… », art. cit., p. 221), venant indirectement à l'appui de la thèse de D. Sharp qui souligne l'importance de cette doctrine dans l'école franciscaine (D. E. Sharp, *Franciscan Philosophy at Oxford in the Thirteenth Century*, Oxford, OUP, 1930, p. 122 *sq.*). Rodolfi voit en revanche en Bacon le premier auteur à développer l'idée d'une puissance

L'enjeu commun à l'ensemble de ces doctrines est le rejet du « platonisme », présenté sous la forme de la théorie avicennienne du Donateur de formes. Celle-ci confie la génération à une cause intelligible et est décrite, du moins dans la lecture qu'en font ses détracteurs, comme l'impression de formes dans une matière elle-même créée. Cette idée est rejetée car elle identifie la génération à une création et détruit les principes de la physique. Or si, pour cette raison, l'idée d'une matière inerte est également rejetée, celle d'un trésor de formes dont il suffirait à l'agent efficient de dévoiler l'implicite dans la génération (doctrine de la *latitatio formarum* attribuée à Anaxagore) l'est aussi[1]. La génération est une transmutation *réelle*, ce qui signifie qu'une nouvelle forme est réellement produite. Bacon appartient à la lignée des penseurs qui défendent l'idée d'une éduction de la forme depuis une puissance active dans la matière. Si la matière est riche de puissances, celles-ci ne sont pas à proprement parler des formes mais des dispositions à être formées, que Bacon appelle « formes incomplètes ». Comme nous le verrons bientôt, cette position conduit à décrire la génération comme la substitution d'une forme complète à une forme incomplète – génération au cours de laquelle l'agent n'engendre d'ailleurs pas tant une nouvelle forme qu'un nouvel être de la forme, puisqu'engendrer, c'est compléter et compléter, c'est rendre plus parfait[2].

À cet enjeu commun s'ajoutent des enjeux propres à chaque doctrine. La ressemblance terminologique entre les doctrines (forme incomplète ou diminuée, nouvel être de la forme, puissance active, éduction, et autres expressions) ne doit pas voiler les différences entre les univers conceptuels et leurs perspectives épistémologiques. Ainsi, tandis que la doctrine des raisons séminales se concentre sur l'enjeu théologique puisqu'elle garantit que toute chose est créée, même potentiellement, les doctrines de la *potentia activa* et de l'*inchoatio formae* visent plutôt à combler un manque dans l'explication aristotélicienne de la génération, relatif au passage de la

active de la matière. A. Rodolfi, « *Dicitur materia propriisime et strictissime*. Roger Bacon and the Ontological Status of Matter », *in* P. Bernardini et A. Rodofi (eds), *Roger Bacon's Communia Naturalium. A 13th Century Philosopher's Workshop*, Firenze, SISMEL Edizioni del Galluzo, 2014, p. 90-92.

1. *QMet*, OHI X, p. 61.

2. Dans les *CN*, Bacon rappelle que la génération est un perfectionnement : « [L]'altération par l'espèce n'est pas en vue de la corruption mais du salut et de la perfection comme l'enseigne Aristote dans le *De Anima*, II » (*CN*, OHI II, p. 21). Cette idée est largement répandue au XIIIe siècle, jusqu'à Henri de Gand et Duns Scot lui-même (*QMet*, VIII, q. 4), et remonterait à Simplicius. Voir S. Roudaut, *La mesure de l'être, le problème de la quantification des formes au Moyen Âge (ca. 1250-1370)*, « History of Metaphysics : ancient, medieval, modern », Leiden-Boston, Brill, 2022, p. 60.

matière considérée comme substrat inerte à la matière prise comme sujet dynamique du changement, en insistant davantage que la doctrine des raisons séminales sur le rôle de la cause efficiente. Ici encore, des différences séparent les auteurs : tandis qu'Albert rapproche le flux (*fluxus*) de l'être (D. Calma), Bacon l'intègre dans un hylémorphisme universel qui donne à la matière une place prépondérante ; par ailleurs, la distinction qu'opère Bacon entre la matière première et la matière naturelle (sujet de la génération) lui est propre.

MATIÈRE PREMIÈRE ET MATIÈRE NATURELLE

La puissance active de la matière est essentielle à la génération. Cependant la matière qui possède une puissance active et qui est le sujet de la génération n'est pas la matière première d'Aristote. Bacon situe la matière première à un niveau purement métaphysique, que ni l'esprit ni les sens ne peuvent atteindre mais dont Dieu a pourtant l'idée, et qui désigne le constituant ultime et lointain des substances créées[1]. La matière qui constitue le sujet de la génération est une matière naturelle (*materia naturalis*), qui est l'objet du physicien, et qui n'a plus de la matière que la fonction mais non la nature : elle désigne en effet le principe matériel depuis lequel a lieu la génération[2].

La distinction entre la matière première et la matière naturelle présentée dans les *QPh* s'inscrit dans le cadre plus général d'une analyse de la causalité développée dans les *QLdC*. Bacon y distingue la génération et la création sur fond d'action par influx. La cause première crée la matière première et la forme première, qui constituent le premier genre, le genre de la substance (*genus generalissimum*). Ce dernier est inclus dans chacune des formes immédiatement créées avec la matière : la forme de l'Intelligence (substance spirituelle), du ciel (substance corporelle céleste) et de la sphère des éléments (du genre de la substance corporelle non céleste) – toutes les autres substances étant engendrées[3]. L'antériorité du genre généralissime sur toute substance signifie seulement que dans le registre du créé, rien n'est s'il n'est une substance, c'est-à-dire un composé de matière

1. Sur ce sujet, voir N. Polloni, « Roger Bacon on the Conceivability of Matter », in *The Philosophy and Science of Roger Bacon...*, *op. cit.*, p. 76-97.

2. *QPh*, dans OHI XIII, p. 57.

3. *QLdC*, dans OHI XII, en particulier p. 89-97.

et de forme. La composition et par suite, l'incomplétude, séparent le créé de l'incréé.

Mais le genre généralissime joue également le rôle de « principe matériel » des substances créées, car il se divise en autant d'espèces qu'il y a de formes, que celles-ci soient actuellement existantes, ou seulement potentiellement. Bacon adopte ici la doctrine de l'hylémorphisme universel, héritée d'Avicebron, selon laquelle toute chose est essentiellement une substance, c'est-à-dire un composé de matière et de forme, et polarise dans le même temps le déploiement de la réalité autour de la hiérarchie des genres et des espèces (réalisme extrême). Dans ce schéma, les genres et les espèces ne sont pas de simples entités logiques, mais des entités métaphysiques. Le pluralisme ontologique auquel conduit une telle option n'a pourtant pour enjeu que de traduire l'articulation entre les formes potentielles et les formes actuelles de telle sorte que chaque genre est pour son espèce une forme incomplète au regard de l'espèce qui est, pour le genre qu'elle divise, sa forme plus complète – jusqu'à sa forme actuelle. Pour le dire de manière synthétique, le rapport de la forme potentielle à la forme actuelle est l'inclusion du genre dans l'espèce qui le divise[1].

Ce que traduit la matière première dans ce schéma, c'est la racine de la potentialité de toute substance créée. En effet, la matière première est une pure potentialité, vide de formes (*essentia omnino nuda*). Cette potentialité suffit à la distinguer de l'essence de la forme, bien que la matière ne puisse jamais être sans la forme. Si on dit généralement que la matière n'est pas, parce qu'elle est une indétermination pure, c'est parce qu'on confond sa potentialité (qui est son essence) avec sa privation (qui est son rapport à la forme et au composé de matière et de forme)[2]. En elle-même, elle n'appelle aucune forme, même si elle peut recevoir toutes les formes et bien qu'elle ne puisse jamais être sans la forme. La privation de forme lui est pour ainsi dire accidentelle et s'ajoute à elle selon une accidentalité d'un type particulier, que Bacon appelle « concomitance ». La concomitance signifie que la privation de forme n'entre pas dans la définition de la matière (elle ne définit pas sa nature propre), mais qu'elle n'en est pas pour autant exclue (au contraire, elle la suit nécessairement). Ainsi, la matière comprise en elle-même dans son essence de matière ou « par mode de position », n'inclut pas la privation ; comprise en tant qu'ordonnée à la forme ou « par

1. À la différence, donc, de la structure émanative du *Fons vitae* d'Avicebron, dont Bacon s'inspire pourtant. Sur certaines de ces différences, voir M. Perreira, « Remarks on materia naturalis », in *Roger Bacon's Communia naturalium...*, *op. cit.*, p. 117 *sq.*

2. *QPh*, dans OHI XIII, p. 59.

mode de privation », la privation suit nécessairement son essence, de telle sorte qu'elle ne peut pas ne pas être privée de forme[1].

Si la privation échoit accidentellement à la matière, cela signifie pour Bacon que la privation n'est pas propre à la matière mais regarde aussi la forme, du moins une forme dite « incomplète », c'est-à-dire une forme privée de la perfection d'une forme plus complète – concept sur lequel nous allons bientôt nous pencher. Elle signifie aussi que la matière n'est pas en elle-même susceptible de contrariété : la matière première n'est donc pas le sujet de la génération[2]. Le sujet de la génération est une autre matière : la matière naturelle (*materia naturalis*). Bacon la définit comme ce qui suit la matière première, dans la mesure où elle est constituée de la matière première et d'« un certain quelque chose » qui lui est ajouté : elle est, dit-il, le tout, ou « l'agrégat » formé de la matière première et d'une certaine forme ajoutée, qui est la forme du genre, c'est-à-dire une forme incomplète[3]. L'ajout de cette forme incomplète est l'ajout d'une raison d'agir (*ratio agendi*) qui n'appartient dès lors qu'à la matière naturelle[4].

La question est alors de savoir où commence la matière naturelle dans la hiérarchie des genres et des espèces. En d'autres termes, quelle est la forme qui s'ajoute à la matière pour produire la matière naturelle[5] ?

1. *QPh*, dans OHI XIII, p. 44-45 : « On demande si la matière est quelque chose par mode de position ou par mode de privation, car selon le Commentateur la privation coïncide avec la matière dans une seule [chose] ; or tout ce à quoi est conjointe la privation est par mode de privation [...]. Contre : tout ce qui a une essence est quelque chose par mode de position, or la matière est de cette sorte, car son essence est autre que l'essence de la forme ; c'est pourquoi la matière est quelque chose par position de l'essence. Solution : l'être par mode de privation se comprend de deux manières : soit au sujet de ce dont l'essence est la privation, et de cette manière la matière n'est pas un être par mode de privation ; soit au sujet de ce dont la privation est concomitante à l'essence et c'est ainsi qu'est la matière. ». La notion de concomitant est attribuée à Alfarabi dans les *CN* (*CN*, dans OHI II, p. 79), non mentionné dans les *QPh*.

2. *QPh*, dans OHI XIII, p. 57 : « Contre : cette matière qui est tout à fait première reçoit les formes par création et précède toute transmutation ; or la matière naturelle n'est pas de ce type, au contraire, elle est seulement appropriée aux transmutations naturelles, donc etc. Solution : la matière première, qui est une essence tout à fait nue, n'est pas le principe de la nature, et n'est pas cette matière qui est le principe au sujet duquel on parle ici. ».

3. *Ibid.* :« À l'autre je réponds : nous pouvons parler de deux manières de la matière : soit au sujet de l'essence pure de cette matière, soit au sujet de quelque chose de matériel qui a l'essence de la matière et quelque chose en plus de celle-ci [...] avec une certaine forme ajoutée, et ce tout est appelé principe matériel et naturel. De la première manière, la matière appartient à la métaphysique, de la seconde manière elle appartient à la physique [...]. ».

4. La matière « pure » (*materia pura*) n'a pas de raison d'agir ; l'agrégat de matière pure et de forme incomplète a une nature active en raison de la forme qui lui est ajoutée. Voir *QMet*, dans OHI X, p. 288-289.

5. *QPh*, dans OHI XIII, p. 57, p. 66.

Rien n'empêche le genre généralissime d'être le principe matériel de toute chose, dans la mesure où tout genre a une fonction de « cause matérielle » au regard des espèces qui le divisent, puisqu'il est « quelque chose d'incomplet » qui existe en puissance dans l'espèce[1]. Mais le genre généralissime est commun aux substances spirituelles et aux substances corporelles. Or les premières échappent au devenir et y président, les secondes sont soumises à la génération. Le genre généralissime ne peut donc pas être le sujet de la génération, mais le précède[2].

L'antériorité du genre généralissime par rapport au sujet de la génération rapproche les développements de Bacon de la doctrine de la *materia formata* développée par la lignée des penseurs anglais, selon laquelle certaines caractéristiques formelles fondamentales, comme la substantéité, la corporéité ou l'extension, constituent des formes antérieures à la génération pour la simple raison qu'elles ne peuvent être corrompues puis restaurées à chaque génération individuelle[3]. Ces formes ne sont pas elles-mêmes susceptibles de changement et constituent dès lors une matière préformée, qui demeure la même dans l'ensemble des changements naturels. Même si cet argument n'est pas avancé par Bacon, on peut considérer qu'il y a pour lui deux matières et un niveau intermédiaire : la matière première (*materia prima*), constituant métaphysique ultime qui répond à la question de la nature de la matière en tant que distincte de la forme; le principe matériel que constitue le genre généralissime pour toute substance créée, en tant que puissance éloignée et non prochaine, et la matière naturelle (*materia naturalis*), objet du physicien car elle est le sujet de la génération en tant que principe matériel et naturel des substances.

Il reste cependant à expliquer l'articulation entre le genre généralissime et la matière naturelle. Bacon dit que le genre généralissime est en puissance éloignée des substances naturelles[4], alors que la matière naturelle est en puissance prochaine de ces mêmes substances[5]. Or le genre n'est en puissance des substances naturelles que dans la mesure où il est inclus en elles, c'est-à-dire dans la mesure où son extension a été réduite au domaine des choses naturelles. Ainsi, en tant qu'il est pris en lui-même, le genre est commun aux substances spirituelles et corporelles; en tant qu'il

1. *QMet*, dans OHI X, p. 128 : « Or le genre est un quelque chose incomplet (*quid incompletum*) existant en puissance dans l'espèce, et est même une cause matérielle (*causa materialis*) au regard de l'espèce ».

2. *QPh*, dans OHI XIII, p. 57.

3. S. Donati, « La discussione sulla materia… », art. cit., p. 227 *sq.*

4. *QPh*, dans OHI XIII, p. 57.

5. *CN*, dans OHI II, p. 15-16.

intègre le second genre (la substance corporelle), il appartient à ce que désigne ce genre, c'est-à-dire la matière naturelle[1] – la matière naturelle se situe donc au niveau du second genre, celui de la substance corporelle[2]. C'est à ce niveau qu'intervient la puissance active de la matière.

NÉCESSITÉ D'UN AGENT INTERNE APPELÉ « PUISSANCE ACTIVE » DE LA MATIÈRE

La génération n'est ni l'impression d'une forme par un agent externe, ni le simple dévoilement d'une forme emprisonnée dans la matière : elle est l'éduction d'une forme à partir de la puissance active dans la matière. Les *QMet* en donnent la définition et la justification ; les *QPh* en discutent le statut, dans le cadre de l'analyse de la *Physique*[3].

À première vue, il n'est pas nécessaire de poser un agent interne au patient dans la génération, dans la mesure où les agents externes (universels et particuliers) y suffisent. En effet, l'agent influe dans le patient une *virtus* génératrice, présente dans l'engendré comme un principe interne qui a la forme de l'engendrant[4]. Deux arguments viennent pourtant à l'encontre de cette idée : celui de la génération spontanée, car dans la mesure où l'engendrant n'a pas la même matière que l'engendré, il n'y a pas, selon cette position, d'agent interne, et donc pas de génération, ce qui est faux ; celui de la génération artificielle, car s'il n'y avait pas un agent interne propre au patient dans la génération, on ne comprendrait plus la différence entre la génération d'une chose naturelle et celle d'une chose

1. *QPh*, OHI XIII, p. 67 : « Je dis que la forme du premier genre généralissime peut être considérée de deux manières : soit selon toute son amplitude, dans la mesure où elle est [considérée] indifféremment par rapport à la forme corporelle et incorporelle, et ainsi elle n'est pas la forme naturelle, alors que la forme première est naturelle ; soit dans la mesure où elle est sous le désigné du second genre, et ainsi elle est le principe de la nature qui est la privation. ».

2. *Ibid.*, p. 58. La substance corporelle n'est bien entendu pas un corps en acte, mais en puissance. La place de la matière naturelle dans la hiérarchie des genres et des espèces diffère dans les premiers traités (Bacon la situe au niveau de la substance corporelle commune aux corps célestes et non célestes) et dans les traités de la maturité (Bacon la situe au niveau de la substance corporelle non céleste). Sur cette question très complexe, voir le remarquable article de M. Perreira, « Remarks on materia naturalis », art. cit., p. 103-138.

3. En référence à l'idée aristotélicienne selon laquelle la nature est le principe intrinsèque du mouvement et du repos, et le principe matériel des êtres naturels (*Physique*, II, 1, 193a 28-b3). Cet ancrage doctrinal est également celui des commentateurs anglais (dont Bacon) étudiés par S. Donati, « La discussione sulla materia… », art. cit., p. 221-222.

4. *QMet*, dans OHI X, p. 216.

artificielle[1]. On cherche donc un agent interne *propre* au patient, qui ne soit pas réductible à la présence de l'agent dans le patient : un agent dans la matière, non sous la forme de ce qui engendre, mais sous la forme de l'engendré.

Qu'est-ce qui, dans le patient, est sous la forme de ce qui engendre ? L'agent n'est pas présent dans la matière du patient selon sa substance, mais sous la forme d'une *virtus*. Celle-ci n'est pas la forme de l'agent, mais une similitude de son pouvoir causal. En ce sens, elle est une cause efficiente – puisqu'elle n'est ni matérielle, ni formelle, ni finale[2]. Or cette *virtus* seule ne suffit pas à expliquer la génération, car elle n'explique pas ce qui, du patient, devient une substance plus complète. Il faut donc quelque chose dans le patient qui devienne la forme complète au terme de la génération. Comprenons bien ici qu'il ne suffit donc pas d'ajouter un agent interne à la *virtus* de l'agent externe présente dans le patient, il faut poser quelque chose qui, dans la matière, deviendra ensuite une forme, et dans cette mesure, poser l'identité entre ce quelque chose et l'agent interne propre au patient[3]. L'argument met en avant l'idée selon laquelle, pour qu'il y ait génération, la matière doit receler une puissance d'être affectée, qui se transmue en une nouvelle forme au terme de la génération. Cette puissance est la puissance active de la matière. Que désigne-t-elle exactement ?

DÉFINITION DE LA *POTENTIA ACTIVA*

La *potentia activa* est définie dans le commentaire de Bacon du livre IX de la *Métaphysique* d'Aristote[4]. Quand on parle de la puissance active interne au patient, on désigne trois choses :

1) une forme incomplète dans la matière ;

2) l'inclination de cette forme incomplète vers l'agent ;

3) La forme spécifique, qui est la perfection de la chose[5].

Tout est là ; reste à l'expliquer.

1. *QMet*, dans OHI X, p. 216.
2. *Ibid.*, p. 216-217.
3. S'il y avait seulement un agent interne, on aurait raison, dit Bacon, d'objecter que les agents externes suffisent ; or il faut quelque chose qui devienne la forme et sans lequel la chose ne peut pas être engendrée. L'agent est donc le même que la forme (*idem est agens et forma*). Voir *ibid.*, p. 216.
4. *Ibid.*, p. 289-296.
5. *Ibid.*, p. 290.

La puissance active n'est pas la forme spécifique ultime

La forme spécifique d'une substance est sa nature propre. Or cette nature possède une puissance (*potentia*) d'agir sur d'autres substances qui s'accomplit en tant que *virtus*, et devient en ce sens une puissance active, au sens où elle est le principe d'opération spécifique de cette substance, comme le fait de chauffer est la *virtus* du feu[1]. La *virtus* est donc l'accomplissement d'une capacité naturelle d'agir que toute substance a selon sa nature propre. Cette puissance est interne à toute substance, puisqu'elle découle de sa nature propre; elle est active en ce qu'elle accomplit la puissance propre à cette substance. Cependant, elle ne désigne pas une puissance active interne à la substance en tant que patient, mais en tant qu'agent. La puissance active de la matière dans la génération n'est donc pas la forme spécifique ultime.

La puissance active est une forme incomplète

La puissance active dans la matière est une forme incomplète (*forma incompleta*). Comme nous venons de le voir, cette forme n'est pas à proprement parler une forme, mais ce qui devient la forme ultime au terme de la génération; elle constitue à ce titre le principe de transmutation actif interne au patient[2]. Elle n'est pas pour autant une matière, puisqu'elle s'ajoute, en tant que forme incomplète, à la matière, ou si elle est matérielle, c'est au sens où, ne possédant pas l'actualité ni la complétude de la forme, elle partage l'incomplétude de la matière en tant que puissance de forme. Le statut ontologique de cette forme incomplète ne se règle ultimement qu'au moyen de son identification avec la potentialité relative du genre : la puissance de la forme incomplète à l'égard de la forme complète est celle du genre au regard de l'espèce qui l'inclut[3].

La forme incomplète est une puissance de devenir forme. Toutefois cette puissance n'est pas elle-même d'emblée active. Si elle l'était, elle se développerait d'elle-même en la forme ultime. Elle ne peut être appelée

1. *QMet*, dans OHI X, p. 289.

2. *Ibid.* : « On voit que c'est une forme incomplète, car dans la matière se trouve un principe de transmutation interne, or celui-ci n'est ni la matière ni la forme, donc c'est une puissance active qui est une forme incomplète. ».

3. S. Donati y voit, à la suite de Th. Crowley, la preuve d'une certaine confusion entre les domaines logique et métaphysique et considère ce modèle comme une version moins sophistiquée que celle de la *forma diminuta*. Voir S. Donati, « La discussione sulla materia... », art. cit., p. 224-225; Th. Crowley, O.F.M., *Roger Bacon. The Problem of the Soul in his Philosophical Commentaries*, Louvain-Dublin, Nauwelaerts-Duffy, 1950, p. 106.

active que dans la mesure où elle devient forme[1]. Il faut donc distinguer entre la forme incomplète, qui traduit la puissance de devenir forme, et le devenir forme lui-même de cette puissance, que traduit la notion d'inclination de la forme incomplète vers un agent extérieur.

La puissance active en tant qu'inclination de la forme incomplète

La puissance qui devient la forme complète est la forme incomplète ; la puissance en tant qu'elle agit est l'inclination de la forme incomplète vers un agent extérieur. Cette distinction est là pour rappeler que la forme incomplète n'est pas active par elle-même, mais seulement par un autre, c'est-à-dire par un agent extérieur[2]. Elle souligne la dépendance du patient l'égard de sa cause efficiente, sans que le patient ne perde pour autant son activité propre – paradoxe qui pourrait être traduit en disant que la forme incomplète agit d'elle-même par un autre.

L'inclination de la forme incomplète à agir s'ajoute à elle comme un accident[3]. Pourtant, l'inclination n'est pas réellement autre chose que la forme incomplète. Rappelons que Bacon justifiait la nécessité d'un agent interne au patient, par l'identification entre ce qui devient la forme complète au terme de la génération, et ce par quoi cette forme complète advient, c'est-à-dire l'agent interne[4]. L'inclination de la forme incomplète n'est pas autre chose que la forme incomplète comprise en tant qu'elle agit, c'est-à-dire la forme incomplète comprise sous un autre rapport qu'en elle-même. Elle traduit seulement ce qu'est la forme incomplète en tant qu'elle est ordonnée à une forme plus complète qu'elle[5]. Pour le comprendre, il faut se tourner vers l'identification opérée par Bacon entre la puissance active et la privation.

1. *QMet*, dans OHI X, p. 217 : « [A]utre est la puissance de la forme qui est la forme incomplète, car l'incomplet et le matériel s'appellent puissance, et pourtant elle est formelle et devient ensuite une forme complète, de sorte qu'elle est appelée active. ».

2. *Ibid.*, p. 289.

3. *Ibid.*, p. 290 : « [L]a forme qui est l'inclination de tout principe de transmutation est un accident, la puissance qui est le principe de transmutation est ce qui devient la *virtus* ultime. ».

4. *Ibid.*, p. 216.

5. *QPh*, dans OHI XIII, p. 60.

L'IDENTIFICATION ENTRE LA PUISSANCE ACTIVE ET LA PRIVATION

Bacon serait le premier à identifier la puissance active à la privation[1]. L'analyse de la privation occupe quinze questions dans les *QPh*[2]. Parcourir l'ensemble de ces questions déborderait le cadre de cet article : je vais donc tenter de résumer quelques-unes des thèses fondamentales pour le propos. Précisons tout d'abord que lorsque Bacon identifie la puissance active de la matière à la privation aristotélicienne, il est convaincu de lire correctement Aristote – cette tendance exégétique est une constante chez les défenseurs de la doctrine de la puissance active[3]. Pourtant, les rapports entre la matière et la privation ne sont pas vraiment du même ordre que chez Aristote.

Rappelons que la matière n'est pas en elle-même privée de forme, mais que la privation lui est ajoutée[4]. La privation ajoute donc quelque chose à la matière. Qu'ajoute-t-elle ? Une puissance. En effet, la privation n'est pas autre chose que la puissance. Si elle n'était pas la puissance, celle-ci la suivrait, ce qui est impossible puisque ce qui est postérieur à la privation est l'acte et non la puissance; ou alors elle la précéderait, ce qui n'est pas possible non plus dans la mesure où la première contrariété passe entre la privation et l'acte, qui coïncide avec la contrariété entre la puissance et l'acte. Si la privation et la puissance diffèrent, ce n'est que selon la raison, car elles sont les mêmes réellement (*unum et idem secundum substantiam*)[5]. La privation n'est toutefois pas à confondre avec la puissance au sens de la puissance ultime d'une substance (sa forme spécifique). Elle désigne la puissance qui s'ajoute à une substance lorsqu'elle est ordonnée à une autre substance plus complète qu'elle – elle n'est pas autre chose, en ce sens, que l'inclination de la forme incomplète envers une forme plus complète qu'elle[6].

Cette puissance est-elle active ou passive ? La première réponse est de dire qu'il s'agit d'une puissance passive, dans la mesure où la première contrariété passe entre la privation et l'acte, et que le contraire de l'acte est

1. Après Bacon, cette identification deviendra courante dans les commentaires anglais. S. Donati, « La discussione sulla materia… », art. cit., p. 225.

2. *QPh*, dans OHI XIII, p. 55-68.

3. S. Donati, « La discussione sulla materia… », art. cit., p. 225.

4. *QPh*, dans OHI XIII, p. 44 *sq*.

5. *Ibid.*, p. 60.

6. La privation est la puissance (*potentia*) au sens de la substance ordonnée à une autre (*substantia ordinata ad aliud*), c'est-à-dire au sens où elle incline la puissance vers quelque chose d'autre. Voir *ibid*.

quelque chose de passif. L'ensemble des arguments et des questions qui suivent montrent une tentative de redéfinir la notion même de passivité. En effet, la puissance passive s'ajoute à la matière, mais ne constitue pas son essence, ce qui veut dire que la forme peut elle aussi être dite en puissance (en tant que forme incomplète). En outre, et pour abonder dans le sens d'une révision des rapports de l'acte et de la puissance, on peut également considérer que la privation ajoute une puissance active, et non plus passive, à la matière. En effet, ce qui produit une contrariété avec l'acte est une puissance, que celle-ci soit passive ou active : toute puissance est contraire à l'acte, donc la puissance active sera elle aussi une privation [1].

Comment les puissances active et passive se rapportent-elles à la forme ? Bacon pose deux formes de contrariété : la première passe entre la puissance passive et la forme, la seconde entre une puissance active et la forme. L'explication porte sur le niveau métaphysique le plus élémentaire, celui du genre généralissime, mais celle-ci peut être reconduite aux niveaux plus complexes. La première contrariété passe entre la forme du genre généralissime et sa matière. La matière dont il est question ici est la matière première en tant qu'elle est réceptive, et la forme qui la complète est celle du genre généralissime. La matière première représente à ce niveau la puissance réceptive et celle-ci est hors du genre, dit Bacon [2]. Cela ne veut pas dire que le genre généralissime soit une simple forme sans matière.

La matière première est bien le constituant du genre généralissime et est à ce titre interne au genre. Mais dans l'analyse métaphysique de la constitution du genre, la forme du genre apparaît comme ce qui s'ajoute à la puissance réceptive de la matière, extérieure à cette forme.

La deuxième contrariété passe entre la forme du genre généralissime et quelque chose d'autre que le genre, qui est également une forme. Or dans ce cas, dit Bacon, la contrariété ne passe plus entre la forme du genre et un principe réceptif, mais entre la forme du genre et une autre forme, c'est-à-dire entre une puissance active et une forme. La privation n'est plus alors une puissance passive, mais une puissance active qui est cette fois *interne* au genre en tant que principe matériel d'une forme plus complète. Comment expliquer qu'il y ait contrariété entre une forme et une forme ?

1. *QPh*, dans OHI XIII, p. 61.
2. *Ibid.*, p. 61-62.

Parce que la forme du genre est elle-même prise dans une matière qui en fait une forme incomplète[1].

Reprenons. La matière peut être comprise en tant que telle, en tant que matière. En ce cas, elle est une réceptivité pure qui peut se voir ajouter des formes. Or toute forme qui est ajoutée à la matière ne peut jamais véritablement exprimer sa pleine puissance, puisque la matière l'enveloppe de son incomplétude[2]. Cette puissance, appelée puissance active, n'est pas propre à la matière en tant que telle, qui en constitue toujours la limite et le résidu pour ainsi dire. En effet, quel que soit le degré d'achèvement auquel parvient la créature, comme le montre la notion de *virtus* comprise comme puissance maximale à laquelle parvient un être lorsqu'il accomplit sa forme spécifique, il restera toujours une forme de privation de perfection – à l'inverse, l'être au sens plein est complétude parfaite[3]. En ce sens, la puissance active est une privation qui doit être conçue comme principe dynamique, puisqu'elle exprime paradoxalement, lorsqu'elle est ajoutée à la matière en tant que matière, une forme qui transforme la matière en matière privée de forme. Ainsi, elle n'ajoute pas tant une puissance à la matière qu'elle ne constitue cette dernière en principe matériel, fondement d'une contrariété d'un nouveau type, qui passe entre une forme incomplète et une forme complète.

Mais ce qui devient, c'est une substance entière, et non simplement une forme substituée à une autre « dans » une matière. La forme incomplète ou principe matériel constitue donc le principe depuis lequel a lieu la génération, entraînant à sa suite la matière qui conserve lointainement sa pluriformalité au travers des multiples transmutations. Cette forme incomplète est susceptible d'états métastables dans le flux des transmutations, ce qui veut dire qu'elle n'est pas toujours et tout le temps en devenir-forme. La puissance active qui lui est propre a besoin d'être activée par la présence d'un agent extérieur, qui l'ordonne à lui et crée en elle un mouvement, une « activité » que Bacon assimile ultimement au désir de la matière pour la forme. Le désir traduit l'activité propre de la puissance active. C'est ce que nous allons aborder à présent.

1. *QPh*, dans OHI XIII, p. 65-66 : « Contre : la première contrariété est entre la forme et la privation. Si donc la privation avait une forme, il y aurait une contrariété entre une forme et une forme. Solution : il existe deux manières de considérer la forme – la forme complète ou la forme incomplète. Si on parle de la forme incomplète, alors la privation n'est rien d'autre que la forme incomplète ; si on parle de la forme complète qui est la nature de l'individu, alors nous disons que la privation n'est pas une forme. ».

2. *Ibid.*, p. 65.

3. *CN*, OHI II, p. 113.

AGIR PAR UN AUTRE – LA PRIVATION COMME INCLINATION DE LA FORME INCOMPLÈTE À AGIR

Qu'est-ce, au fond, qu'un patient? Une substance ordonnée à une autre qui apparaît, lors de la rencontre avec cette autre substance, comme moins parfaite qu'elle, et qui se dispose à recevoir sa perfection. Cette rencontre ne détermine pas seulement la substance patiente à être une matière passive sur laquelle s'exerce la causalité de l'agent; elle déclenche dans le patient une puissance active. La puissance active de la matière n'est donc pas active par elle-même, mais par un agent extérieur, et plus précisément par la *virtus* de celui-ci[1]. Pourtant, elle constitue un agent interne au patient, qui n'est d'aucune manière la présence virtuelle de l'agent en lui. La puissance active de la matière est donc paradoxalement un agent interne qui doit son activité à un agent externe, c'est-à-dire qui dépend d'un agent extérieur pour exercer l'activité qui lui est pourtant propre.

Bacon traduit la dépendance de la puissance active du patient par rapport à l'agent, par l'idée d'éduction : la puissance active est elle-même éduite à l'acte par l'agent extérieur[2]. L'idée n'apparaît qu'une seule fois, mais elle semble déterminante, et n'est pas sans soulever des difficultés. Si la puissance active du patient est elle-même éduite à son activité, cela signifie qu'elle précède l'éduction de la nouvelle forme qui est le terme de la génération. Cela n'est pas impossible, dans la mesure où Bacon insiste fréquemment sur l'idée selon laquelle la génération est un processus qui prend du temps. En revanche, il est plus difficile de concilier l'idée d'une éduction de la puissance active du patient avec celle de sa concomitance par rapport à la forme incomplète. En effet, le concomitant suit nécessairement la position de ce à quoi il s'ajoute. En d'autres termes l'inclination suit *nécessairement* la position de la forme incomplète dans sa nature – en tant que forme incomplète. Bacon n'expose pas ce problème, pas plus qu'il n'évoque la question en termes modaux, mais ce qui apparaît, c'est que la nécessité qui lie l'inclination de la forme incomplète à la position de cette forme incomplète en tant qu'incomplète est le fruit d'une éduction par un agent extérieur. Or la rencontre du patient avec un agent est contingente. La forme d'une substance n'apparaît comme incomplète que dans la

1. *QMet*, dans OHI X, p. 219 : « La puissance active est aidée seulement par quelque chose qui émet sa *virtus* dans cette puissance active, *virtus* par laquelle elle est excitée. ». Voir aussi *CN*, OHI II, p. 84.

2. *QMet*, dans OHI X, p. 217-218 : « À l'autre je dis que cette puissance éduite à l'acte (*illa potentia educta in actu*) ne transmue pas sa matière par une transmutation qui est la génération ou la corruption ou l'altération ou une transmutation de ce type. ».

mesure où elle est en présence d'un agent possédant une forme plus complète. Il n'est pas impossible que l'articulation entre les deux modalités de l'inclination participe d'une compatibilité entre la nécessité de l'ordre et la contingence des rapports au sein de cet ordre. Il est contingent qu'une substance devienne patiente par rapport à une autre qui en est l'agent, mais du moment que ce rapport est défini, l'ordre qui s'établit entre eux est nécessaire.

Ce que les textes rendent explicite en revanche, c'est la traduction de l'inclination par l'idée de désir – idée que Bacon dit reprendre à Aristote[1]. Le désir traduit au mieux l'idée d'une éduction de l'activité de la puissance active : le désir est suscité par la rencontre avec quelque chose de plus parfait; or s'il est engendré par l'agent plus parfait, reste qu'il demeure l'activité propre du patient. Cette activité s'exprime elle-même par l'idée d'excitation ou de stimulation (*excitatur*) : l'agir du désir est l'être excité – ni plus ni moins, car l'activité désirante de la puissance active n'a aucune vertu efficiente ; elle ne fait qu'accompagner l'efficience de l'agent en elle. Sans l'agent, le désir ne naîtrait pas, sans le désir de la matière naturelle pour la forme de l'agent, l'agent agirait dans le vide. Bacon tient à nous prémunir de ce qu'il dénoncera dans les *CN* comme étant une erreur vulgaire commise aussi bien par les philosophes que par les théologiens, qui consiste à croire qu'agir par excitation signifie, pour la puissance passive du patient, saisir la stimulation venant de l'agent pour transmuer à son tour la matière. Selon cette position, la forme incomplète se saisit de la stimulation de l'agent pour se tourner vers la matière et la transmuer afin qu'en naisse une nouvelle forme[2]. Or la puissance active n'engendre rien, elle ne fait que tendre vers l'agent, d'un mouvement qui s'appelle désir[3].

Bien que les premiers traités ne soient pas aussi précis, la notion de désir traduit également l'activité propre de la puissance active : la puissance active est ce par quoi la matière désire la forme et sans ce désir la

1. Aristote, *Physique*, I, 9, 192a 22-23; J. Hamesse (éd.), *Les « Auctoritates aristotelis » : un florilège médiéval. Étude historique et édition critique*, Louvain-Paris, Publications universitaires-Béatrice Nauwelaerts, 1974, p. 142, prop. 32. Voir *CN*, dans OHI II, p. 83 ; p. 112.

2. *CN*, dans OHI II, p. 84. Cette position est défendue par l'Anonymus, *Sententia libri Physicorum « extracta de commento de verbo ad verbum »*, I-VI (ms. Oxford, Bodl. Libr., Lat. Misc., C. 69, ff. 1ra-41rb), référencé par S. Donati, « La discussione sulla materia… », art. cit., p. 223.

3. *CN*, OHI II, p. 84 : « En effet, le principe interne du mouvement ne meut pas par transmutation et par l'action de produire, mais par une manière de désirer et d'aimer la perfection, car la matière désire (*appetit*) la forme par la puissance active ou la privation ».

génération n'aurait tout simplement pas lieu[1]. Il y va d'ailleurs de l'essence de la matière naturelle, qui ne serait pas naturelle si elle n'avait pas d'elle-même un principe de mouvement[2]. Cependant, la puissance active de la matière ne transmue rien par elle-même, ou si elle transmue, ce n'est que par une transmutation qui est un mouvement local par lequel elle meut la matière, et non une transmutation par génération ou corruption[3]. Le désir qu'est la puissance active entraîne donc la matière dans son sillage, pour que l'agent puisse en éduire la forme ultime au terme de la génération.

Dans quelle catégorie de la causalité peut-on ranger cette activité? En d'autres termes, comment qualifier son agentivité selon la causalité? Bacon ne le précise pas non plus. L'activité de la puissance active n'est pas une causalité efficiente – c'est là l'erreur commune dénoncée dans les *CN* et cette critique suffit à écarter l'hypothèse selon laquelle elle pourrait constituer une cause seconde, au sens néoplatonicien que lui donne le *Liber de Causis* (au sens du moins où elle pourrait dépendre dans son exercice de l'opération de l'agent). Elle n'est pas non plus une cause finale, puisqu'elle est au contraire elle-même tendue vers la finalité qu'est la forme spécifique ultime. Elle est à mi-chemin entre la causalité d'un principe matériel, dans la mesure où la forme incomplète est ce depuis quoi l'agent opère dans la génération, et celle d'une forme, au sens où elle est également le principe par lequel agit cette forme incomplète. Elle embarque en la dépassant la causalité que peut avoir la matière lorsqu'elle réagit à ce qui agit en elle, car son agentivité n'est pas une simple réaction – autrement Bacon n'aurait jamais tant insisté sur la nécessité d'un agent interne au patient, qui soit distinct de l'agent efficient. Elle ressemble à une causalité dispositive, dans la mesure où la puissance active dispose la matière à recevoir une forme plus complète. Mais il semble que cette lecture soit encore trop faible, car elle laisse supposer que l'agent informe une matière qui s'y est disposée; or celui-ci ne transmet pas une forme, mais sa puissance causale par le moyen de sa *virtus*, reçue comme une causalité efficiente dans la mesure où elle initie un mouvement dans le patient qui accompagne le flux causal pendant tout le processus de transmutation. Il semble plutôt qu'il y ait, dans le

1. *QPh*, dans OHI XIII, p. 64 : « Contre : la puissance active est celle au moyen de laquelle la matière naturelle désire la forme; or la privation est ce au moyen de quoi la matière désire la forme, comme on l'a montré, donc etc. Je concède cela. ». La génération n'adviendrait pas s'il n'existait pas un tel désir et une telle disposition. Voir *QMet*, dans OHI XIII, p. 62.

2. *QPh*, dans OHI XIII, p. 216.

3. *QMet*, dans OHI X, p. 217-218.

mouvement de la matière, quelque chose de l'imitation, au sens néoplatonicien, de l'agent par le patient. En ce sens, on peut appeler matière en son sens fonctionnel, ou principe matériel, ce qui possède en soi-même la capacité de se tourner vers quelque chose de plus complet que lui, capacité pourtant éveillée par un agent qui se sert du désir induit en elle à sa rencontre, pour qu'advienne ce qu'est la substance dans sa spécificité, en fonction de son degré de préparation.

Odile GILON
Université libre de Bruxelles

ACTIVITÉ, MATÉRIALITÉ ET FÉMINITÉ CHEZ GIORDANO BRUNO

RÉCIPROCITÉ ONTOLOGIQUE ET RENVERSEMENT D'UNE ANALOGIE MISOGYNE ET ANTIMATÉRIALISTE

La réflexion de Giordano Bruno autour de la matière constitue un outil théorique et interprétatif original, qui nous permet à la fois de comprendre une étape fondamentale du renversement positif de ce concept dans l'histoire occidentale des idées, et d'analyser le problème de l'activité à travers une perspective souvent refoulée de l'horizon du débat contemporain autour de ce que l'on appelle les nouveaux matérialismes. La reformulation à laquelle Bruno soumet les concepts de matière et d'activité est d'autant plus efficace aujourd'hui, non seulement parce qu'elle est originale dans le contexte de l'histoire des philosophies de la Renaissance et de la première modernité, mais aussi parce qu'elle est très éloignée de nos manières contemporaines de penser l'être actif de la matière dans son rapport au concept de forme.

Comme nous le verrons dans un premier temps, Bruno nous aide à penser comment la matière peut être considérée comme active : elle ne subit pas passivement la forme de l'extérieur, mais de l'intérieur donne naissance à toutes les formes particulières possibles et infinies. Renversant une analogie philosophique et théologique classique, qui voit dans la matière l'élément féminin et dans la forme l'élément masculin, Bruno repense la matière et « la femme » comme les éléments actifs du point de vue ontologique, mais aussi anthropologique.

Cependant, notre intérêt contemporain pour la réflexion brunienne sur la matière ne se limite pas à la constatation de ce renversement, mais réside tout particulièrement dans la reconnaissance qu'il n'y a rien qui puisse être pensé comme intrinsèquement et absolument actif ou passif. Ni la matière, ni la forme ne sont exclusivement passives ou actives, mais elles sont consubstantielles et interdépendantes; elles sont toutes les deux à la fois actives et passives, comme tous les éléments et les corps naturels. Cette considération constitue, comme nous le verrons, un paradigme interprétatif non seulement de la dimension physique et métaphysique mais aussi des relations anthropologiques dans la philosophie de Bruno.

Activité de la matière

C'est dans le *De la cause, du principe et de l'Un*, deuxième des six dialogues italiens publiés par Bruno à Londres entre 1584 et 1585, et qu'il définit comme l'« isagogia »[1], soit la propédeutique de toute sa philosophie[2], qu'est développée la question de l'activité de la matière et de sa relation avec la forme. Les questions abordées dans les cinq dialogues du *De la cause*, à l'exception du premier qui est une réponse aux attaques reçues après la publication de l'œuvre précédente, le *Souper des Cendres*, concernent l'examen de la forme, laquelle « a valeur de cause plutôt que de principe »[3], de la matière « dont on estime qu'elle a valeur de principe et d'élément plutôt que de cause »[4] et enfin de leur *coïncidence* et unité.

Dans le troisième dialogue de l'ouvrage, en cherchant à définir en quoi consiste l'activité de la matière, Bruno déconstruit une analogie commune aux platoniciens[5] et aux péripatéticiens[6], et établit une distinction entre la matière entendue au sens naturel et la matière prise au sens artificiel. Si cette dernière est comme le bois qui « n'a, par lui-même, aucune forme artificielle, mais peut les avoir toutes par l'opération du menuisier »[7], la matière naturelle, en revanche, « n'a, par elle-même et dans sa nature, aucune forme naturelle, mais peut les avoir toutes par l'opération du principe agent actif, du principe de la nature »[8]. Le principe matériel n'est pas corporel, et la matière elle-même n'est pas réductible à la corporéité mais est une force ou une possibilité plastique qui possède en elle-même la

1. G. Bruno, *De la cause, du principe et de l'Un*, trad. fr. L. Hersant, éd. et notes G. Aquilecchia, introd. M. Ciliberto, dans *Œuvres complètes*, t. VIII, Paris, Les Belles Lettres, 1996, p. 31.
2. *Ibid.*, p. 30.
3. *Ibid.*, p. 16.
4. *Ibid.*
5. *Cf.* Platon, *Timée*, 50a-b.
6. *Cf.* Aristote, *Physique*, II, 1, 193 a 15-18.
7. G. Bruno, *De la cause…*, *op. cit.*, p. 174.
8. *Ibid.*

capacité active de transmutation. Contrairement à l'art, qui « ne peut opérer qu'à la surface des choses formées par la nature »[1], la nature « opère depuis le centre [...] de son substrat [sujet, *soggetto*[2]], ou de sa matière, qui est totalement informe »[3]. L'analogie artistique ou artisanale apparaît inadéquate à exprimer l'activité de la matière entendue comme processus d'auto-figuration. En revanche, l'image de la production spontanée de la nature permet de formuler une idée plus exacte de la dynamique de génération naturelle et de comprendre l'activité de la matière :

> [Teofilo] Ne voyez-vous pas par vous-même que ce qui était semence devient herbe, et que ce qui était herbe devient épi, ce qui était épi devient pain, ce qui était pain devient chyle, le chyle sang, le sang semence, la semence embryon, l'embryon homme, l'homme cadavre, le cadavre terre, la terre pierre ou autre chose, et ainsi de suite, pour en arriver à revêtir toutes les formes naturelles[4] ?

L'image de l'autoproduction de la vie exprime pleinement, et plus efficacement que l'analogie avec l'art, l'activité et le processus spontané de transmutation de la matière et le cycle de la « vicissitude »[5]. En recourant à l'image de la *vicissitude*, c'est-à-dire d'une substance qui reste toujours unique, malgré la transmutation de ses formes particulières, Bruno précise l'idée d'une matière non corporelle qui opère comme principe de permanence et, en même temps, de transmutation. La perte de l'être des accidents et des singularités qui compose la multiplicité et la contrariété du vivant correspond à la perte de la seule forme particulière, car « rien ne s'annihile, ni perd l'être, sauf la forme accidentelle extérieure et matérielle », mais la matière et la forme universelle ou *anima mundi* « n'est pas susceptible de se dissoudre ou de s'annihiler »[6].

1. *Ibid.*
2. *Ibid.*, p. 175 : le terme « soggetto », sujet, est traduit dans la version françaises par « substrat », ce qui rend moins évident l'aspect actif de la matière. Nous avons choisi de traduire ici par « sujet ».
3. *Ibid.*, p. 174.
4. *Ibid.*, p. 176-178.
5. Cf. *ibid.*, p. 138, 198, 251, 311.
6. *Ibid.*, p. 184.

MATIÈRE SANS MATÉRIALISME

Après avoir exposé comment la matière peut être considérée comme active, Bruno établit une thèse qui guide toute sa réflexion philosophico-naturelle : l'interdépendance ou la réciprocité ontologique entre la matière et la forme. Celles-ci sont des catégories logiques nécessaires pour nous représenter physiquement un sujet agent et un sujet patient, car « il est nécessaire que la raison distingue la matière de la forme, la puissance de l'acte »[1]. Mais dans l'intimité de la nature, dans l'unité de la cause et du principe, « la matière [...] coïncide avec la forme comme la puissance coïncide avec l'acte »[2], même si « l'intellect ne [peut] saisir cet acte absolu et cette puissance absolue »[3].

Bien qu'atomiste, comme il le montre dans le troisième des dialogues italiens *De l'infini, de l'univers et des mondes*[4], la position de Bruno n'est pas réductible à un pur matérialisme. Après avoir examiné, dans le deuxième dialogue du *De la cause*, le problème de la relation entre la matière et la forme du point de vue de la forme, la perspective se déplace progressivement et, dans le troisième dialogue, le nœud problématique devient l'unité ou la *coïncidence* de la matière et de la forme. Il pose une série de considérations qui sous-tendent l'idée d'une activité de la matière, tout en évitant une vision matérialiste de la réalité. La matière ne peut pas être considérée séparément de la forme et ne peut non plus être considérée comme un principe immanent et unique d'explication de la génération naturelle :

> Démocrite et les épicuriens, donc, selon lesquels ce qui n'est pas corps n'est rien, soutiennent par conséquent que la matière seule est la substance des choses, et même qu'elle est la nature divine, comme l'a dit un Arabe nommé Avicebron : il le montre dans un livre intitulé *Source de la vie*. Ils soutiennent également, de concert avec les cyrénaïques, les cyniques et les stoïciens, que les formes ne sont rien d'autre que certaines dispositions accidentelles de la matière[5].

Les principes de l'atomisme et du matérialisme lui semblaient être, dans un premier temps, des « fondements correspondant plus à la nature

1. G. Bruno, *De la cause...*, *op. cit.*, p. 18.
2. *Ibid.*, p. 20.
3. *Ibid.*
4. *Cf.* G. Bruno, *De l'infini, de l'univers et des mondes*, trad. fr. J.-P. Cavaillé, éd. G. Aquilecchia, notes J. Seidengart, introd. M. Á. Granada, dans *Œuvres complètes*, t. IV, Paris, Les Belles Lettres, 1995 p. 142-144 et p. 255-260.
5. G. Bruno, *De la cause*, *op. cit.*, p. 168.

que ceux d'Aristote »[1]. Cependant, « après mûre réflexion et eu égard à davantage d'éléments »[2], il observe :

> il est nécessaire de reconnaître dans la nature deux genres de substances : la forme et la matière ; car il est nécessaire qu'il y ait un acte substantiel, dans lequel se trouve la puissance active de tout, et qu'il y ait une puissance et un substrat [sujet], dans lesquels puisse se trouver une puissance passive du tout équivalente : dans le premier se trouve la puissance de faire, dans le second la puissance d'être fait[3].

À la question soulevée par Dicsono[4], à savoir s'il est possible de considérer la matière comme formée ou figurée par elle-même, en considérant que tout le « corps universel »[5] n'est rien d'autre que matière, Teofilo, personnage porte-parole de Bruno, lui répond par une distinction théorique fondamentale. La nature peut être observée suivant la manière propre « [au] technicien ou [au] médecin qui s'en tient à la pratique » et qui « divise le corps universel en mercure, sel et souffre »[6], c'est-à-dire en étant considérée dans ses seuls éléments matériels ; ou bien suivant la manière propre au philosophe, dont le but ultime est d'arriver « à cette distinction des principes à laquelle ne peut parvenir aucun agent matériel, puisque l'âme, qui ne peut être séparée du souffre, du mercure et du sel, est leur principe formel »[7]. Mais la critique du matérialisme ne constitue pas pour autant une prise de distance par rapport au thème de la matière. L'objectif de Bruno est plutôt d'étudier la nature, non pas du point de vue d'un médecin qui identifie la matière au seul principe substantiel, mais du point de vue du philosophe qui reconnaît la consubstantialité, la réciprocité et l'interdépendance nécessaire de la matière et de la forme, de la puissance et de l'acte, ou encore « de la puissance de faire et de la puissance d'être fait »[8].

La matière seule ne peut constituer une clé d'interprétation suffisante pour saisir la vitalité intime de la nature. L'intuition matérialiste selon laquelle la matière est un tout, ne saisit qu'un aspect de la vérité, mais elle commet l'erreur de l'absolutiser, en concevant toute la réalité

1. *Ibid.*
2. *Ibid.*
3. *Ibid.*
4. À propos de Dicsono, identifiable dans l'Écossais Alexander Dicson, *cf.* G. Aquilecchia, *Schede bruniane*, Manziana, Vecchiarelli Editore, 1993, p. 136-137, p. 273-278 et p. 294-295.
5. G. Bruno, *De la cause…*, *op. cit.*, p. 170.
6. *Ibid.*
7. *Ibid.*
8. *Ibid.*, p. 168.

exclusivement comme matière. Les anciens atomistes et les matérialistes comprennent correctement comment les formes particulières doivent être ramenées au cœur du substrat matériel. En ce sens il est correct de reconnaître dans la matière le « seul principe substantiel »[1] et de comprendre les formes particulières comme des explications d'accidents qui sortent du sein de la matière « et en son sein [...] se réfugient »[2]. Cependant, l'erreur ne consiste pas à avoir reconnu que la divinité est immanente à la matière, comme l'a fait « le Maure Avicebron qui l'appelle Dieu qui est en toutes choses »[3], mais à ne pas avoir reconnu que la divinité appartient également à la forme.

RÉCIPROCITÉ ET INTERDÉPENDANCE DE MATIÈRE ET FORME

La différence entre la matière et la forme repose sur la distinction entre la puissance et l'acte, l'agent et le patient. Mais comment est-il alors possible, pour Bruno, de retrouver « la grande union qui lie cette âme du monde, ou forme universelle, à la matière »[4]? Pour répondre à cette question il soumet le concept de matière à une nouvelle distinction : la matière peut être considérée « premièrement, comme puissance ; deuxièmement, comme substrat [sujet] »[5]. Il distingue une puissance ou possibilité active « grâce à laquelle le sujet de la puissance peut opérer »[6], et une puissance ou possibilité passive « grâce à laquelle il peut être, ou peut recevoir, ou peut avoir, ou peut être d'une certaine manière le substrat [sujet] d'un efficient »[7].

L'activité et la passivité ne sont pas des qualités élémentaires, absolues et permanentes, ni des éléments et des corps, ni de la matière et de la forme, mais des qualités relatives et instables. Chaque chose peut être active à un moment donné par rapport à une autre chose semblable ou opposée en exerçant une force d'attraction, et passive dans un second temps et par rapport à la même chose ou à une autre chose en subissant à son tour une force d'attraction ou de répulsion. C'est le cas, par exemple, du fer ou de la

1. G. Bruno, *De la cause...*, *op. cit.*, p. 190.
2. *Ibid.*
3. *Ibid.*
4. *Ibid.*, p. 192.
5. *Ibid.*, p. 202.
6. *Ibid.*
7. *Ibid.*

paille qui, une fois attirés par l'aimant et l'ambre, exercent une force active et attractive sur les mêmes éléments par lesquels ils avaient été auparavant attirés et auxquels ils étaient liés, devenant ainsi actifs et non plus seulement passifs. Il s'agit d'un phénomène qui ne se produirait pas s'il dépendait exclusivement d'une qualité élémentaire active ou passive présentes dans les choses. En d'autres termes, l'activité et la passivité ne sont pas des qualités absolues, mais dépendent de la condition contingente, de l'état et de la disposition d'une chose à un moment donné, ainsi que des relations d'interdépendance qu'elles établissent entre elles. Pour Bruno, ce principe repose sur le type de relation qui existe entre ce que nous identifions comme la forme et la matière et qu'il définit comme la *puissance de faire* et la *puissance d'être fait* :

> je dis que la puissance, dans son sens passif (et quoiqu'elle ne soit pas toujours passive), peut être considérée [soit relativement], soit absolument ; et ainsi il n'est pas de chose à quoi l'on puisse attribuer la possibilité d'être. Et cette puissance passive répond si parfaitement à la puissance active, qu'en aucune façon l'une ne va sans l'autre : donc, s'il y a toujours eu la puissance de faire, de produire, de créer, il y a toujours eu la puissance d'être fait, d'être produit, d'être créé, car une puissance implique l'autre [1].

Par cette distinction Bruno pense la matière-puissance non pas comme le réceptacle des formes particulières, mais comme un sujet actif qui mène l'acte à son terme, c'est-à-dire qui réalise ou actualise la forme. La puissance n'est pas synonyme d'« imbécillité », de faiblesse ou de passivité absolue, mais elle est une image de l'infinité informée de la matière :

> [...] cette puissance passive ne signifie pas de la faiblesse dans ce à quoi elle est attribuée, mais en confirme plutôt la vertu et l'efficace, et [...] il se trouve même, en fin de compte, que la puissance active et elle ne font qu'un et sont tout à fait la même chose [...]. C'est que la possibilité absolue, par laquelle les choses qui sont en acte peuvent être, ne précède pas l'actualité, pas plus qu'elle ne la suit ; en outre, la puissance d'être accompagne l'être en acte, et ne le précède pas, car si ce qui peut être se faisait soi-même, il serait avant même d'être fait. Considère à présent le principe premier et excellent, qui est tout ce qu'il peut être : lui-même ne serait pas tout, s'il ne pouvait être tout ; donc, en lui l'acte et la puissance sont la même chose [2].

La forme, cause et principe de distinction, la *puissance de faire*, n'est pas séparable de la *puissance d'être fait*, de la matière, substrat ou sujet

1. *Ibid.*, p. 204.
2. *Ibid.*

infini dans lequel, et non pas sur lequel, la forme agit. La forme n'est pas prédicable sans la matière, de même que l'acte n'est pas prédicable sans la puissance. Matière et forme constituent deux principes naturels, en relation l'un avec l'autre et qui ne peuvent jamais être considérés l'un sans l'autre, sauf d'un point de vue logique. Comme la forme est Un et tout, la matière l'est aussi, et chacune ne peut être une expression du tout que dans la référence réciproque et complémentaire à l'autre. Penser le principe matériel comme prédicable exclusivement par rapport à la cause formelle et vice versa, correspond à poser les termes de la relation entre identité et différence, c'est-à-dire à affirmer une vérité qui ne se constitue que dans la réciprocité de perspectives opposées. C'est là que réside l'approche dialectique de Bruno : considérer la relation qui lie la matière et la forme, d'abord du point de vue de l'une, puis du point de vue de l'autre, reflétant comment elles passent l'une dans l'autre, devenant toutes deux des polarités de l'unité et de la multiplicité. Cela est possible dans la mesure où la forme et la matière sont des expressions de l'Un, de la cause et du principe, de l'être ou de la substance unique, infinie et permanente.

Bruno tire le lexique utilisé ainsi que l'idée de cette réciprocité indissoluble entre la *puissance de faire* et la *puissance d'être fait*, ou le *posse facere* et le *posse fieri* du *Trialogus de possest* de Nicolas de Cues [1] et de la leçon de David de Dinant[2]. Il élabore une tripartition logico-figurative de l'être par les concepts de matière, de forme et de Un/Dieu, comme David de Dinant divisait logiquement l'être par les concepts de *Hyle*, *Mens* et

1. N. Cusano, *Trialogus de possest*, in *Opere filosofiche, teologiche e matematiche*, éd. E. Peroli, Milano, Bompiani, 2017, p. 1356. Pour une analyse détaillée de la lecture et de la reformulation brunienne de l'œuvre de Cues, *cf.* P. Secchi, « *Del mar più che del ciel amante* ». *Bruno e Cusano*, Roma, Edizioni di Storia e Letteratura, 2006, p. 174 ; A. Del Prete, « La relation entre dieu et l'univers chez Giordano Bruno », dans A. Del Prete et T. Berns (éd.), *Giordano Bruno. Une philosophie des liens et de la relation*, Bruxelles, Édition de l'Université de Bruxelles, 2016, p. 19-34 ; G. Gisondi, « Entre magie et théologie. Giordano Bruno et la notion de *vinculum* du *De vinculis* au *De la cause, du principe et de l'Un* », *Les Études Philosophiques* 204, 2020, p. 103-120 ; *id.*, « *Profonda magia* ». *Vincolo, natura e politica in Giordano Bruno*, Napoli, Istituto Italiano per gli Studi Filosofici Press, 2020, p. 137-216.

2. Pour une analyse détaillée de la reformulation brunienne de l'œuvre perdue de David de Dinant, *cf.* T. Dagron, *Unité de l'être et dialectique. L'idée de philosophie naturelle chez Giordano Bruno*, Paris, Vrin, 1999, p. 353-356 ; G. Gisondi, « *Profonda magia…* », *op. cit.*, p. 137-216 ; id., « "Non stultam concludentes". Giordano Bruno e il ricorso a David de Dinant tra *il De la causa* e il *De vinculis in genere* », *Historia Philosophica*, 18, 2020, p. 57-76 ; *id.*, « Physique, métaphysique et philosophie naturelle. Être et nature chez Giordano Bruno », *Libertinage et philosophie à l'époque classique* (XVIe-XVIIIe *siècle)* 18, 2021, p. 23-43.

Deus[1]. Comme l'a observé Tristan Dagron, on peut reconnaître dans cette tripartition « le motif central du *De la causa* qui, en ce sens, peut être considéré comme une réécriture de l'œuvre perdue de David de Dinant »[2]. La distinction logique menée par David entre une matière qui compose les corps, une forme ou âme universelle et une substance éternelle ou Dieu, correspond à la même subdivision par laquelle Bruno structure le problème de la relation entre la matière, la forme et l'unité dans le *De la cause*. Cependant, cette tripartition de l'être possède une valeur exclusivement logique et gnoséologique nécessaire à l'être humain pour représenter une réalité physique et métaphysique qui serait autrement inconnaissable. Mais elle ne possède aucune valeur ontologique, alors que, comme Bruno l'écrit dans *De la cause* et le répète dans *De vinculis in genere*, reprenant une expression de David de Dinant présente aussi chez Cues[3], la matière et la forme « sont tout à fait la même chose »[4], elles sont « unum et idem »[5], une seule et une même chose, et toutes les deux sont, dans leur unité, l'expression de la divinité.

PETITE HISTOIRE D'UNE ANALOGIE MISOGYNE ET ANTIMATÉRIALISTE

Dans le quatrième dialogue du *De la cause*, Bruno déplace la perspective de sa réflexion ontologique : de la considération de la matière « en tant qu'elle est une puissance », il passe à celle de « la matière en tant qu'elle est un [sujet] »[6]. Par la voix du personnage Polihimnio, figure du pédantisme académique, il passe en revue diverses façons dont, dans les corpus biblique, platonicien ou aristotélicien, l'analogie entre matérialité et féminité a été construite :

> [Polihimnio] La matière, donc, est appelée par le prince des péripatéticiens, le professeur du génie transcendant du grec Macédonien, *non minus* que par

1. David de Dinant, *Frammento P*, in E. Casadei, *I testi di David de Dinant : filosofia della natura e metafisica a confronto col pensiero antico*, Spoleto, Fondazione CISAM, 2008, p. 297-299; *cf.* T. Dagron, « David de Dinant. Sur le fragment "Hyle, Mens, Deus" des Quaternuli », *Revue de métaphysique et de morale* XL, 2003/2004, p. 419-436.
2. T. Dagron, *Unité de l'être et dialectique…*, *op. cit.*, p. 356.
3. *Cf.* N. Cusano, *Trialogus de possest*, *op. cit.*, p. 1406.
4. G. Bruno, *De la cause…*, *op. cit.*, p. 204.
5. G. Bruno, *Des liens*, trad. fr. D. Sonnier et B. Donné, Paris, Alia, 2010, p. 78; David de Dinant, *Frammento*, *op. cit.*, p. 298-299.
6. G. Bruno, *De la cause…*, *op. cit.*, p. 20.

> le divin Platon et par d'autres, *chaos*, ou *hyle*, ou *sylva*, ou masse, ou puissance, ou aptitude, ou *privationi admixtum*, ou *peccati causa*, ou *ad maleficium ordinata*, ou *per se non ens*, ou *per se non scibile*, ou *per analogiam ad formam cognoscibile*, ou *tabula rasa*, ou *substerniculum*, ou *campus*, ou *infinitum*, ou *indeterminatum*, ou *propre nihil*, ou *neque quid, neque quale, neque quantum; tandem*, après plusieurs comparaisons entre dénominations variées et diverses [...], elle est appelée femme [1].

Ces mots de Polihimnio sont nécessaires dans l'économie du dialogue ou de ce que l'on peut considérer comme une comédie philosophique pour présenter une analogie classique entre la matière et « la femme », et pour ensuite la renverser. La description métaphorique de la matière en tant que femme est peut-être la représentation la plus frappante de ce concept. Elle permet de représenter un processus de transformation des objets naturels d'une manière particulièrement sexuée. Le principe formel apparaît comme masculin et actif, tandis que le principe matériel apparaît comme féminin et passif, selon une conception sociale et politique qui ne se limite pas au domaine de la philosophie naturelle et qui prône la supériorité et la domination du principe mâle et formel sur le principe femelle et passif de la matière.

La matière, ainsi que « la femme », est ici présentée à la fois comme « cause du péché originel » ; « privation », car elle ne se contente jamais de sa forme actuelle et en désire toujours une nouvelle, en étant ainsi source de « corruption » ; « infinie » dans le sens aristotélicien et privatif d'« indéterminée », car la matière est ce qui est divisible infiniment [2], alors que la perfection correspond au contraire à une totalité close et complète. Le pédant exprime une position qui n'est pas simplement antimatérialiste, mais aussi radicalement misogyne, comme si ces deux aspects étaient complémentaires l'un de l'autre, c'est-à-dire comme si la critique de la matière ne pouvait pas être détachée d'une représentation anthropologique qui reconnaît dans les femmes « un *chaos* d'irrationalité, une *hylè* de scélératesses, une sylve de débauches, une masse d'immondices, une aptitude à toutes les perditions » [3]. Faisant écho au texte de *Genèse* III, 12, Bruno établit un parallèle entre Adam, trompé par Ève qui lui a donné à manger de

1. G. Bruno, *De la cause...*, *op. cit.*, p. 218.

2. *Cf.* Aristote, *Physique*, IV, 11, 219a-b; VIII, 1, 251b; III, 5, 204a; III, 6, 206b-207a. Pour une analyse détaillée de la question aristotélicienne de la divisibilité infinie de la matière chez Bruno, je me permets de renvoyer à G. Gisondi, « Questioni di quanti, atomi e indivisibili. Immagini d'infinità all'alba del moderno », *Atti dell'Accademia di Scienze morali e politiche di Napoli* 123, 2013, p. 239-253.

3. *Cf.* G. Bruno, *De la cause...*, *op. cit.*, p. 218.

l'arbre de vie, et la matière, cause de perdition et de corruption de la forme, qui incarne l'élément masculin, actif et complet[1]. Cette image de la matière-femme passive, imparfaite car incomplète, toujours désirante et corruptible, opposée à la forme-homme, active, complète, satisfaite mais corruptible, car liée à la matière, bien que présentée dans un premier temps comme appartenant à de multiples sources, est reconduite par Bruno à la tradition aristotélicienne :

> [Polihimnio] La femme n'est pas autre chose qu'une matière. Si vous ne savez pas ce qu'est une femme, parce que vous ne savez pas ce qu'est la matière, étudiez un peu les péripatéticiens qui, en vous enseignant ce qu'est la matière, t'enseigneront ce qu'est la femme[2].

En effet, cette analogie entre l'appétit de la matière pour la forme et le désir sexuel de « la femme » est enracinée dans les différents courants des traditions aristotéliciennes. Bien que l'attribution des aspects masculins à la forme et des aspects féminins à la matière ne soit pas une invention d'Aristote, un passage de *Physique*, I, 9 semble constituer une des origines possibles de la réception au Moyen-Âge et à la Renaissance de ce *topos* culturel, religieux et philosophique :

> Pourtant ce n'est pas la forme qui est susceptible de tendre vers elle-même puisqu'elle n'est pas en état de manque [...], mais c'est la matière, comme si la femelle tendait vers le mâle et le laid vers le beau. À ceci près que ce n'est pas le laid en soi qui tend vers le beau, mais le laid comme accident, et pas la femelle en soi mais par accident[3].

Aristote explique la nature du corps en le décrivant comme composé d'une forme mâle et immuable, et d'une matière femelle et changeante. Ce passage de la *Physique* est celui auquel Bruno fait référence au début du quatrième dialogue du *De la cause*, en citant Aristote comme celui qui compare la matière à une femme sexuellement excitée, désireuse d'une forme masculine. Cependant, si Aristote se garde bien d'étendre et d'absolutiser cette analogie sexuelle entre matérialité et féminité avec

1. Cf. *ibid.*, p. 220.

2. *Ibid.*, p. 228.

3. Aristote, *Physique*, I, 9, 192a 20-22, trad. fr. P. Pellegrin, Paris, GF-Flammarion, 2000, p. 112. Voir aussi la traduction latine du commentaire d'Averroès à la *Physique* d'Aristote, dont Bruno pouvait disposer, cf. *Aristotelis De physico audito libri octo*, in *Aristotelis opera cum Averrois commentariis*, Venetiis, apud Iunctas, 1562, t. IV, fol. 45v-46r M-F : « attamen neque ipsum suam ipsius possibile est appetere formam, propterea quod non est indigens, [...] sed hoc est materia, sicut si foemina masculum, & turpe pulchrum : verum non per se turpe, sed secundum accidens : neque foemina, sed secundum accidens ».

l'idée de leur promiscuité, cela devient au contraire un élément caractéristique des interprétations aristotéliciennes successives de cette même analogie.

Sergius Kodera[1] et Miguel Ángel Granada[2] ont reconstruit une partie de l'histoire de ce *topos*, ainsi que les sources multiples à travers lesquelles il parvient jusqu'à Bruno. À partir de l'image sexuée de la matière, une longue tradition interprétative a superposé à celle-ci l'image de « la femme » méretrice ou prostituée. La matière désire continuellement toutes les formes masculines et cherche à se débarrasser de la forme actuelle pour s'étendre sous une nouvelle forme. Ce récit métaphorique de la condition inconstante de la matière assume une connotation sexuelle qui lie les altérations du monde physique à une représentation masculine de l'infidélité féminine. La matière est la cause du changement perpétuel et de la succession des formes dans la nature et, par conséquent, de la mort. C'est pourquoi, ajoute le pédant Polihimnio, « l'appétit de la femme et de la matière [...] est la cause de tout mal, de toute passion, de tout défaut, de toute ruine, de toute corruption »[3], car si la matière se contentait de la forme actuelle, « aucune altération ou passion n'aurait prise sur nous [...], nous ne mourrions pas et serions incorruptibles et éternels »[4].

Granada[5] a observé comment ces mots du pédant dans *De la cause* correspondent à ceux de Moïse Maïmonide dans le *Guide des perplexes et des égarés*, que Bruno a pu lire dans la traduction latine publiée à Paris en 1520 intitulée *Dux seu Director dubitantium aut perplexorum*. Selon Maïmonide, tous les changements et toutes les corruptions des formes ne sont possibles qu'à cause de leur conjonction avec la matière[6]. En citant

1. S. Kodera, *Disreputable Bodies: Magic, Medicine, and Gender in Renaissance Natural Philosophy*, Toronto, Centre for Reformation and Renaissance Studies, 2010, p. 13-46.

2. M. Á. Granada, « Bruno and Maimonides: matter as a woman and the ontological status of matter », *Bruniana & Campanelliana* 23, 2017/2, p. 457-472.

3. G. Bruno, *De la cause..., op. cit.*, p. 230.

4. *Ibid.*

5. *Cf.* M. À. Granada, « Bruno and Maimonides... », art. cit., p. 461-463.

6. Rabi Mossei Aegyptii, *Dux seu director dubitantium aut perplexorum, in treis Libros divisus, & summa accuratione Reverendi patris Augustini Iustiniani* [...] *recognitus*, Parisiis, ab Iodoco Bado Ascensio, 1520, III, 9, fol. LXXIIII: « La corruption n'appartient à tous les corps engendrables et corruptibles que par la partie de la matière qu'ils ont, mais non par la partie de la forme. Car dans ma démonstration ci-dessus, la corruption ne concerne pas la substance de la forme : au contraire, elle est perpétuelle. Ne voyez-vous pas que toute forme spécifique demeure toujours ? La corruption de la forme n'arrive que par accident, parce qu'elle est jointe à la matière. En effet, la nature de la matière et sa vérité est qu'elle n'est

Proverbes 6, 26, et en s'appuyant sur l'autorité de Salomon, Maïmonide compare l'appétit des nouvelles formes dans la matière à une *mulier vaga et coniugata*, une femme mariée et adultère[1]. Comme Granada le souligne[2], Bruno se réfère aussi à l'autorité de Salomon dans l'ouverture du quatrième dialogue du *De la cause*, en faisant citer par Polihimnio le passage de *Proverbes* 30, 16.2 pour définir la matière[3]. Cela permet d'argumenter en faveur d'une lecture maïmonidienne de Bruno, au-delà de sources intermédiaires comme Juda Abrabanel, mieux connu sous le nom de Léon Hébreu, dont il connaissait certainement les *Dialoghi d'amore* publiés en italien en 1535[4]. Cependant, si Maïmonide apparaît comme une autorité contrastée, pleinement engagée dans la tradition invoquée par le pédant et totalement opposée à Bruno, la considération de la matière et de « la femme » qu'on retrouve chez Léon Hébreu est plus nuancée. Il semble hériter de la lecture maïmonidienne de la matière-femme prostituée, bien que vidée des références bibliques. Cela est manifeste, en premier lieu, par l'attribution à Platon de la paternité de l'analogie matière-femme : comme Maïmonide, selon lequel « Platon et ceux qui l'ont précédé ont appelé la matière femme et la forme mâle »[5], ainsi Léon Hébreu attribue cette analogie à Platon avec une description très similaire à celle de sa source[6]. Mais comme l'a justement remarqué encore Granada, chez

jamais sans lien à la privation : c'est pourquoi elle ne dure pas sous cette forme, mais la matière se défait continuellement d'une forme et en revêt une autre » (notre traduction).

1. *Ibid.* : « Comme sont doux les mots de Salomon, dans sa sagesse, lorsqu'il compare la matière à une femme inconstante et mariée, car on ne trouve jamais de matière sans forme. S'il en est ainsi, elle est toujours l'épouse de quelque homme et n'est jamais seule. Mais bien qu'elle soit l'épouse d'un homme, elle ne cesse de chercher un autre homme. La matière se comporte de même : quelle que soit la forme qui se trouve en elle, cette forme elle-même prépare la matière à recevoir une autre forme : et elle ne s'empêche pas de se débarrasser de la forme qu'elle a et d'en chercher une autre ; et la même situation se reproduit après l'obtention de cette autre forme. Il est donc clair que toute corruption, toute privation, toute imperfection, est causée par la matière » (notre traduction).

2. M. À. Granada, « Bruno and Maimonides… », art. cit., p. 462.

3. *Cf.* G. Bruno, *De la cause*, *op. cit.*, p. 219.

4. L. Ebreo, *Dialoghi d'amore*, éd. S. Caramella, Bari, Laterza, 1929. Pour la traduction française, *cf.* L. Hébreu, *Dialogues d'amours*, trad. fr. P. de Tyard (1551), éd. T. Dagron, S. Ansaldi, introd. et notes explicatives T. Dagron, Paris, Vrin, 2006. À propos des rapports entre Bruno et Léon Hébreu, *cf.* T. Dagron, « Introduction », *ibid.*, p. 7-39.

5. Rabi Mossei Aegyptii, *Dux seu director…*, *op. cit.*, I, 17, fol. VIII*v* : « Platon et qui praecesserant eum vocabant materiam foeminam, et formam masculum ».

6. *Cf.* L. Ebreo, *Dialoghi d'amore*, *op. cit.*, p. 76 ; trad. fr. p. 141 : « Cette [matière] (comme dit Platon) appète <désire> et aime toutes les formes des choses engendrées, comme la femme l'homme : et ne pouvant son amour être contenté par le désir et l'appétit <jouissant d'une forme>, la <réelle et> actuelle présence de l'une s'énamoure de l'autre laquelle lui

Platon il n'y a pas de trace de cette analogie formulée ainsi, sauf un passage du *Timée* 49a, où il parle de « réceptacle » (*hypodokhé*) et de « nourrice » (*tithéne*) féminins, par opposition à l'agent masculin (*noûs*, *demiourgós*, *lógos*)[1]. En deuxième lieu, Léon Hébreu reprend la définition de la matière prostituée, faisant très probablement écho à la femme adultère de Maïmonide. Toutefois, bien qu'il reprenne cette image, il donne une acception positive du désir infini de la matière, car « cet amour adultère » est nécessaire pour accomplir et garantir la vie universelle[2]. Il semble constituer en ce sens une source pour Bruno dans la mesure où il renverse l'idée du désir de la matière comme l'expression d'un manque et d'une imperfection ontologique, pour y voir une manifestation de sa vitalité infinie et de sa capacité non plus à recevoir de l'extérieur, mais à « engendrer » de l'intérieur des formes de vie toujours différentes.

Les références à l'analogie entre matière, femme et prostituée ne sont pas seulement présentes dans les sources de la tradition juive, mais aussi dans les courants de l'aristotélisme chrétien, en particulier dans le *Della Filosofia naturale* d'Alessandro Piccolomini, comme l'a reconstruit Kodera[3]. Il s'agit d'un texte imprimé à Rome en 1551, plusieurs fois réimprimé à Venise en 1560 et 1576, et qui traite, comme pour le *De la cause*, de la relation entre la matière et la forme, bien que selon une perspective aristotélico-scolastique radicalement opposée à celle de Bruno[4]. Mais contrairement à Maïmonide et à Bruno, Piccolomini ne fait

défaut : par quoi quittant l'une s'applique à l'autre : de sorte que, pour ce qu'elle les reçoit toutes successivement l'une après l'autre. Bien en diverses et plusieurs siennes parties sont toutes les formes ensemble <et universellement>. Mais appétant chacune desdites parties, de jour de toutes et chacunes formes, il est nécessaire que continuellement elles soient transmutées de forme en forme : cette prenant la forme de celle, et celle de cette, n'étant l'une d'icelles formes suffisantes pour à son amour et appétit insatiable apporter contentement et satisfaction ».

1. *Cf.* M. À. Granada, « Bruno and Maimonides… », art. cit., p. 461, n. 1.

2. *Cf.* L. Ebreo, *Dialoghi d'amore*, *op. cit.*, p. 76 ; trad. fr. p. 141 : « Et tout ainsi qu'elle est cause de la continuelle génération des formes qui lui défaillent, elle-même semblablement est cause de la continuelle corruption des formes qu'elle possède. A raison de quoi, aucuns l'ont surnommée putain : car, n'étant d'unique ni ferme amour affectionnée à un seul, attirée de nouveau désir appète quitter celui qu'elle a pour autre. Ainsi s'embellit et orne le monde inférieur de tant et tant admirable diversité de choses, en si accomplie beauté, formées par cet amour adultère de la matière première, laquelle appétante et désireuse d'engendrer et de jouir d'un nouveau assemblement, est <seule> occasion de la génération de toutes choses qui peuvent être engendrées ».

3. S. Kodera, *Disreputable Bodies…*, *op. cit.*, p. 33-37.

4. A. Piccolomini, *Della filosofia naturale*, libro I, cap. 6, Venezia, Appresso Daniel Zanetti e Compagni, 1576, p. 15 : « Par conséquent, si cette matière commune, et premier sujet, peut être dite une nature effectivement et véritablement dans le monde, qui tient l'effet

pas référence à la Bible, pour laisser la place à une acception morale et à un vocabulaire dénué de nuances. Anticipant, pour ainsi dire, le discours du pédant *De la cause*, il définit la matière comme quelque chose qui n'a pas d'être en soi, mais qui possède seulement la possibilité de soutenir chaque forme matérielle. Toujours prête à se disposer pour tous de manière égale, la matière ne se contente jamais d'une seule forme, mais les désire toutes, telle une « pubblichissima meretrice »[1], une prostituée publique pour laquelle il est nécessaire de se déshabiller continuellement et de passer d'un homme à l'autre[2]. Il s'agit d'un exemple typique de projection de la sexualité masculine sur la matière et les femmes. D'autre part, le lexique de la matière qui se dépouille ou se déshabille d'une forme pour en revêtir une autre, fait également partie d'une phraséologie conventionnelle utilisée pour associer la matière à l'image de la promiscuité d'une femme prostituée et constamment en train de se déshabiller, ce qu'on retrouve déjà chez Thomas d'Aquin, comme le remarque Kodera[3]. Par conséquent, la matière ne peut jamais être par elle-même sans s'unir à une forme.

Piccolomini absolutise la métaphore aristotélicienne tissée entre la matière et « la femme », en la remplaçant par l'image encore plus saillante de la *materia mérétrice*, en négligeant en même temps les nuances et les subtilités d'Aristote lui-même. La question de la transformation de la matière est abordée uniquement à travers ce que Kodera définit comme

comme distinct de l'être de toute autre nature, elle n'est cependant pas telle par une forme ou un acte qui lui donne l'être, mais a seulement la possibilité et la capacité de soutenir n'importe quelle forme matérielle ; elle est toujours prête à se disposer aussi pour toutes, comme celle qui n'est ni satisfaite ni contente d'une seule forme, mais ayant un appétit pour toutes, elle n'a pas d'abord une forme qui, repentante et contrariée, commence à aspirer à l'autre ; car celle-ci ne lui appartient pas plus que celle-là, de sorte que beaucoup la comparent à une prostituée publique [*pubblicchisima meretrice*] » (notre traduction).

1. *Ibid.*

2. *Ibid.* : « Ainsi, de même qu'une telle femme ne prend jamais plaisir à la conversation d'aucun homme, et n'est pas plus amie avec ceci qu'avec cela, elle n'est pas d'abord sous l'une qui, désirant l'autre, cherche à s'éloigner de la première : ainsi cette première matière commune, par sa nature même, est propre et prête à désirer toutes les formes matérielles, et à pouvoir les atteindre, puisqu'il ne lui est pas possible d'en soutenir plus d'une à la fois : il faut que, pendant qu'elle est sous l'une, par l'appétit qu'elle a pour les autres, elle finisse par s'en dépouiller : et puis, après, elle revêt promptement le nouvel habit, et fait la même chose de proche en loin pour les autres : tandis que les formes se succèdent perpétuellement » (ma traduction).

3. Thomas d'Aquin, *De principiis naturae*, dans Sancti Thomae de Aquino, *Opera omnia*, éd. Leonina, Roma, Typographia polyglotta, 1976, t. XLIII, p. 39 : « Materia non habet in sua natura aliquam formam, [...] tamen numquam denudatur a forma & privatione. Quandoque enim est sub una forma, quandoque sub alia. Sed per se numquam potest esse [...] cum in actu non sit nisi a forma ». *Cf.* S. Kodera, *Disreputable Bodies...*, *op. cit.*, p. 35.

« une *cognitio adulterina* »[1], un « raisonnement bâtard »[2] qui avait, littéralement, besoin d'une représentation véritablement adultère. La métaphore de la prostituée ne rend pas seulement compte d'une relation hiérarchique entre les hommes et les femmes, cimentant l'infériorité de ces dernières, mais incarne également une autre idée cruciale, à savoir que les choses qui sont constituées de matière et de forme sont sujettes à un changement constant, créant ainsi une représentation métaphysiquement inférieure de la matière dans la hiérarchie de l'être.

MATÉRIALITÉ ET FÉMINITÉ

Ces sources, auxquelles d'autres pourraient être ajoutées[3], constituent les références d'un débat et d'une représentation misogyne et antimatérialiste de la relation entre la matière et la forme, avec lesquelles Bruno se confronte de manière directe et indirecte, et à partir desquelles il peut puiser des arguments et un vocabulaire pour la reconstruction du discours du pédant dans *De la cause*. Mais si Maïmonide, et bien plus encore Piccolimini, constituent un répertoire pour l'usage de l'analogie de la matière-femme prostituée, Léon Hébreu, quant à lui, apporte des éléments que l'on retrouve dans le renversement positif de cette analogie.

À Polhimnio, qui identifie la matière comme la « cause de tout mal, de toute passion, de tout défaut, de toute ruine, de toute corruption »[4] et donc de la mort, Gervasio, son interlocuteur polémique et satirique, lui répond en mettant au premier plan le désir insatiable de la matière d'engendrer ou d'accoucher d'une infinité de formes, ce qui garantit le rythme universel de la vie :

> Et que diriez-vous, si elle s'était contentée de la forme qu'elle avait il y a cinquante ans ? Existerais-tu Polihmnio ? Et si elle en était restée à celle d'il y a quarante ans, serais-tu si adultère (je veux dire : si adulte), si parfait et si docte ? Donc, de même que tu es bien content que tes autres formes aient cédé la place à l'actuelle, de même est-il dans la volonté de la nature, ordonnatrice de l'univers, que toutes les formes se cèdent la place les unes aux autres. Sans compter qu'il est plus digne pour cette substance qui est la

1. S. Kodera, *Disreputable Bodies…*, *op. cit.*, p. 34.
2. *Ibid.*
3. *Ibid.*, p. 32-36.
4. G. Bruno, *De la cause…*, *op. cit.*, p. 228.

nôtre de devenir chaque chose, en recevant qu'une seule. Ainsi ressemble-t-elle, autant qu'elle le peut, à celui qui est tout entier en tout [1].

De la considération de la matière-femme entendue comme une puissance passive qui reçoit de l'extérieur les formes, Bruno vient à renverser cette image en la repensant comme une puissance active, maternelle et divine car génératrice infinie de vie. On assiste ici au passage d'une perspective finie, individuelle et singulière, qui absolutise la forme particulière ou logique et nominale en tant qu'élément substantiel de la réalité ontologique, à la perspective universelle de la permanence de la vie, de l'unité et de l'infini.

C'est à ce moment du quatrième dialogue que Bruno reprend la référence à Avicebron[2]. Mais si, dans le troisième dialogue, cette référence était l'expression d'une position matérialiste, maintenant on assiste à une redéfinition de la matière qui, dans son lien avec la forme, est sujet actif et universel des réalités sensibles et intelligibles, antérieur à toutes différences et distinctions.

> Du reste, comme l'a dit Avicebron, « de même qu'avant d'identifier la matière des formes accidentelles, c'est-à-dire le composé, nous identifions la matière de la forme substantielle, matière qui fait partie de ce composé, qu'est-ce qui nous empêche, avant de reconnaître une puissance susceptible de se différencier en fonction de la forme de nature corporelle et de la forme de nature incorporelle, la première dissoluble, la seconde indissoluble ? »[3].

En reprenant l'idée de *Fons vitae*, Bruno pense une substance antérieure aux distinctions logiques et formelles. Les différences particulières ou les composés accidentels ne désignent pas des hypostases ou des émanations réelles et séparées de la substance, mais doivent être comprises par rapport à cette raison universelle qu'est l'Un. La multiplicité des définitions nominales désigne une division logique et non ontologique de la substance. Toutes les différences peuvent être ramenées à « un unique principe d'existence »[4], tout en restant distinctes sur le plan de la connaissance.

1. *Ibid.*, p. 230.
2. À propos de l'usage que Bruno fait d'Avicebron, *cf.* P. Terracciano, « Nemici et impazienti di poliarchia ». Riflessioni sul rapporto tra Bruno e Shelomon Ibn Gabirol », in O. Catanorchi e D. Pirillo (a cura di), *Favole metafore e storie. Seminario su Giordano Bruno*, Pisa, Edizioni della Normale, 2007, p. 447-472 ; *cf.* G. Gisondi, « *Profonda Magia* », *op. cit.*, p. 137-216.
3. G. Bruno, *De la cause*..., *op. cit.*, p. 232.
4. *Ibid.*

L'infatigabilité de la matière, dans son lien avec la forme, à donner naissance à de nouvelles formes de vie, pose le principe de la génération spontanée qui exclut toute idée chrétienne de création. Du point de vue de l'infini, il n'y a ni naissance ni mort, mais un mouvement génératif dans lequel la cause et le premier principe *expliquent* continuellement de nouvelles formes à partir d'une matière infinie dans un espace universel infini. Ce « désir d'identification corporelle »[1] de la matière, comme l'a défini Fulvio Papi, fait que l'*anima mundi* forme les corps et que la matière qui les compose se transforme sans jamais se dissoudre. Il s'agit d'un principe de génération et de conservation de la matière, qui change de forme pour continuer à être : c'est la loi, posée en termes animistes et physiologiques, et non quantitatifs, qui sous-tend le mouvement et le changement des corps, ainsi que des planètes au sein de l'univers.

Ce désir infini de la matière d'accoucher infiniment de nouvelles formes, pour ensuite les réabsorber, n'est pas l'expression de sa privation et prostitution, mais plutôt de sa perfection. Dans son lien avec la forme universelle, la matière contient l'infinité informée de toutes les formes, « elle a toutes les espèces de figures et de dimensions ; et, parce qu'elle les a toutes, elle n'en a aucune, puisque ce qui est tant de choses différentes ne doit être aucune d'elles en particulier. Il faut que ce qui est tout exclue tout être particulier »[2]. Par contre, dans la multiplicité, c'est-à-dire dans la dimension sensible et corporelle, l'acte et la puissance, la matière et l'acte ne coïncident pas absolument, et la matière n'est pas, en même temps et dans le même lieu, tout ce qu'elle peut être. Elle peut être tout ce qu'elle est, mais « en plusieurs fois, à des moments différents et en suivant une succession déterminée »[3], « selon une certaine vicissitude au niveau des parties, [elle] devient tout, et devient successivement une chose, puis une autre – toujours, donc, dans la diversité, l'altération et le mouvement »[4].

La transformation des modes d'êtres de la matière est ce qui lui permet de se faire tout. Par ce renversement, Bruno reconfigure l'analogie matérialité-féminité, mais sans plus employer l'image d'une femme prostituée. La matière-femme est plutôt représentée comme un principe de plénitude, une mère éternelle qui accouche, génère infiniment et garantit la vie universelle. À la demande de Gervasio – « Pourquoi voulez-vous qu'elle

1. F. Papi, *Antropologia e civiltà nel pensiero di Giordano Bruno*, Firenze, La Nuova Italia, 1968, p. 12.

2. G. Bruno, *De la cause...*, *op. cit.*, p. 244.

3. *Ibid.*, p. 242.

4. *Ibid.*, p. 250 (trad. mod.).

[la matière] les inclue toutes [les formes particulières], plutôt qu'elle ne les exclue toutes ? » – c'est Dicsono qui répond cette fois en reprenant la thèse de l'éduction des formes particulières : « Parce qu'elle ne reçoit pas les dimensions comme du dehors, mais les émet et les fait sortir comme de son sein » [1].

Bruno renverse l'analogie de la matière-femme prostituée par l'affirmation de la perfection de la matière. Son désir inépuisable n'est pas l'expression de son manque et de son imperfection. Au contraire, son désir d'accoucher et d'embrasser l'infinité des formes possibles, c'est-à-dire tout ce qu'elle peut être, toute sa puissance d'être fait, est la manifestation de sa perfection et de sa divinité, car grâce à cette tension infinie elle peut garantir la permanence de la vie universelle, non pas d'un accident ou d'un seul individu, mais de l'infinité des formes possibles. Comme Bruno l'écrit dans le *De vinculis*, reprenant le *De la cause* :

> Il est donc parfait au plus haut point, ce principe qui veut devenir toutes choses, et qui ne se porte pas vers une forme particulière, mais vers la forme universelle et la perfection universelle. Telle est la matière, à travers l'univers, hors laquelle n'existe aucune forme ; dans la puissance, l'appétit et disposition de laquelle sont toutes formes ; et qui accueille en ses parties, successivement, par quelques vicissitudes, toutes les formes – alors qu'elle ne pourrait en accueillir ne serait-ce que deux simultanément [2].

Le renversement que Bruno propose de l'analogie matière-femme, de passive et prostituée à active et infiniment génératrice de vie, constitue, dans le cadre des philosophies de la Renaissance et de l'Âge Classique, une réévaluation très moderne de la matière et de la fonction sociale et politique des femmes. D'ailleurs, ce n'est pas un hasard si dans la plupart de ses œuvres latines et italiennes, il utilise souvent des personnages féminins pour représenter des voix qui puissent ouvrir à la compréhension de la complexité de la réalité naturelle et humaine : Circé dans le *Cantus Circeus*, Sophia dans l'*Expulsion de la bête triomphante*, ou encore Diane dans les *Fureurs héroïques*, représentent des figures capables de remettre le monde sur ses pieds, c'est-à-dire de dévoiler les dynamiques profondes de la réalité naturelle et historique, de proposer une explication correcte de la relation entre l'être et son apparence. Dans la perspective ontologique développée à partir du *De la cause*, la matière et « la femme » représentent les forces actives et génératrices dans la dimension naturelle et anthropo-

1. *Ibid.*, p. 248.
2. G. Bruno, *Des liens…*, *op. cit.*, p. 77-78.

logique. Mais si cette considération renouvelée de l'activité de la matière et de la féminité représente une perspective originale et moderne, cela n'est pas la seule raison pour laquelle la réflexion de Bruno peut encore nous fournir des catégories fécondes.

Nous pourrions être tentés, si nous l'observons de nos propres yeux et par les catégories qui appartiennent au débat contemporain, de saisir dans la réflexion de Bruno sur la matière une perspective féministe ou de genre. Bien que nous puissions certainement le lire en ces termes, cette lecture ne correspond pas à la perspective philosophique et historique dans laquelle se situe l'œuvre brunienne. La catégorie de féminisme est impropre dans ce contexte, de même qu'il n'y a pas ici de réflexion sur la question du genre au sens où nous pouvons l'entendre aujourd'hui. Mais il y a quelque chose de plus enraciné et de plus profond qui appartient à la manière dont Bruno interprète à la fois les dimensions ontologique, physique et anthropologique. Le passage de la considération de la matière comme puissance à la matière comme sujet suit le paradigme de la relation amoureuse et de l'attraction sexuelle. La matière-femme, en s'unissant à la forme universelle, ne se manifeste pas comme une puissance passive, mais comme une puissance active qui choisit, attire et se prédispose à accueillir la forme et à engendrer le produit de cette union. De même, dans l'acte de la génération et de la procréation, la matière est sujet agent actif.

Dans cette perspective, Bruno affirme non seulement l'interdépendance ontologique de la matière et de la forme, mais aussi un nouveau paradigme pour comprendre la notion d'activité, aussi bien d'un point de vue physique qu'anthropologique. Les relations qu'on observe entre les atomes dans la dimension physique, ainsi que celles qu'on observe entre les êtres humains au niveau anthropologique, suivent le modèle représenté par la relation ontologique entre la matière et la forme. À ce niveau, nous ne voyons plus une forme qui est activité et qui agit sur une matière passive, mais une réciprocité, c'est-à-dire une matière qui est *puissance d'être fait*, force active qui attire et accueille la forme universelle ou *puissance de faire*, et qui est sujet dans l'accouchement et dans la génération des formes particulières. La matière peut bien être passive dans le fait de se prédisposer à la forme, et active dans l'acte de l'union et de la génération, tout comme la forme est active dans l'acte de l'union à la matière et passive dans le moment de sa génération.

Il s'agit donc d'une relation complexe de réciprocité dans laquelle l'activité et la passivité ne sont pas des qualités absolues et constantes de la matière et de la forme, des éléments et des corps naturels, ou encore des sexes, « le mâle » et « la femme », mais des variables inconstantes et contingentes. Le paradigme de cette relation s'étend à tous les niveaux de la réalité. La relation que nous observons sur le plan physique et anthropologique n'est jamais l'action d'une force active sur un objet passif, ou d'un sujet actif sur un sujet patient, mais d'un agent qui est à la fois passif dans l'attraction qui le pousse vers le patient, et d'un sujet patient qui est actif dans l'attraction par laquelle il pousse l'autre vers soi-même. Tout comme la matière et la forme sont dans leur union un *posse-est*, un lien qui unit l'acte et la puissance, en ne manifestant plus de différence entre *faire* et *recevoir*, il en va de même pour les sujets des relations d'attraction physique et anthropologique.

Giulio GISONDI
Università degli Studi di Napoli Federico II

TEMPORALISATION ET ACTIVITÉ DE LA MATIÈRE AU XVIIIe SIÈCLE DE LA « CHAÎNE DES ÊTRES » AU « TRANSFORMISME »

L'ORIGINE DU MONDE DANS L'OUTRE-TEMPS BENOÎT DE MAILLET, L'*ENCYCLOPÉDIE* ET LE *TELLIAMED*

La question ancienne de l'activité de la matière (*materia actuosa*) surgit à nouveau à l'époque moderne par la redécouverte des philosophies de l'époque hellénistique, notamment la philosophie d'Épicure, à laquelle Pierre Gassendi consacra des ouvrages remarquables[1]. Ces textes marquent la renaissance de l'atomisme à l'époque moderne, au XVIIe et au XVIIIe siècle, qui ouvre aussi à une interprétation hétérodoxe et libertine des conquêtes de la révolution scientifique, après la crise du cartésianisme, surtout dans le domaine des sciences de la vie[2]. La matière n'est pas pure passivité ou simple extension inerte, elle n'a pas besoin d'une « forme » pour développer ses potentialités et elle exclut, en fin de compte, toute intervention d'un agent extérieur pour exprimer son activité interne. Ce travail se caractérise par une temporalité à plusieurs strates, qui investit toutes les productions de la matière dans le domaine de la nature vivante. C'est au XVIIIe siècle que cette perspective nouvelle d'une matière active et productive prend un nouvel essor.

1. *Cf.* P. Gassendi, *De Vita et moribus Epicuri libri octo*, Lugduni Batavorum, apud G. Barbier, 1647 ; et *id.*, *Syntagma philosophiae Epicuri, cum refutationibus dogmatum quae contra fidem christianam ab eo asserta sunt*, Hagae Comitis, ex typographia A. Vlacq, 1659.

2. *Cf.* le travail fondamental d'O. R. Bloch, *La philosophie de Gassendi. Nominalisme, matérialisme et métaphysique*, La Haye, M. Nijhoff, 1971 ; et l'important livre : M. Benítez, A. McKenn, G. Paganini et J. Salem (dir.), *Materia actuosa. Antiquité, Âge classique, Lumières. Mélanges en l'honneur d'Olivier Bloch*, Paris, Honoré Champion, 2000.

Le temps, considéré en tant qu'objet de réflexion en philosophie de la nature, à l'époque des Lumières, subit le même destin que le temps humain de l'histoire à la même époque : il s'effondre dans les « sterminate antichità », les « antiquités interminables, sans fin », suivant la célèbre expression de G. Vico, dans sa *Scienza Nuova* (1744)[1], antiquités naturelles qui effacent toute limite de temps établie (le temps biblique notamment). L'*ordre* de la temporalité naturelle change d'orientation axiomatique et axiologique, de vertical statique qu'il était – la hiérarchie ontologique qui mène de l'« infime » au « suprême », de l'insecte à Dieu – cet ordre devient horizontal et dynamique, en embrassant, dans une même lignée, la totalité du monde de la vie. Du minéral à l'animal, chez un grand nombre de philosophes des Lumières, il n'y aura donc plus une solution de continuité qui coupe le « physique » du « métaphysique » (et du « moral »). C'est ce que A. O. Lovejoy, dans un ouvrage désormais classique, a appelé « the Great Chain of Being »[2]. Or, cette continuité ontologique est instituée au nom d'un concept de *matière/vie* homogène, qui trouve ses racines première et lointaines dans les philosophies de la nature de la Renaissance, celle de Giordano Bruno *in primis*[3].

L'une des premières expressions de cette nouvelle tendance de la philosophie de la nature, au tournant du Grand Siècle, est celle qu'exprime un ouvrage clandestin et hétérodoxe, inouï pour l'époque, composé entre la fin du XVIIe et le début du XVIIIe siècle, intitulé *Le Telliamed ou Entretiens d'un missionnaire français avec un philosophe indien sur la diminution de la mer*, de Benoît de Maillet (1656-1738). L'auteur était un consul et diplomate français, naturaliste amateur, qui a longuement élaboré son texte entre 1692 et 1720, puis l'a diffusé sous la forme de plusieurs manuscrits clandestins ; avant d'être édité pour la première fois, de manière posthume, en 1748. Comme l'a bien vu Claudine Cohen

> cette « théorie de la Terre » est fondée sur une hypothèse unique – celle de la diminution *lente et continue* de la mer – d'où découlent plusieurs

1. *Cf.* G. Vico, *La science nouvelle*, éd. fr. A. Pons, Paris, 2013 ; voir aussi P. Rossi, *Le sterminate antichità. Studi Vichiani*, Pisa, Nistri-Lischi, 1969, rééd. *Le sterminate antichità e nuovi saggi vichiani*, Firenze, La Nuova Italia, 1999.

2. A. O. Lovejoy, *The Great Chain of Being. A Study of the History of an Idea* [1936], Cambridge-London, Harvard University Press, 1964.

3. Cf. *Encyclopédie ou dictionnaire raisonné des sciences, des arts et des métiers* [désormais *Encyclopédie*], t. VIII, Paris, 1765, p. 881b-883a, article « JORDANUS BRUNUS, Philosophie de, (*Hist. de la Philos.*) » et *Encyclopédie* X, 189b-191a, article « MATIÈRE, s. f. (*Métaph. & Phys.*) » de d'Alembert, où il est question aussi de l'attraction ou *force* d'attraction, comme étant la propriété *intrinsèque* de la matière de tous les corps, qui ouvre la porte à une vision scientifique du vitalisme, au XVIIIe siècle.

> « conséquences » : la formation marine des reliefs terrestres, le mouvement et le devenir des astres, *l'origine des êtres vivants dans la mer*[1].

C'est surtout cette dernière conséquence qui fut fondamentale, pour les philosophes qui lurent le *Telliamed* en travaillant à l'*Encyclopédie*. La temporalisation de la « chaîne des êtres » était finalement fondée sur un principe unique et unifiant. Le temps se traduit en une sorte d'« outre-temps », à plusieurs strates, qui s'élargit démesurément et qui regarde la formation matérielle du vivant, « lente et continue ». Ce principe, celui de la transformation de la matière de liquide en tous ses autres états, était un principe *matériel*. Et ainsi la philosophie de la nature semblait pouvoir se passer de la métaphysique. La recherche pionnière de Lovejoy, lorsqu'il aborda l'argument de la *temporalisation* de la chaîne de l'être, n'a pas pris en compte le texte de Maillet, car il était tout à fait inconnu à son époque (1933)[2]. C'est un acquis des cinquante dernières années de recherches autour de la littérature philosophique clandestine, qui ont pris leur essor dans les années 1970-80, grâce aux travaux du GDR sur la littérature clandestine dirigé par O. R. Bloch à la Sorbonne[3].

Quelques traces de cette vision proto-évolutionniste de l'univers se trouvent semées dans l'*Encyclopédie*, sans que l'auteur du *Telliamed* soit jamais nommé, dans différents articles de la plume des Philosophes. Ici je voudrais me concentrer sur la question de la multiple temporalité du vivant qui émerge, à partir des premières suggestions qu'a inspirées cet ouvrage, dans les synthèses que les rédacteurs ont fourni sur les sciences de la vie.

ORIGINE : NAISSANCE, GERME, PRINCIPE
LES NOTIONS-CLÉ DU PROBLÈME DANS *L'ENCYCLOPÉDIE*

L'*Encyclopédie*, après le *Telliamed*, au milieu du XVIIIe siècle, donne une définition bien claire du concept d'« origine », pris du point de vue général (désignant « *Grammaire* »). L'article, vraisemblablement de la

1. C. Cohen, « Benoît de Maillet et la diffusion de l'histoire naturelle à l'aube des Lumières », *Revue d'histoire des sciences* 44, 1991, p. 325-342 (nous soulignons); et *id.*, *Science, libertinage et clandestinité à l'aube des Lumières. Le transformisme de Telliamed*, Paris, P.U.F., 2011.

2. *Cf.* A. O. Lovejoy, *The Great Chain of Being*, *op. cit.*, p. 242-287 : « The Temporalising of the Chain of Being ».

3. O. R. Bloch (éd.), *Le matérialisme du XVIIIe siècle et la littérature clandestine*, Paris, Vrin, 1982 ; sur B. de Maillet, voir *ibid.*, p. 97 et p. 120-121

plume de Diderot (attribution incertaine), offre une série intéressante de synonymes :

> ORIGINE, s. f. (*Gramm.*) commencement, naissance, germe, principe de quelque chose. L'*origine* des plus grandes maisons a d'abord été fort obscure. Les pratiques religieuses de nos jours ont presque toutes leur *origine* dans le paganisme. Une mauvaise plaisanterie a été l'*origine* d'un traité fatal à la nation, & d'une guerre sanglante où plusieurs milliers d'hommes ont perdu la vie. Menage a écrit des *origines* de notre langue [1].

On peut repérer dans cet article une double référence 1) au temps en général, temps biologique aussi : l'origine en tant que « germe », « naissance » de quelque chose ; et 2) à l'histoire et à la politique, la notion d'origine en tant que « commencement » ou provenance d'une nouvelle ligne temporelle, dépendant de l'action humaine (religion, noblesse, langue). Dans l'histoire il peut toujours y avoir une *nouvelle* origine. À la suite de cette entrée, D'Alembert ajoute la définition *géométrique* de l'origine d'une courbe [2].

Dans cette série d'articles, on voit que la connotation originairement métaphysique de la notion est soumise à une critique plus ou moins voilée. La partie finale de l'enchaînement encyclopédique du mot origine, lié au concept général, aborde la définition de l'adjectif « originel », en se penchant sur le problème du « péché originel » [3]. Le concept se décline ensuite de façon empirique, dans ce double sens – biologique et historique – qui rend concret un problème autrement destiné à n'avoir d'autre solution que théologique. Comme chacun sait, la position de l'*Encyclopédie* sur la question théologique est celle même de Diderot et de Rousseau : une critique radicale marquée par la stratégie de dissimulation et de détournement. En rejetant la notion de « péché originel » et de création même, le discours s'ouvre ainsi à la perspective historique et naturaliste, qui fait place à la nouvelle science du vivant. « Naissance » et « germe » sont les mots qui s'associent à « principe » et à « commencement », deux notions tout à fait philosophiques, définitivement désengagées de la théologie, mais pas entièrement affranchies de la métaphysique, comme on verra. Cette métaphysique scientifique des philosophes ne perdra pas son caractère de réflexion immanente sur les caractères de la *matière* du monde et des corps.

1. *Encyclopédie* XI, 648b.
2. *Ibid.* : « ORIGINE, *en Géométrie*, se dit du point par lequel on commence à décrire une courbe, lorsqu'on la décrit par un mouvement continu (*O*) ».
3. *Ibid.*, 648b-649a.

L'ORIGINE EN TANT QUE NAISSANCE
L'ÉTERNITÉ DE L'ÉLÉMENT, L'ÉCOLE DE MONTPELLIER

Voyons, pour commencer, le célèbre et formidable article « NAÎTRE », de la plume de Diderot. Le philosophe y expose sa théorie matérialiste du vivant, à laquelle le lecteur de l'*Encyclopédie* peut facilement accéder à travers les renvois du début de l'article « ORIGINE ». Diderot expose ainsi, en 1765, sa théorie de l'origine de l'organisme et du développement de la vie, de l'inerte au sensible, qu'il perfectionnera quatre ans plus tard dans *Le Rêve de D'Alembert* (1769). La « molécule organique » originaire (notion tirée de Buffon, *Histoire naturelle*, 1749) est l'atome vivant constituant de l'être. Elle est éternelle, hors du temps. La vie, par conséquent, est une « qualité primitive » que l'on ne perd ni n'acquiert, suivant l'ancienne maxime éléatique et épicurienne *ex nihilo nihil fit*. La vie, en fait, ne peut naître que d'une vie antécédente[1]. Le processus de génération de l'organisme vivant est celui de l'*épigenèse* : l'animal s'accroît dans le temps de la durée par juxtaposition de parties sensibles successives, du simple au complexe. La théorie ancienne (épicurienne) de la « matière active » (*materia actuosa*), réintroduite par Gassendi, est déclinée de façon nouvelle, grâce à l'apport de la conception vitaliste de la grande École de médecine de Montpellier :

> NAITRE, v. neut. (*Gram.*) venir au monde. S'il fallait donner une définition bien rigoureuse de ces deux mots, *naître & mourir*, on y trouverait peut-être de la difficulté. *Ce que nous en allons dire est purement systématique.* À proprement parler, on ne *naît* point, on ne meurt point; on était dès le commencement des choses, & on sera jusqu'à leur consommation. Un point qui vivait s'est accru, développé, jusqu'à un certain terme, par la juxtaposition successive d'une infinité de molécules. Passé ce terme, il décroît, & se résout en molécules séparées qui vont se répandre dans la masse générale & commune. La vie ne peut être le résultat de l'organisation [...] La vie est une qualité essentielle & primitive dans l'être vivant; il ne l'acquiert point; il ne la perd point. Il faut distinguer une vie inerte & une vie active : elles sont entre elles comme la force vive & la force morte : ôtez l'obstacle, & la force morte deviendra force vive : ôtez l'obstacle, & la vie inerte deviendra vie active[2].

1. L'article « GERME (*Économie animale*) », par le médecin de Valence, Arnulphe d'Aumont (1721-1800), est bien loin de l'originalité du texte diderotien, et se borne à donner une définition technico-médicale : « GERME, (*Economie animale.*) se dit par rapport à la génération, de l'embryon & de ses enveloppes, lorsqu'ils commencent à prendre accroissements » (*Encyclopédie* VII, 646a).

2. *Encyclopédie* XI, 10a.

De plus, cette « vie active » de la matière, qui est celle non seulement de l'organisme, mais de chacune de ses parties élémentaires, connaît un développement temporel différencié, et multiple. Chaque *niveau* de vie s'individualise à sa manière dans le temps qui lui est propre. Donc, il faut considérer l'organisme qui naît et qui vit comme une sorte de fédération d'éléments vivants (*animal in animali*), ayant chacun sa temporalité (et sa vie) propre, comme il est dit ici, à l'article NAÎTRE, dans les mêmes termes que Diderot reprendra dans *Le Rêve de D'Alembert* et dans les *Éléments de physiologie*, suivant la leçon qui lui venait de Théophile de Bordeu (1722-1776), médecin de l'École de Montpellier, collaborateur de l'*Encyclopédie*, rédacteur des articles «CRISE (*Médecine*)» et «POULS (*Med., Econom. anim., Physiol., Séméiot.*)», et protagoniste du grand dialogue de 1769 :

> Il y a encore la vie de l'élément, & la vie de l'agrégat ou de la masse : *rien n'ôte & ne peut ôter à l'élément sa vie* : l'agrégat ou la masse est avec le temps privée de la sienne; on vit en un point qui s'étend jusqu'à une certaine limite, sous laquelle la vie est circonscrite en tout sens; cet espace sous lequel on vit diminue peu-à-peu; la vie devient moins active sous chaque point de cet espace; il y en a même sous lesquels elle a perdu toute son activité avant la dissolution de la masse, & l'on finit par vivre en une infinité d'atomes isolés. Les termes de vie & de mort n'ont rien d'absolu; ils ne désignent que les états successifs d'un même être [1].

Dans son style inimitable, Diderot ne manque pas de tirer ensuite des conséquences d'ordre *moral*, à partir de cette vision vitaliste et matérialiste de l'univers, qui investissent en premier lieu l'homme, sa vie et sa mort, son «naître» et son «périr». Dans l'*Encyclopédie*, on assiste à une première naturalisation de la croyance en l'immortalité de l'âme, traduite dans l'*éternité de la vie* sensible de la matière constituante, sans origine, sans commencement (et sans créateur!), qui persiste et résiste à la mort, *car c'est là sa nature propre*. On entend, dans cet article, les échos d'une célèbre lettre de Diderot à Sophie Volland, d'octobre 1759, écrite du château du Grandval, chez les D'Holbach. Dans cette lettre Diderot rêve, encore une fois, de l'*éternité de l'amour* «au fond de l'urne froide» de deux amants qui se sont fait inhumer dans le même cercueil, hors du temps et de l'espace. Une éternité qui embrasse et justifie même la mort. C'est une page justement célèbre, monumentale, émouvante, dirais-je. Le passage de l'*Encyclopédie* est le suivant :

1. *Encyclopédie* XI, 10a (nous soulignons).

> C'est pour celui qui est fortement instruit de cette philosophie, que l'urne qui contient la cendre d'un père, d'une mère, d'un époux, d'une maîtresse, est vraiment un objet qui touche & qui attendrit : il y reste encore de la vie & de la chaleur : cette cendre peut peut-être encore ressentir nos larmes & y répondre; qui sait si ce mouvement qu'elles y excitent en les arrosant, est tout-à-fait dénué de sensibilité? *Naître* a un grand nombre d'acceptions différentes : l'homme, l'animal, la plante, *naissent*; les plus grands effets *naissent* souvent des plus petites causes; les passions *naissent* en nous, l'occasion les développe, *&c*[1].

Et la lettre à Sophie Volland du 15 octobre 1759 :

> Et moi, je disais, ceux qui se sont aimés pendant leur vie et qui se font inhumer l'un à côté de l'autre ne sont peut-être pas si fous qu'on pense. Peut-être leurs cendres se pressent, se mêlent et s'unissent. Que sais-je? Peut-être n'ont-elles pas perdu tout sentiment, toute mémoire de leur premier état. Peut-être ont-elles un reste de chaleur et de vie dont elles jouissent à leur manière au fond de l'urne froide qui les renferme. [...] Ô ma Sophie, il me resterait donc un espoir de vous toucher, de vous sentir, de vous aimer, de vous chercher, de m'unir, de me confondre avec vous, quand nous ne serons plus ! S'il y avait dans nos principes une loi d'affinité, s'il nous était réservé de composer un être commun; si je devais dans la suite des siècles refaire un tout avec vous; si les molécules de votre amant dissous venaient à s'agiter, à se mouvoir et à rechercher les vôtres éparses dans la nature ! Laissez-moi cette chimère. Elle m'est douce. Elle *m'assurerait l'éternité* en vous et avec vous[2].

Dans cette page justement célèbre, qui couronne les fastes de la nouvelle philosophie de la matière vivante, sont jetés les fondements de la conception matérialiste du vivant que Diderot rejoue de façon systématique dans son testament intellectuel, son *opus maius* : les *Éléments de physiologie*, qui sont une série de notes de lecture et de considérations ordonnées en marge de Haller (*Elementa physiologiae corporis humani*, 1757-1764), rédigées entre 1773 – la date du voyage de Diderot en Russie, à la cour de Catherine II – et la mort du philosophe (1784), et publiées de manière posthume[3].

1. *Ibid.*
2. D. Diderot, *Lettres à Sophie Volland,* éd. A. Babelon, Paris, Gallimard, 1930, t. I, p. 110-111 (nous soulignons).
3. D. Diderot, *Éléments de physiologie* [désormais *EL*], éd. P. Quintili, Paris, Honoré Champion, 2004.

L'UN ET LE MULTIPLE
LE VIVANT ET SA TEMPORALITÉ POLYMORPHE

Diderot consacre plusieurs considérations dans ses *Éléments de physiologie* au problème de l'origine des êtres. Déjà dans les *Pensées sur l'Interprétation de la nature* (1753) le problème se posait en des termes analogues, cependant de façon interrogative, autour de la matière, de la vie et de la mort. « Origine », c'est le principe, à savoir la matière. Peut-elle avoir une fin ? Un terme ultime de son existence ? Diderot donne une première réponse, sous le voile de l'ironie, à propos des vérités de la foi :

> Si la foi ne nous apprenait que les animaux sont sortis des mains du Créateur tels que nous les voyons ; et s'il était permis d'avoir la moindre incertitude sur leur commencement et sur leur fin, le philosophe abandonné à ses conjectures ne pourrait-il pas soupçonner que l'animalité avait *de toute éternité* ses éléments particuliers, épars et confondus dans la masse de la matière ; qu'il est arrivé à ces éléments de se réunir, parce qu'il était possible que cela se fît ; que l'embryon formé de ces éléments a passé par une infinité d'organisations et de développements ; qu'il a eu par succession, du mouvement, de la sensation, des idées, de la pensée, de la réflexion, de la conscience, des sentiments, des passions, des signes, des gestes, des sons, des sons articulés, une langue, des lois, des sciences, et des arts [1].

La reprise de l'ancienne doctrine de l'éternité de la matière se décline en un sens nouveau qui interroge les possibilités de la vie organique, ses limites (le rapport quantité/qualité), ses potentialités (la notion d'« énergie » y est introduite), ses différences spécifiques par rapport à ce qui n'est pas vivant, et ses conséquences historiques et culturelles (langue, lois, sciences, arts) :

> 9. Si l'agrégat peut être ou vivant ou mort, quand et pourquoi sera-t-il vivant ? quand et pourquoi sera-t-il mort ? 10. Mort ou vivant, il existe sous une forme. Sous quelque forme qu'il existe, quel en est le *principe* [2] ?

Ces questions, laissées en suspens en 1753, trouveront une réponse, toujours provisoire, presque trente ans plus tard, dans les *Éléments de physiologie*.

1. D. Diderot, *Pensées sur l'Interprétation de la nature* [désormais *DPV*], dans *Œuvres complètes*, éd. H. Dieckmann, J. Proust et J. Varloot, Paris, Hermann, 1981, t. IX, p. 94-95.
2. *Ibid.*, p. 97.

Dans le tableau que Diderot nous présente ici, il y a une *physis* unique, articulée de façon différente sur les différents plans temporels qui l'individualisent. La référence normative à cette idée de nature (complexe) est celle d'une origine-originante. Le critère méthodologique adopté est celui de la recherche de l'origine de chaque niveau temporel de vie, à partir de la « molécule organique », atome originaire de la vie, éternel, hors du temps, jusqu'à l' « animal entier ». L'*origine* de chaque être est donc soumise à un régime de temporalité qui est le sien, différent de tout autre. On compte *sept niveaux* de complexité du vivant, et chacun à son propre régime de temporalité (ou d' « Originarité ») de vie : il y a l'origine de 1) la fibre ; 2) du « tissu cellulaire » ; 3) de l'organe ; 4) du végétal ; 5) du végéto-animal ; 6) de l'animal ; et ensuite 7) de l'être humain.

Le nouveau vitalisme organiciste des *Éléments* – issu de l'École de Montpellier, mais enrichi par différents autres apports (Buffon, Maupertuis, Haller) –, obéit à cette structure de disposition, où chaque niveau décrit et suit une « histoire naturelle » propre. Un exemple éloquent de cette approche concerne le système nerveux humain, et le rôle qu'y joue le cerveau, cerveau que Diderot définit en termes d' « origine du faisceau » de fibres nerveuses qui se termine dans les organes, point de départ de l'épigenèse de l'organisme entier. Diderot souligne souvent l'importance de cette « origine ». Suivant la leçon d'Albrecht von Haller – source principale des *Éléments* – le premier noyau du vivant n'est pas le cœur, théorie dominante à l'époque[1], mais plutôt le cerveau : le fœtus humain prend son développement originaire à partir de là[2].

La Première partie de l'ouvrage est intitulée « Des êtres » et a comme sujet la théorie du continuum vital, qu'il exposa à l'article « ANIMAL » de l'*Encyclopédie*, issu de Leibniz et de Buffon, que l'on réinterprète ici de façon critique, d'un point de vue matérialiste :

> Le papillon est ver, chenille et papillon. L'éphémère est chrysalide pendant quatre ans. La grenouille commence par être têtard. Combien de métamorphoses nous échappent ! J'en vois d'assez rapides : pourquoi n'y en aurait-il pas, dont les périodes seraient plus éloignées ? Qui sait ce que deviennent les molécules insensibles des animaux après leur mort[3] ?

1. Voir J. Roger, *Les Sciences de la vie dans la pensée française au XVIIIe siècle. La génération des animaux, de Descartes à l'Encyclopédie*, Paris, Albin Michel, 1993.
2. *EL*, IIe partie, chap. 25 : « Fœtus ».
3. *EL*, p. 108-109.

Ce paragraphe, qui ouvre les *Éléments*, introduit à la progression des thèmes de cette première Partie, qui suit une scansion temporelle précise : le « Chap. 1. Végéto-animal », contient les paragraphes qui rythment l'organisation temporelle originaire du vivant : « Différence du règne végétal et du règne animal », « Animalisation du végétal », « Contiguïté du règne végétal et du règne animal », « Plante-animal », « Animal-plante », « Sexe des plantes », et ainsi de suite, dans le « Chap. 2. Animal », qui est l'un des plus riche en articulations internes : « Sensibilité », « Irritabilité », « Vie », « Mort », « Mouvement animal », « Instinct », « Mouvements volontaires et involontaires », « Génération des animaux », « Animaux différents par leur organisation », « Animaux microscopiques », « Morale des animaux », « Grâce, Beauté de l'animal ».

Clôt cette Partie le « Chap. 3. Homme », qui débute avec cette affirmation, d'une importance capitale : « La caractéristique de l'homme est dans son cerveau et non dans son organisation extérieure. L'intermédiaire entre l'homme et les autres animaux, c'est le singe »[1]. L'articulation de ce chapitre suit aussi le rythme du développement des « facultés » de l'homme, reconduites à leur *origine* physiologique dans le cerveau, à ses organes : « Raison »[2], « Pensée » et « Âme ». Ce dernier paragraphe est le plus important, car il donne une réinterprétation organiciste de la thèse classique de la matérialité de l'âme, coïncidant avec « l'organisation et la vie : voilà l'âme »[3].

Le vivant en général, et l'homme en particulier, sont donc un et multiples à la fois, suivant l'articulation temporelle, polymorphe, des parties qui le composent, qui l'« organisent ». Cette description mène à une conclusion importante, concernant le mécanisme de transformation typique de la machine vivante : le bipolarisme entre *fonction* et *besoin*. Ce bipolarisme constitue la clé de lecture de la partie la plus originelle des *Éléments de physiologie*, comme étant le mécanisme qui régit le développement de la matière organisée dans le temps.

1. *EL*, p. 142.

2. *Ibid.*, p. 144 : « La raison ou l'instinct de l'homme est déterminé par son organisation et par les dispositions, les goûts, les aptitudes que la mère communique à l'enfant, qui pendant neuf mois n'a fait qu'un avec elle. Sa perfectibilité naît de la faiblesse des autres sens, dont aucun ne prédomine sur l'organe de la raison ».

3. *Ibid.*, p. 358 ; plus précisément, p. 153 : « L'animal est un tout *un* et c'est peut-être cette unité qui constitue l'âme, le soi, la conscience, à l'aide de la mémoire ».

LES *ÉLÉMENTS DE PHYSIOLOGIE*
UNE HISTOIRE NATURELLE ET EXPÉRIMENTALE DE L'HOMME

La temporalisation de la « chaîne des êtres »

Les *Éléments de physiologie* sont ainsi un ouvrage de *réflexion philosophique en marge* des grands travaux des naturalistes contemporains et de la tradition iatromécanique cartésienne. Diderot lit, «plume à la main», Haller, Buffon, Maillet, Robinet, Maupertuis. L'œuvre s'inscrit à plein titre dans le processus de redéfinition du concept de *nature* au XVIIIe siècle, de laïcisation et d'immanentisation, en particulier de cette *nature vivante* conçue comme un objet unitaire en devenir, qu'on distingue ontologiquement par rapport au «mort» et à l'inorganique. C'est ensuite un ouvrage d'*épistémologie* des sciences de la vie, nouvelles nées ou naissantes, qui réalise ce que A. O. Lovejoy définit comme la *temporalisation* de la «chaîne de l'être» stoïcienne et néoplatonicienne dont on a parlé ci-dessus[1]. Et sous cet aspect, les *Éléments* offrent des motifs particuliers d'intérêt à l'historien de la pensée scientifique des Lumières.

Diderot élabore son idée de nature, notamment l'idée de la nature humaine, et *une image de la science* qui lui est propre, dans l'usine conceptuelle des deux naturalistes majeurs de son siècle, parmi les autres : Buffon et Maupertuis. Le philosophe, cependant, vise à dégager, de ses sources, les sous-entendus matérialistes du discours sur les « époques de la nature » cachés par une forme d'autocensure que J. Roger a mis au clair dans sa biographie sur Buffon, en ce qui concerne les thèses sur l'*homo duplex*, le rôle (marginal) du cerveau et le prétendu « dogme » de l'unité des espèces. Buffon s'autocensurait[2]. Diderot l'aide à parler plus clairement[3].

Le même propos se manifeste aussitôt à l'égard de Maupertuis. Diderot y décèle la conviction, idée centrale dans les *Éléments*, de l'épigenèse comme dynamique qui guide la naissance du vivant et qu'il plie bientôt au sens matérialiste. Diderot formule l'hypothèse que le même devenir universel des êtres soit lié aux forces intrinsèques de la matière, en particulier la matière organique, comme l'enseignait le *Système de la nature* (ou *Dissertatio de Universali Naturae systemate*, 1751) et la *Vénus*

1. *Cf.* A. O. Lovejoy, *The Great Chain of Being..., op.cit.*, les apports, du stoïcisme, du néoplatonisme et de Leibniz concourent au même résultat, mais réinterprétés avec des lunettes matérialistes, sous la perspective des nouvelles sciences de la vie.

2. *Cf.* J. Roger, *Buffon. Un philosophe au jardin du roi*, Paris, Fayard, 1989, p. 248-269.

3. *Cf.* R. Mortier-R. Trousson (éd.), *Dictionnaire de Diderot*, Paris, Honoré Champion, 1999, p. 91-94 : « Buffon ».

physique (1745) de Maupertuis. La matière vivante se différencie, par rapport à l'inerte, en vertu de caractéristiques typiques à elle seule : physico-chimiques, d'activité fonctionnelle, d'agencement intégré, les corps organisés se formant par juxtaposition (épi-genèse) et coordination mécanique d'éléments de matière sensible – les *molécules organiques* de Buffon – dans le temps des époques de la nature.

Diderot combine de façon éclectique Buffon et Maupertuis et, dans les *Éléments* (comme auparavant), parvient à la conclusion que l'homme, tel un être physique parmi les autres, participe du devenir universel de la nature, notamment en ce qui concerne les formes – « naturelles », en ce sens – de la *politique*[1]. La différence humaine, à l'intérieur de l'univers naturel, n'est pas une question de *substance*, c'est-à-dire ne met pas en cause le problème métaphysique du développement des formes à partir d'un « noyau » ontologique comme une « cause première » transcendante ; mais plutôt est une question de *fonction*, le problème historique des *fonctions* que revêtent les caractéristiques typiques de l'humanité, pour pouvoir à ses *besoins*, *à côté* de celle de l'animalité (article « Droit Naturel »), dans le temps de la nature elle-même. La différence humaine, en somme, est question de *praxis* ou de *pratiques*. Le comportement, la praxis-pratique humaine à l'égard de la nature, sont différents de ceux de l'animal. L'homme est avant tout constructeur d'*arts* – d'outils, instruments, machines : les *artifices* en général –, les animaux n'auraient pas cette caractéristique spécifique, propre à l'homme en tant qu'animal *politique*. Diderot le rappelle à l'article « Art », en invitant les naturalistes « à couronner leur travail sur les règnes des végétaux, des minéraux, des animaux, etc. par les expériences des *Arts mécaniques*, dont la connaissance importe beaucoup plus à la vraie Philosophie »[2]. Il établit ainsi une histoire des arts mécaniques – nécessaire et qui reste à faire –, parallèle à l'histoire de la nature[3].

C'est un thème que l'on retrouve dans les *Éléments*, dans la « Partie III » sur le cerveau. Les fondements naturels de l'éthique sont étayés dans l'*Encyclopédie*, aux articles « Souverains » et « Puissance » qui s'inspirent, de façon critique, de Thomas Hobbes. Le fondement de la souveraineté, selon Diderot, est la *représentativité* du corps politique ; le

1. *Cf.* les articles de l'*Encyclopédie* : « Autorité politique », « Droit naturel » et « Représentants » de d'Holbach, avec qui Diderot partageait ses convictions antidespotiques et anticléricales.

2. *Encyclopédie* I, p. 715a.

3. *Cf.* O. Bloch (éd.), *Philosophies de la nature. Actes du colloque de Paris I*, Paris, Publications de la Sorbonne, 2000, « Présentation », p. 13-16.

modèle est celui des fonctions organiques du vivant[1]. C'est une interprétation renouvelée – mais presque renversée – de l'ancienne métaphore organiciste. Toute partie du corps a une fonction propre à l'intérieur de l'organisme et ne peut accepter – sous peine de maladie ou de déséquilibre – d'être « commandée » ou « organisée » par une puissance externe, sans que celle-ci en soit à la fois un moyen et une fin, une partie et un produit lié à l'harmonie générale du corps.

À l'article « Animal » – que Diderot rédige pendant l'emprisonnement à Vincennes à cause de la *Lettre sur les aveugles*, en 1749 – il donne preuve de sa lecture du premier volume de l'*Histoire naturelle générale et particulière* qui venait de paraître. Le philosophe se confronte de façon nouvelle, après les déistes *Pensées philosophiques* (1746), au thème de la « chaîne des êtres » et au problème de leur rapport avec les « époques de la nature » de Buffon. Diderot y met en cause la légitimité épistémologique de l'utilisation de la métaphore de la « chaîne » ; elle y est assimilée au « ruban coloré du célèbre Père Castel Jésuite ». Louis-Bertrand Castel (1688-1757) était l'inventeur d'un instrument étrange, le « clavecin oculaire » dont Diderot parlera aussi dans la *Lettre sur les sourds et les muets* (1751) et qu'il connaissait bien, plusieurs fois cité dans l'*Encyclopédie* et même dans les *Bijoux indiscrets* (1747).

Cet instrument permettait de fournir une représentation visuelle de la musique pour les sourds et muets, par la réalisation d'une correspondance logique entre la continuité de l'échelle musicale et celle de l'échelle chromatique. En tapant une touche donnée du clavecin, s'« allumerait », projetée sur un écran, une teinte donnée, placée à un degré précis de l'échelle des couleurs[2]. Ainsi fonctionnerait, d'après Diderot, suivant ce modèle continuiste, l'« échelle de la nature », qui devient plutôt un « ruban coloré » :

> D'ailleurs, s'il est vrai, comme on n'en peut guère douter, que l'univers est une seule et unique machine, où tout est lié et où les êtres s'élèvent au-dessus ou s'abaissent au-dessous les uns des autres, par des degrés imperceptibles,

1. Cf. *Encyclopédie* XIII, p. 557b.

2. *Cf.* L.-B. Castel, *L'Optique des couleurs, fondée sur les simples observations et tournée surtout à la pratique de la peinture, de la teinture et des autres arts coloristes*, Paris, 1740. Castel est l'auteur aussi d'un *Traité de physique sur la pesanteur universelle des corps*, Paris, 1724 ; de *Le Vrai Système de physique générale de M. Isaac Newton, exposé et analysé en parallèle avec celui de Descartes*, Paris, 1743 ; et de *L'homme moral opposé à l'homme physique de M. R***, lettres philosophiques, où l'on réfute le déisme du jour*, Toulouse, 1756 ; voir l'article d'A.-M. Chouillet, « Le clavecin oculaire du père Castel », *DHS* 8, 1976, p. 141-166.

> en sorte qu'il n'y ait aucun vide dans la chaîne et que le ruban coloré du célèbre Père Castel Jésuite, où de nuance en nuance on passe du blanc au noir sans s'en apercevoir, soit une image véritable des progrès de la nature; il nous sera bien difficile de fixer les deux limites entre lesquelles l'animalité, s'il est permis de s'exprimer ainsi, commence et finit [1].

Cependant, la métaphore continuiste du ruban coloré, la chaîne des êtres de matrice stoïcienne et leibnizienne, place tous les organismes sur un plan vertical-spatial, sans sauts, de l'être le plus simple jusqu'aux anges et à Dieu. L'exemple le plus récent de ce vieux paradigme naturel, vivement critiqué par Diderot dans l'*Interprétation de la nature*, est celui de Linné, « le méthodiste », dans son *Systema Naturæ* (1735) [2]. Or, la vétuste image de la *Scala naturæ* mise à jour par Linné est affinée par d'autres auteurs – parmi lesquels il faut mentionner Ch. Bonnet, l'une des sources des *Éléments* [3] –, mais elle ne permet pas de découper les domaines des règnes naturels de manière adéquate, pour une exacte connaissance de l'*histoire* de la nature. En effet, Diderot cite et commente Buffon à l'article « Animal », pour atteindre un premier résultat (important dans l'avenir) : la réfutation de l'essentialisme des taxonomistes, ceux que Buffon lui-même appelait justement « les méthodistes », à travers une profession de foi nominaliste et matérialiste. Ceux que nous définissons comme les « règnes » naturels et les êtres mêmes, issus des différents classements, affirme-t-il, *ne sont que des noms*, des conventions arbitraires, produits de « méthodes artificielles ». À la rigueur, on aurait besoin d'autant de dénominations qu'il y a d'êtres, d'individus. Le conventionnalisme et, en dernière instance, le caractère *transitoire* des taxonomies sont assumés positivement par Diderot. Chez Buffon cette énonciation n'est pas aussi explicite. Suivant la nouvelle métaphore du *ruban coloré* :

> Une définition de l'animal sera trop générale, ou ne sera pas assez étendue, embrassera des êtres qu'il faudrait peut-être exclure et en exclura d'autres qu'elle devrait embrasser. Plus on examine la nature, plus on se convainc que pour s'exprimer exactement, il faudrait presque autant de dénominations différentes qu'il y a d'individus, et que c'est le besoin seul qui a inventé les noms généraux ; puisque ces noms généraux sont plus ou moins

1. *Encyclopédie* I, 468a.
2. Cf. *DPV*, IX, p. 75-76, pensée XLVIII.
3. *Cf.* Ch. Bonnet, *Traité d'insectologie ou Observations sur les pucerons*, Paris, 1745 ; et *Contemplation de la nature*, Amsterdam, 1764, où l'on trouve l'image illustrée de la grande échelle, la *scala naturæ* avec l'homme au sommet de tous les êtres ; et les *Considérations sur les corps organisés, où l'on traite de leur origine, de leur développement, de leur reproduction*, Amsterdam, 1762, p. 35.

> étendus, ont du sens, ou sont vides de sens, selon qu'on fait plus ou moins de progrès dans l'étude de la nature [1].

Diderot conclut (en interprétant Buffon) qu'il devrait y avoir une propriété intrinsèque de la matière, la *sensibilité généralisée* qui caractérise le niveau de l'animalité et qui la connote avec le « sentiment » dont elle est douée, par rapport au végétal et au minéral, qui n'en seraient pas doués. Cette propriété physique seule permet d'atteindre une définition ou collocation taxonomique plus ou moins exacte, qui nous indique *ce qu'est l'animal.* Ce n'est donc pas l'inverse : la définition taxonomique plus ou moins exacte ne saurait fixer l'essence des individus. Sur ce point, Diderot avance une objection plus importante. Le sentiment, la sensibilité animale, peuvent s'acquérir et/ou se perdre *avec le temps, dans le temps*. C'est une remarque significative, reprise encore dans la première partie des *Éléments* [2]. L'*Encyclopédie* :

> Qu'est-ce que l'*animal*? C'est, dit M. de Buffon, *Hist. nat. gen.* et part. la matière vivante et organisée qui sent, agit, se meut, se nourrit et se reproduit. Conséquemment, le végétal est la matière vivante et organisée, qui se nourrit et se reproduit; mais qui ne sent, n'agit, ni ne se meut. Et le minéral, la matière morte et brute qui ne sent, n'agit, ni se meut, ne se nourrit, ni ne se reproduit. D'où il s'ensuit encore que le sentiment est le principal degré différentiel de l'*animal* [3].

Finalement, on peut résumer le passage qui s'accomplit ensuite, dans les *Éléments*, d'une conception fixiste et statique du monde naturel à une conception dynamique, qu'on pourrait définir proto-transformiste, par les étapes suivantes :

1. la mise en cause de la métaphore spatiale-continuiste de la « chaîne des êtres » ;

2. la reconnaissance de l'impossibilité d'une définition exacte de l'animal à partir de cette métaphore; d'où l'emploi de la notion de *sensibilité organique*, tirée des médecins de Montpellier;

3. l'affirmation du caractère temporel, adaptatif, de cette propriété physique de la matière organique;

1. *Encyclopédie* I, 468b.
2. « Des êtres », *EL*, p. 108-109.
3. *Encyclopédie* I, 468b.

4. conclusion : les êtres peuvent, avec le temps, dans le temps des « époques de la nature », acquérir, augmenter (ou perdre) la sensibilité. Et donc les êtres peuvent changer leur propre nature, *se transformer* avec le temps, par exemple, de végétaux en animaux. L'exemple que Diderot avait à l'esprit est le célèbre polype ou hydre d'eau douce d'A. Trembley[1]. Chose importante, les êtres peuvent se transformer d'animal en animal d'une autre forme ou – ce que Buffon excluait, du moins à l'apparence – *changer d'espèce*, sur la base de la considération nominaliste (*et matérialiste*) que les classes mêmes des animaux ne sont autre chose qu'un artifice méthodique du naturaliste, une invention arbitraire qui n'exprime que notre manière de penser et non pas l'essence des choses.

Si l'on peut repérer chez Buffon, source de ces réflexions, une ébauche de théorie de la transformation intraspécifique des animaux – les espèces actuellement existantes, chacune considérée singulièrement, ne demeurent pas identiques dès le moment de la création, mais elles *se modifient de leur intérieur*, au cours des différentes époques – Diderot annonce la possibilité qu'il y ait une transformation extra-spécifique. Il existe un *être archétype*, un « prototype » de tous les êtres d'où sont engendrée les espèces actuellement existantes. Cette thèse sera réaffirmée, peu d'années après, dans l'*Interprétation de la nature*[2]. L'idée du prototype, certes, vient elle aussi de Buffon (*Hist. Nat.*, tome IV, « Histoire du cheval » et « Histoire de l'âne »), mais Buffon la limitait précisément à l'*histoire interne* de chaque espèce animale, en l'occurrence, les histoires d'animaux affins (cheval → âne → mulet). Diderot élargit cette conception pour étendre la notion de prototype, par voie de conjecture, à toutes les espèces animales[3].

En 1753, c'était une hypothèse risquée, presque métaphysique, comme le disait le même Diderot :

> [U]ne conjecture philosophique, soit admise avec le docteur Baumann comme vraie, ou rejetée avec M. de Buffon comme fausse, on ne niera pas

1. A. Trembley, *Mémoires pour servir à l'histoire d'un genre de polype d'eau douce, à bras en forme de cornes*, Paris, 1744 ; article « Animal », *ibid.*, p. 469a : « Par exemple, lorsque M. Trembley, cet auteur célèbre de la découverte des animaux qui se multiplient par chacune de leurs parties détachées, coupées, ou séparées, observa pour la première fois le polype de la lentille d'eau, combien employa-t-il de tems pour reconnaître si ce polype était un *animal* ou une *plante* ! ».

2. Cf. *DPV*, IX, p. 36, pensée XII : « Quand on considère le règne animal, et qu'on s'aperçoit que, parmi les quadrupèdes, il n'y en a pas un qui n'ait les fonctions et les parties, surtout intérieures, entièrement semblables à un autre quadrupède, ne croirait-on pas volontiers qu'il n'y a jamais eu qu'un premier animal prototype de tous les animaux, dont la nature n'a fait qu'allonger, raccourcir, transformer, multiplier, oblitérer certains organes ? ».

3. *Ibid.*, p. 36-37.

qu'il ne faille l'embrasser comme une hypothèse essentielle au progrès de la physique expérimentale, à celui de la philosophie rationnelle, à la découverte et à l'explication des phénomènes qui dépendent de l'organisation[1].

Dans les *Éléments de physiologie*, Diderot élève cette thèse à la dignité d'un préalable théorique reconnu, d'une véritable loi de détermination organique des êtres dans le temps de la nature.

Pour expliquer ce changement de perspective, il y a d'autres sources et d'autres lectures faites entre 1754 et 1774, dates de composition de la première version manuscrite, dite «de *Saint Pétersbourg*» (*SP*) des *Éléments*. Le manuscrit *SP* de la Bibliothèque de l'Ermitage (Saint-Pétersbourg) est en fait immédiatement postérieur au *Rêve de D'Alembert* – écrit d'un seul coup pendant l'été 1769 – et offre des particularités qui en font un ouvrage singulier pour l'éditeur. Comme l'a observé J. Mayer[2], la copie *SP* mériterait une édition à part[3], en vertu des différences importantes qu'elle présente par rapport à la dernière copie manuscrite du Fonds Vandeul (*V*), rédigé entre 1774 – après le voyage à Saint-Pétersbourg (1774) – et la mort du philosophe (1784). La distribution des fragments est tout à fait différente, mais ce sont les mêmes fragments que Diderot réutilisera pour *V*, ensuite, dans l'intention de bâtir un ouvrage plus systématique.

C'est bien dans cette première rédaction qu'on assiste à la « temporalisation de la chaîne des êtres » dont parle Lovejoy, sans « chaîne » véritable : l'horizontalisation de la *Scala naturæ* linnéenne, qui enchaîne, mais sans hiérarchie, tous les êtres dans une phylogenèse unique. Cette opération n'est pas propre au seul Diderot; des auteurs différents au XVIIIe siècle poursuivent des chemins analogues, comme nous l'avons vu : Benoît de Maillet, auteur du *Telliamed,* (Amsterdam, 1748)[4], et Jean-Baptiste René

1. *Ibid.* Buffon affirma la thèse du prototype, on l'a vu, à l'intérieur de la même espèce : le germe de celle-ci est donc fixé ou « préformé » par Dieu, dès l'origine des temps (préformisme créationniste); quant aux réticences et aux ambiguïtés chez Buffon, *cf.* J. Roger, *Buffon...*, *op. cit.*, p. 378-441.

2. *DPV*, XVII, p. 268-269 et p. 517; J. Mayer, «La composition fragmentaire des *Éléments de physiologie* (problèmes d'édition)», dans G. Dulac (éd.), *Éditer Diderot*, Oxford, OUP, 1988, p. 253-305: cette étude offre un instrument indispensable aux diderotistes : la table des correspondances entre les manuscrits *V* et *SP* des *Éléments*.

3. Cf. *Œuvres complètes*, t. IX, *op. cit.*, éd. J. Assézat. Il faut rappeler que les premiers éditeurs de Diderot ont publié une copie de la copie Girbal, faite à l'Ermitage par Léon Godard en 1856. Le travail de J. Assézat garde donc ses mérites et son intérêt, même pour l'éditeur actuel.

4. *Cf.* G. Mori, « Benoît de Maillet et son traité "Sur la nature de l'âme". Avec une édition des *Sentiments des philosophes sur la nature de l'âme*», *La Lettre clandestine* 4, 1995, p. 13-29.

Robinet auteur d'un *De la nature* (Amsterdam, 1761) et d'autres ouvrages[1] dont Diderot fera le compte-rendu pour la *Correspondance littéraire* de M. Grimm. Le principe de temporalisation dans le manuscrit *SP* prend cependant une couleur philosophique et anthropologique particulière, qui marque de façon originale le nouveau rapport qui s'instaure entre la nature de l'homme et l'histoire naturelle générale.

Conclusion : le problème de la génération

Il faut d'abord constater l'acquis, même controversé, des résultats des expériences de l'abbé Lazzaro Spallanzani (1729-1799) sur les infusoires, qui réfutaient les thèses de J. T. Needham (1713-1781) à propos de la prétendue « force végétative » de la matière organique[2]. Spallanzani avait démontré – dans le sillage de la réfutation des générations spontanées par F. Redi (1626-1698) au XVIIe siècle, dans l'ouvrage *Esperienze intorno alla generazione degl'insetti* (Firenze, 1668) – que la vie organique ne peut s'engendrer qu'à partir d'une vie préexistante. Diderot connut tard – sans doute après *Le Rêve de D'Alembert* (1769) – les œuvres de Spallanzani qui mettaient en crise l'hypothèse épigeniste antique (Lucrèce) et ouvraient des nouvelles perspectives aux spéculations philosophiques. Le *Saggio di osservazioni microscopiche concernenti il sistema della generazione de' signori di Needham e Buffon* (Modena, 1765) ne lui était pas connu au moment de la rédaction du *Rêve*. Spallanzani avait démontré par des expériences précises et avec des arguments incontestables, que cette « force végétative » ou expansive de la matière organique, postulée par Needham en 1750 (*Nouvelles observations microscopiques*), n'était qu'une hypothèse sans fondements, une « invention » qui ne permettait pas de comprendre comment des êtres vivants pouvaient naître et se reproduire de la simple matière inerte.

Les anguilles du blé cornu et les cultures d'animalcules, s'engendrant dans un bouillon de viandes chauffé, que Needham croyait justement produites par la force expansive de la matière, étaient en réalité des

1. *Cf.* aussi du même Robinet, les *Considérations philosophiques de la gradation naturelle des formes de l'être, ou les Essais de la nature qui apprend à faire l'homme*, Paris, 1768, un ouvrage que Diderot commente, et qui est caractérisé par un finalisme métaphysique suivant lequel tous les « efforts », les « tentatives », les « tendances » du monde naturel seraient adressés au but ultime de la « production » de l'espèce humaine.

2. J. T. Needham, *Nouvelles observations microscopiques, avec des découvertes intéressantes sur la composition et la décomposition des corps organisés*, Paris, 1750; *cf.* W. Bernardi, *Fisiologia e mondo della vita*, *in* P. Rossi (a cura di), *Storia della scienza moderna e contemporanea*, Milano, TEA, 2000, vol. I, t. I, p. 375-400.

produits de germes préexistants, qui s'étaient introduits dans les cultures organiques par différents moyens (air, eau etc.), en les contaminant. La thèse épigéniste semblait ébranlée, le matérialisme de Diderot pouvait tomber en crise. Il n'en fut pas ainsi. Diderot reste sur ses positions, fait encore confiance aux présupposés théoriques de Needham dans les *Éléments*, à travers la relecture des arguments qu'en donne l'abbé de Pise, Felice Fontana (1730-1805), avec ses analyses de ces prétendues « anguilles » du grain niellé et le « grain cornu ». Pour Diderot, il s'agirait, non pas de véritables « animaux » – comme le prétendait Fontana – mais plutôt d'êtres intermédiaires, qui représenteraient le stade du passage (*temporel* justement) du végétal à l'animal.

Les travaux de Spallanzani eurent aussi le mérite de balayer le terrain de recherche sur le problème de la génération, en faisant l'économie de tant de discussions oisives sur la nature de la matière et de l'esprit. Le *Saggio* marque cette étape fondamentale : laisser libre cours à un genre nouveau de *phénoménisme*, qui se passe bien des grands systèmes et prétend maintenant circonscrire soigneusement son domaine d'observation aux *faits*, sans se soucier des « essences » des organismes. Les *Éléments* de Diderot semblent mettre à profit cette perspective méthodologique ouverte. La thèse explicite de départ est descriptive à savoir « classer les êtres » ou bien, suivant la lecture du manuscrit *SP*, « *commencer* par classer les êtres » :

> Il faut classer les êtres depuis la molécule inerte, s'il en est, jusqu'à la molécule vivante, à l'animal-plante, à l'animal-microscopique, à l'animal, à l'homme [...]. La manière de classer les êtres avec exactitude ne peut donc être que le fruit des travaux successifs d'un grand nombre de naturalistes : elle sera pénible et très lente. Attendons et ne nous pressons pas de juger[1].

Bien entendu : il faut « *commencer par* classer » de manière nouvelle, par rapport à la synthèse linnéenne envers laquelle, comme on a vu, Diderot s'était montré ironique et hostile[2]. *Reclasser* les êtres, donc, en partant de la constatation d'un fait nouveau qui marque la caractéristique primaire du vivant, déjà reconnue à l'article « Animal » : la *transformabilité*. Cette constatation représente plutôt une ligne d'arrivée qu'une thèse de départ. C'est un résultat conséquent au redressement nécessaire de la perspective épigéniste, suite aux travaux de Spallanzani.

1. *EL*, p. 108-109 : « Des êtres ».
2. Cf. *Interprétation*, *op. cit.*, *DPV*, IX, p. 75-76.

Pour conclure : la philosophie matérialiste de la vie de Diderot, après 1765-1769, laisse tomber (ou atténue beaucoup) sa confiance dans la *thèse métaphysique* de la force expansive de la matière. Les générations spontanées jouent un rôle de plus en plus marginal dans le cadre théorique des *Éléments*. Diderot demeure néanmoins convaincu – et le tient pour un postulat incontournable – de l'existence d'un atome vivant, la *molécule organique* de Buffon, définie « toujours vivante », « éternelle », « inaltérable ». Finalement, il rediscute, d'un regard nouveau, mais encore dans la perspective épigéniste, le problème de la *génération*, à travers la lecture fréquente et intense de plusieurs auteurs, dont on trouve témoignage dans le dernier manuscrit *Vandeul*[1].

La structure du vitalisme diderotien continue ainsi de se fonder sur le postulat matérialiste de l'éternité et de l'activité de la matière, qui se confronte maintenant aux dernières découvertes de la physiologie contemporaine. Intervient encore un fait ultérieur, à donner un nouveau corps théorique à ce vieux postulat : la théorie de l'irritabilité de la fibre de Haller (« En physiologie la fibre est ce que la ligne est en mathématiques ») que Diderot lie et conjugue à l'organicisme de Th. de Bordeu, déjà présente dans *Le Rêve*. Ensuite, le vitalisme de R. Whytt arrive peut-être à attirer son attention vers tous ces phénomènes de transmission involontaire de mouvement dans les corps organiques, même ceux en formation, qu'on pouvait difficilement expliquer en termes de simple action mécanique[2]. Les voies du vitalisme de la seconde moitié du XVIIIe siècle sont ainsi finalement ouvertes.

Les formes d'activité de la matière, dans le contexte de la recherche en physiologie, trouvent ainsi, à travers les pages des *Éléments* de Diderot, une base empirique d'observation qui permet l'élaboration de nouveaux modèles du vivant, qui ne feront plus appel à l'image statique, intemporelle, de la machine pour fonctionner[3].

Paolo QUINTILI
Università di Roma « Tor Vergata »

1. Ms. n. a. fr. 24932, f. 138-139 ; Cf. *Éléments de physiologie*, éd. J. Mayer, Paris, Didier, 1964, p. 342-343.

2. *Cf.* R. Whytt, *An essay on the Vital and other Involutanry Motions of Animals*, Edinbourgh, 1763 [1751[1]] ; P.-J. Barthez, *Nouveaux éléments de la science de l'homme*, Montpellier, 1778, p. 3-15.

3. *Cf.* les intéressantes remarques de F. Duchesneau, *La physiologie des Lumières. Empirisme, modèles et théories*, Paris, Classiques Garnier, 2012 [La Haye, M. Nijhoff, 1982[1]], chap. IX, sur l'organicisme.

LA MATÉRIALITÉ DU CORPS
AMBIGUÏTÉS, DÉBATS ET CONVERGENCES
DANS L'HISTOIRE POLYPHONIQUE DU MATÉRIALISME

Comment la conception du corps influence-t-elle celle de la matière dans l'histoire du matérialisme? Ma proposition est qu'une notion de matière active s'avère intrinsèque ou au moins considérablement présente non seulement dans le nouveau matérialisme, qui en fait son cheval de bataille, mais aussi dans toute l'histoire de ce courant et que finalement, cette façon de comprendre la matière est conçue à partir du corps. La première question que l'on peut soulever est de préciser ce que l'on entend par « matière active ». Il s'agit en fait d'une question épineuse, car pour pouvoir retracer sa présence dans une histoire aussi longue et polyphonique, la définition de ce terme devra être la plus large et la plus ouverte possible. La matière active est donc définie ici comme toute conception de la matière dissidente par rapport à une structure dualiste qui, selon une analyse largement répandue dans les études féministes[1] (mais aussi ailleurs[2]), caractérise la tradition hégémonique de la pensée occidentale et qui sépare radicalement le sujet et l'objet, l'humain et le non-humain, mais aussi la matière et l'activité.

Par conséquent, la tâche consiste à lire le matérialisme comme l'un des courants qui remettent en question de l'intérieur les fondements du canon occidental. Cependant, l'histoire du matérialisme présente un tel éventail d'époques, d'approches et de thèmes qu'il semble presque impossible de

1. Voir V. Plumwood, *Feminism and the Mastery of Nature*, London, Routledge, 1993; D. Haraway, « A Cyborg Manifesto: Science, Technology, and Socialist-Feminism in the Late Twentieth Century », *Socialist Review* 80, 1985, p. 117-158. Sauf indication contraire, toutes les traductions des textes cités sont miennes.

2. Voir B. Latour, *Nous n'avons jamais été modernes*, Paris, La Découverte, 2010, p. 62.

tracer une sorte de continuité ou même de cohérence[1]. Il s'agit, comme mentionné plus haut, d'une histoire polyphonique. Certains éléments résonnent dans plusieurs matérialismes, mais il paraît difficile d'en désigner un qui soit également crucial pour tous. Néanmoins, si les matérialistes se sont définis comme tels au fil des siècles, il doit bien y avoir une raison. Ce qu'ils ont en commun, c'est que, à tort ou à raison, ils ont conçu leur méthode en opposition à une tendance que l'on pourrait définir comme *idéaliste*, quels que soient les combats spécifiques de chaque auteur. Ainsi, pour comprendre le rôle du corps dans cette histoire et la relation intime qu'il entretient avec le concept de matière, il faut d'abord voir à quel débat, à quelle tension, la réponse matérialiste se propose de réagir.

Une ambiguïté radicale caractérise la conception du corps dans le canon occidental tel qu'il est critiqué par la tradition féministe. Tout sauf absent ou effacé, le corps occupe une position cruciale mais aussi extrêmement ambivalente : il est à la fois considéré comme lieu de l'expérience subjective et réduit à un objet inerte.

D'une part, la philosophie mécaniste (et par conséquent, une partie considérable de la philosophie moderne) s'appuie sur un geste fondamental de réification du corps. Ce geste consiste à soustraire le corps à toute forme de raison et même à le présenter comme son antagoniste. Se référant à Vesalius comme à Descartes, Silvia Federici écrit par exemple :

> Dans la philosophie mécaniste, le corps est décrit par analogie avec la machine, en mettant souvent l'accent sur son inertie. Le corps est conçu comme une matière brute, complètement divorcé de toute qualité rationnelle[2].

En effet, Descartes est souvent envisagé comme la figure représentative de ce geste par la critique féministe qui cible particulièrement ce qui est connu sous le nom de *dualisme* cartésien. Ce dernier identifie l'âme comme une chose pensante (*res cogitans*) et le corps comme une chose étendue (*res extensa*) et considère l'une « entièrement et véritablement

1. G. Mensching, « Le matérialisme, une tradition discontinue », dans M. Benítez, A. McKenna, G. Paganini et J. Salem (éd.), *Materia actuosa : Antiquité, âge classique, Lumières – Mélanges en l'honneur d'Olivier Bloch*, Paris, Honoré Champion, 2000, p. 512-525.

2. S. Federici, *Caliban et la sorcière : femmes, corps et accumulation primitive*, trad. fr. J. Guazzini, Genève-Paris-Marseille, Entremonde, 2017, p. 219.

distincte » de l'autre[1]. D'autre part, le corps permet de tracer une ligne claire entre le sujet et le reste, en l'enfermant tant dans la dimension spatiale (par sa peau) que dans le temps (par sa naissance et sa mort). Il est le lieu de la subjectivité. L'aspect le plus significatif de cette ambiguïté est que cette même différence individuelle, qui trouve son expression la plus claire dans le corps, est la base du doute méthodique cartésien et de sa théorie du sujet, qui, comme je l'ai brièvement mentionné, nie toute raison à la chair, comprise ici comme la matérialité du corps.

Pour comprendre le lien intime entre la matière active et le corps, il s'agira donc d'examiner comment le matérialisme s'inscrit ou se positionne par rapport à cette ambiguïté (corps comme chose ou comme sujet), joue avec elle et, dans certains cas, la résout ou la complique. En considérant trois moments cruciaux de l'histoire du matérialisme, je cherche à confronter leurs perspectives et à signaler comment les différences dans la manière dont ils abordent la matérialité du corps se reflètent dans leur notion de matière ainsi que dans leur matérialisme. Le premier sera le matérialisme français du XVIIIe siècle, principalement celui de Julien Offray de La Mettrie. Ensuite, sera approfondi le rôle que le corps occupe dans la pensée de Karl Marx et dans la constitution de sa conception matérialiste de l'histoire. Enfin, j'essaierai de voir comment l'histoire du matérialisme croise le féminisme à l'époque contemporaine, et d'approfondir ce que l'on appelle le néo-matérialisme, en me concentrant sur la philosophe Karen Barad. Ces trois auteurs ont été choisis pour l'articulation qu'ils proposent des questions du corps, de la matière active et du matérialisme, articulations qui sont complètement différentes les unes des autres et, néanmoins, parfois convergentes. En effet, d'une part, il est possible de trouver des similitudes entre le néo-matérialisme et le matérialisme français du XVIIIe siècle, où la position non dualiste de la matérialité est clairement exprimée, et d'autre part, entre une ontologie radicalement relationnelle que l'on observe à la fois chez Barad et chez Marx. Ces convergences deviennent extrêmement significatives si l'on considère que, alors

1. Voir la *Sixième Méditation* dans Descartes, *Œuvres*, éd. C. Adam et P. Tannery rév. B. Rochot et P. Costabel, Paris, Vrin-CNRS, 1964-1974, 11 t. ici t. VII, 78 (latin) / IX, 62 (français) : « Et quoique peut-être (ou plutôt certainement, comme je le dirai tantôt) j'aie un corps auquel je suis très étroitement conjoint ; néanmoins, parce que d'un côté j'ai une claire et distincte idée de moi-même, en tant que je suis seulement une chose qui pense et non étendue, et que d'un autre j'ai une idée distincte du corps, en tant qu'il est seulement une chose étendue et qui ne pense point, il est certain que ce moi, c'est-à-dire mon âme, par laquelle je suis ce que je suis, est entièrement et véritablement distincte de mon corps, et qu'elle peut être ou exister sans lui ».

que La Mettrie est parmi les premiers sinon le premier à revendiquer le titre de matérialiste, les deux autres le revendiquent explicitement à la condition que leur matérialisme soit compris comme nouveau par rapport à ceux qui l'ont précédé. Marx se réfère en fait directement à La Mettrie lui-même[1], pour désigner (à tort, comme je le montrerai) le matérialisme du XVIIIe siècle comme mécaniste, et les néo-matérialistes s'appellent à leur tour *néo* exactement pour se distinguer du marxisme[2].

LA METTRIE
UNE MACHINE QUI SENT

Dans cette section, je voudrais soutenir que la perspective de La Mettrie saisit l'ambiguïté autour de la conception du corps décrite ci-dessus et la pousse à l'extrême. Julien Offray de La Mettrie, né à Saint-Malo en 1709, est l'un des premiers matérialistes français du siècle des Lumières, et même le premier à se qualifier ouvertement comme matérialiste. La Mettrie n'était pas seulement philosophe, mais aussi médecin et est auteur de plusieurs ouvrages, parmi lesquels *L'Homme Machine* (1748), qui l'obligent à émigrer à plusieurs reprises. Dans cet ouvrage, La Mettrie ne rejette ni l'interprétation du corps en tant que chose, ni son association avec l'individu mais, au contraire, il fait s'effondrer l'ambiguïté sur elle-même. Ce qui lui permet de le faire est précisément une notion de matière active. La Mettrie attache la différence individuelle à la corporéité. En même temps, la primauté ontologique accordée à l'humain et à la vie est intentionnellement remise en question par l'auteur.

Après Descartes, la pensée philosophique consacre beaucoup de temps à critiquer, réévaluer et problématiser le binôme cartésien âme/corps. Dans ces débats, la contribution du matérialisme français du XVIIIe siècle, en particulier celui de La Mettrie, consiste en une critique radicale du statut immatériel de l'âme. Pour les matérialistes de l'époque, l'un des enjeux fondamentaux réside dans le bouleversement de la hiérarchie entre l'immatériel et le matériel, parfois même en réduisant le premier au second. Dans ce contexte ils ne peuvent que prendre parti, soit en faveur d'une refonte de la *res cogitans* comme matérielle et incarnée, soit directement en

1. F. Engels et K. Marx, *La Sainte Famille ou Critique de la Critique critique Contre Bruno Bauer et consorts*, trad. fr. E. Cogniot, Paris, Éd. Sociales, 1972, p. 152.

2. D. Coole et S. Frost, *New Materialisms : Ontology, Agency, and Politics,* Durham-London, Duke University Press, 2010, p. 1-43.

faveur d'une corporéité qui inclut la faculté de penser et de sentir. Par conséquent, si la position cartésienne est reconnue comme l'une des expressions possibles du mécanisme, il faut en revanche faire attention à l'association souvent erronée de ce dernier avec le matérialisme : ce qui change, c'est la notion de matière qui sous-tend ces deux approches.

L'objectif principal de *L'Homme Machine* de La Mettrie est de démontrer comment le corps est capable de sentir et de penser ou, en d'autres termes, de montrer que ce que l'on appelle l'âme et le corps sont plutôt une seule et même chose et non deux entités distinctes. Il rappelle en effet que « les divers États de l'Âme sont donc toujours corrélatifs à ceux du corps »[1] et que, pour cette raison, le lien entre les deux doit être tel que l'un ne peut exister sans l'autre. Les résultats de cette compréhension sont significativement ambivalents et controversés de mon point de vue : d'une part, l'auteur endosse ce que l'on appellerait aujourd'hui un certain déterminisme biologique, qui est extrêmement problématique[2] ; d'autre part, sa théorie offre une vision dissidente de la matière qui rend son point de vue radicalement contraire à la déconnexion progressive entre l'individu et le cosmos.

Selon La Mettrie, le fait d'avoir un certain caractère, docile ou querelleur, dépend de la conformation du corps. Il affirme que « tout dépend de la manière dont notre Machine est montée »[3]. Il s'agit donc d'une conception qui trouve dans certaines caractéristiques physiques ou physionomiques les signes « matériels » qui établiraient la qualité de l'esprit. Bien qu'il accorde une place à l'éducation, l'auteur affirme qu'il peut « deviner la qualité de l'esprit, par la figure, ou la forme des traits »[4]. Ainsi, pour lui, comme pour beaucoup de ses contemporains, les sages seront des hommes avec « des physionomies fortes, des yeux d'aigle »[5]. L'aspect problématique de cette position est que l'organisation physique est présentée comme donnée, ce qui conduit nécessairement à un certain déterminisme biologique. La matérialité du corps chez La Mettrie est

1. J. O. La Mettrie, *L'Homme Machine*, dans *Œuvres philosophiques*, Berlin, Étienne de Bourdeaux, 1751, p. 22.

2. Ce jugement peut paraître anachronique. Cependant, puisque j'essaie de montrer l'intérêt pour la critique contemporaine de redécouvrir cet auteur, je ne peux m'empêcher de souligner que certains aspects de son œuvre seraient, à juste titre selon moi, sûrement contestés aujourd'hui.

3. J. O. La Mettrie, *L'Homme Machine*, *op. cit.*, p. 19.

4. *Ibid.*, p. 22.

5. *Ibid.*

considérée comme une substance donnée et, en ce sens, on peut la lire comme relevant de ce que l'on peut appeler une ontologie substantielle.

Cependant, La Mettrie tire aussi de ses observations sur la relation âme-corps des conclusions très intéressantes et originales. Tout d'abord, si l'homme est une chose capable de sentir, l'animal l'est aussi. Ce qui les sépare est tout au plus un « degré de fermentation » de la matière dont ils sont faits. La seconde conclusion est que si nos corps sont capables de réflexion et de perception, alors la matière dont ils sont constitués est également capable de ces mêmes choses. En effet, il s'interroge :

> Puisque la pensée se développe visiblement avec les organes, pourquoi la matière dont ils sont faits, ne serait-elle pas aussi susceptible de remords, quand une fois elle a acquis avec le temps la faculté de sentir[1] ?

On voit ici pourquoi il serait erroné de considérer La Mettrie comme un mécaniste. Bien qu'il affirme que le corps n'est rien d'autre qu'une machine, il s'agit d'un concept de machine assez particulier. Tout simplement parce que le concept sous-jacent de la matière est celui d'une matière active et sensible. Comme il l'affirme :

> Être Machine, sentir, penser savoir distinguer le bien du mal, comme le bleu du jaune, en un mot être né avec de l'Intelligence, un Instinct sûr de Morale, n'être qu'un Animal, sont donc des choses qui ne sont pas plus contradictoires, qu'être un Singe, ou un Perroquet, savoir se donner du plaisir[2].

La matière est donc capable de penser et de sentir, et comme l'univers est entièrement composé de la même chose, il n'y a pas de contradiction à définir le corps humain comme une machine et simultanément comme coïncidant avec l'âme.

Il ne fait donc aucun doute que la philosophie de La Mettrie repose sur une certaine version de ce que j'ai défini plus haut comme « matière active » mais la particularité de sa théorie réside dans l'insistance sur la sensibilité. En effet, lorsque l'on trouve chez La Mettrie une certaine variante de l'idée de matière active, l'activité en question a un caractère perceptif et réceptif, le mouvement en cause est aussi compris au sens affectif du terme. Toutefois, cette référence à la perception ne doit pas conduire à penser qu'il s'agit d'un type d'activité plus réduit ou passif par rapport au concept contemporain d'agentivité en tant que puissance d'agir. Au contraire, c'est un sens plus large, car s'il est possible de penser la

1. J. O. La Mettrie, *L'Homme Machine*, *op. cit.*, p. 54.
2. *Ibid.*, p. 72.

puissance d'agir sans sensibilité et cognition, la faculté de percevoir est en elle-même un mode d'action et présuppose donc une certaine capacité d'agir.

De plus, cette insistance sur la sensibilité peut, si elle est mise en relation avec les débats contemporains, générer des réflexions intéressantes sur l'agentivité. En effet, la pensée contemporaine a eu tendance à déployer beaucoup d'efforts pour expliquer comment l'action est possible même en l'absence d'intentionnalité, de perception ou de cognition[1]. Si, d'une part, ces explications ont pour but de remettre en question le caractère nécessaire du lien entre l'agentivité et l'intentionnalité, elles renforcent la compréhension de la matière comme étant nécessairement et inévitablement inconsciente. En effet, l'hypothèse selon laquelle la matière peut être considérée comme sensible est certainement une proposition aussi audacieuse aux oreilles des contemporains de La Mettrie qu'à celles de la philosophie actuelle. La science contemporaine peut certainement mesurer qu'une pierre, si l'on suit les paramètres de la sensibilité humaine, ne ressent rien. Mais cela signifie simplement qu'une pierre ne ressent pas les mêmes choses qu'un être humain. Notre compréhension de ce qu'est la sensibilité et nos mesures de la sensibilité sont nécessairement informées et construites sur la base de la sensibilité humaine. Cette limite épistémologique résulte de l'inévitable problème selon lequel « sentir » est quelque chose qui est toujours inextricablement compris par les humains à travers l'expérience humaine, à travers nos corps. Finalement, comme aucun humain n'a jamais été une pierre, l'affirmation concernant la sensibilité des pierres est difficile à soutenir, tout comme le serait l'affirmation contraire. La proposition de penser la matière comme sensible oblige à remettre en question les fondements de l'hypothèse opposée. Elles ne sont pas plus solides. Le seul indice bien fondé semble être que la seule matérialité dont les humains font l'expérience « de l'intérieur » est une matérialité sensible. Cette proposition conduit à une expérience paradoxale qui est une sorte d'inversion du doute méthodique, un doute méthodique à l'envers. Cependant, le véritable défi de cette proposition va au-delà de ces paradoxes. Le but de la lecture de La Mettrie aujourd'hui n'est pas de déterminer si les pierres sentent ou non, mais non seulement de constater que le thème de la matière active est loin d'être nouveau, mais aussi de noter comment cette tradition, en tout cas certainement minoritaire, met en lumière les non-dits inhérents au traitement

1. Voir, par exemple, B. Latour, *Reassembling the social : An introduction to actor-network-theory*, Oxford, OUP, 2007.

contemporain de ce que l'on appelle aujourd'hui l'agentivité. Pour conclure, je voudrais donc revenir à deux aspects importants pour ce qui suit. Tout d'abord, le matérialisme de La Mettrie offre des perspectives stimulantes à la discussion sur l'agentivité et représente une exception dissidente à la notion de matière comme *res extensa*. Deuxièmement, il pose un problème qui reste extrêmement actuel, notamment dans les débats portés par le féminisme contemporain : le sens de la mobilisation de la matérialité du corps.

MARX
L'HISTOIRE À PARTIR DU CORPS

À partir des années 1980, le tournant corporel qui s'est imposé dans les sciences humaines et a mis le corps au centre du discours théorique, est rapidement parvenu à « quelque chose de proche d'un consensus sur la non-pertinence du marxisme » [1] en ce qui concerne le thème du corps. L'une des raisons principales est que les marxistes, jusqu'aux années 1980, se sont rarement penchés sur la question. Néanmoins, selon Søren Mau : « [b]ien que fréquemment négligé, le corps occupe une place absolument centrale dans les écrits de Marx » [2]. Cependant, la réflexion marxienne sur le corps reste fragmentaire et ambiguë [3]. Ma proposition consiste à soutenir que le matérialisme historique [4] repose sur une ontologie anti-dualiste (principalement non explicitée), en montrant comment le corps joue une fois de plus un rôle crucial.

La tendance la plus continue dans l'approche du corps chez Marx est malheureusement, selon ma compréhension, sa plus grande limite : le corps est mobilisé la plupart du temps pour la recherche d'une spécificité humaine qui est toujours pensée comme universalité, c'est-à-dire une

1. S. Mau, « The Body », in *The SAGE Handbook of Marxism*, Los Angeles-London, SAGE, 2021, p. 1269.

2. *Ibid.*

3. Par exemple, comme le note R. Finelli, on peut distinguer au moins deux étapes différentes dans l'approche du corps chez Marx. Finelli montre comment la confusion entre ces deux interprétations a créé de nombreux malentendus, principalement en raison du fait que ce « chevauchement et cette confusion ont pris naissance dans l'esprit de Marx lui-même » (R. Finelli, *Per un nuovo materialismo : Presupposti antropologici ed etico-politici*, Torino, Rosenberg & Sellier, 2018, p. 166).

4. J'utilise ici l'expression courante chez les marxistes de « matérialisme historique », une expression qui n'a cependant jamais été utilisée en tant que telle par Marx. Il parle plutôt de « conception (ou compréhension) matérialiste de l'histoire », et c'est ce que j'entends lorsque j'utilise « matérialisme historique ».

spécificité humaine qui est nécessairement comprise dans un sens hiérarchique et anthropocentrique[1]. Cela dit, si l'insistance sur l'exceptionnalité humaine ne disparaît jamais complètement, elle s'atténue considérablement dans les derniers ouvrages. Dans les premières œuvres, l'universalité de l'homme est encore fondamentalement conçue comme procédant de la conscience de soi, un vestige de l'influence de la philosophie hégélienne sur la pensée de Marx, qui est tout sauf matérialiste. Au contraire, dans les dernières œuvres, la spécificité humaine réside dans sa relation aux outils et, selon la lecture de Mau, cette spécificité « croît directement à partir de la corporalité humaine »[2].

Malgré ces limites, si l'on cherche une conception de la matière qui dépasse le dualisme, la notion de corps chez Marx offre un terrain d'investigation fructueux. Dans *L'Idéologie Allemande*, Marx écrit :

> La condition première de toute histoire humaine est naturellement l'existence d'êtres humains vivants. Le premier état de fait à constater est donc la complexion corporelle de ces individus et les rapports qu'elle leur crée avec le reste de la nature[3].

Cette formulation est cruciale, mais elle peut dérouter le lecteur. *L'Idéologie Allemande* n'a jamais été publiée par Marx ; il s'agit plutôt d'une compilation de notes antérieures rassemblées et publiées pour la première fois en Union Soviétique. C'est pourquoi la forme n'est pas toujours idéale. Dans ce passage, l'accent ne doit pas être mis sur l'individu, comme cela peut sembler naturel à première vue. Ainsi, comme il est écrit quelques lignes plus loin : « Ce que sont les individus dépend des conditions matérielles de leur production »[4]. Ce passage se concentre plutôt sur la « complexion corporelle » ou, comme on le traduit parfois, sur l'« organisation corporelle ». Dans ces notes, Marx élabore l'une de ses premières critiques de l'idéalisme allemand et expose les prémisses à partir desquelles il entend repenser l'histoire et sa méthode. Il déclare :

> À l'encontre de la philosophie allemande qui descend du ciel sur la terre, c'est de la terre au ciel que l'on monte ici. Autrement dit, on ne part pas de ce que les hommes disent, s'imaginent, se représentent, ni non plus de ce

1. La question de l'anthropocentrisme dans le premier Marx est cependant un débat ouvert. Voir par exemple le texte de J. Butler : « The inorganic body in the early Marx : A limit-concept of anthropocentrism », *Radical Philosophy* 2, 2019, p. 3-17.

2. S. Mau, « The Body », art. cit., p. 1272.

3. F. Engels et K. Marx, *L'idéologie allemande*, trad. fr. H. Auger, G. Badia, J. Baudrillard et R. Cartelle, Paris, Éd. Sociales, 1968, p. 46.

4. *Ibid.*

> qu'ils sont dans les paroles, la pensée, l'imagination et la représentation d'autrui, pour aboutir ensuite aux hommes en chair et en os; non, on part des hommes dans leur activité réelle [1].

En bref, Marx fonde ici sa méthode, c'est-à-dire le matérialisme historique, directement sur le corps. Comme le dit Joseph Fracchia dans son livre *Bodies and Artefacts : historical materialism as corporeal semiotics*, c'est dans ces pages que l'on trouve l'expression la plus claire des profondeurs corporelles de la conception matérialiste de l'histoire de Marx. Une fois cette interprétation acceptée, plusieurs problèmes se posent. Comme l'explique Fracchia, Marx ne fait que jeter les bases d'une approche de l'histoire qui cherche à tout reconstruire à partir d'un fondement corporel. En effet, s'il s'agit d'un geste totalement dissident et radical, c'est parce que la conception de l'histoire de l'idéalisme allemand (que Marx critique ici) doit s'inscrire dans une tradition beaucoup plus longue et cohérente de la philosophie occidentale. Selon Fracchia, l'héritage de l'idéalisme allemand est une définition de l'être humain comme un être connaissant, et une compréhension de la vérité qui est complètement dissociée du corps et de ses besoins. Il en résulte une conception de l'histoire qui prend pour acquis la satisfaction des besoins corporels et le travail qui sous-tend cette satisfaction. L'héritage de la philosophie occidentale embrassée par l'idéalisme allemand est un « dégoût pour le travail manuel » et « sans surprise, un dédain pour les travailleurs manuels et les artisans » [2]. En raison de cette tradition constante, la formulation d'une alternative et la réécriture de l'histoire par le bas sont des tâches qui demandent un engagement collectif. Le matérialisme historique de Marx en jette les bases, mais le projet est certainement inachevé. Afin de « déchiffrer les mondes que les êtres humains fabriquent, les sociétés et les cultures que les humains construisent afin d'y déceler les signes de la corporéité » [3], il faut d'abord définir quelle corporéité est en jeu, c'est-à-dire quelle est la matérialité du corps mobilisée par le projet du matérialisme historique.

1. F. Engels et K. Marx, *L'idéologie allemande, op. cit.*, p. 51.
2. J. Fracchia, *Bodies and Artefacts : historical materialism as corporeal semiotics*, Leiden-Boston, Brill, 2022, t. I, p. 8.
3. *Ibid.*, p. 31.

En raison du caractère fragmentaire de la référence de Marx au corps, l'interprétation de cette question peut varier considérablement. Cependant, les pages de *L'Idéologie Allemande* citées plus haut fournissent des indications :

> force nous est de débuter par la constatation de la présupposition première de toute existence humaine, partant de toute histoire, à savoir que les hommes doivent être à même de vivre pour pouvoir « faire l'histoire ». Mais, pour vivre, il faut avant tout boire, manger, se loger, s'habiller et quelques autres choses encore. Le premier fait historique est donc la production des moyens permettant de satisfaire ces besoins, la production de la vie matérielle elle-même, et c'est même là un fait historique, une condition fondamentale de toute histoire que l'on doit, aujourd'hui encore comme il y a des milliers d'années, l'emplir jour par jour, heure par heure, simplement pour maintenir les hommes en vie [1].

La corporéité n'est pas abordée ici de manière mécaniste et n'est pas non plus envisagée en relation étroite avec l'identité et la différence individuelles. En revanche, elle est censée représenter un trait très commun de l'humanité : les besoins et nécessités corporels, c'est-à-dire la nutrition, l'hydratation, le sommeil, une certaine gamme de températures, etc. Pour Marx, repenser l'histoire de la terre au ciel, c'est partir de ces besoins et des moyens mis en œuvre à différentes époques pour y répondre, c'est-à-dire des rapports et des moyens de production : l'activité de l'histoire s'origine dans la matérialité du corps.

Mais en quoi la perspective de Marx introduit-elle une conception antidualiste de la matière ? Il est difficile de trouver chez Marx un concept explicite de matière active, surtout parce que, comme l'a soutenu Etienne Balibar[2], il est difficile de trouver un concept de matière tout court[3]. Par contre, le matérialisme historique est défini par Marx de manière assez claire (parfois même trop schématique) et sa définition – j'essaierai de l'argumenter – fournit des indications suffisantes pour comprendre quel type de matérialité est en jeu. Ce qui distingue le matérialisme de Marx des matérialismes antérieurs, c'est l'introduction de l'« histoire » en tant qu'élément pertinent du matérialisme et cet aspect modifie, à partir de Marx, la conception de ce que l'on entend par domaine matériel. Schématiquement, on pourrait dire en résumé que la conception de l'histoire comme

1. F. Engels et K. Marx, *L'Idéologie Allemande, op. cit.*, p. 57.

2. E. Balibar, *La Philosophie de Marx*, Paris, La Découverte, 1993.

3. Exception faite de l'exemple notable du travail doctoral de Marx, récemment relu par Thomas Nail, voir *Marx in motion : A new materialist Marxism*, Oxford, OUP, 2020.

quelque chose de matériel se définit par opposition à l'idéalisme dialectique de Hegel. Elle s'oppose à la compréhension du développement social en tant que phénomène spirituel, compréhension qui, chez Hegel, privilégie la dimension immatérielle ou prétendument immatérielle de l'expérience humaine et fait de la conscience le protagoniste de l'histoire. À l'inverse, la notion d'histoire en jeu dans le matérialisme historique est une notion qui

> résulte fondamentalement du lien actif que les hommes entretiennent avec la nature. Elle commence avec le premier outil qui permet la transformation du milieu « naturel » [...]. L'évolution culturelle des sociétés humaines est donc consubstantielle à son évolution technique, par conséquent au développement de ses structures économiques et sociales [1].

En d'autres termes, l'histoire est comprise comme matérielle dans le sens où les moyens matériels et les conditions de production et d'échange de biens destinés à satisfaire des besoins concrets et *corporels* informent radicalement toutes les autres sphères. Ces moyens et conditions sont donc les signes distinctifs d'une société donnée. Comme Marx lui-même l'a écrit dans la préface de la *Contribution à la Critique de l'Économie Politique* :

> dans la production sociale de leur existence, les hommes entrent en des rapports déterminés, nécessaires, indépendants de leur volonté, rapports de production qui correspondent à un degré de développement déterminé de leurs forces productives matérielles. L'ensemble de ces rapports de production constitue la structure économique de la société, la base concrète sur laquelle s'élève une superstructure juridique et politique et à laquelle correspondent des formes de conscience sociales déterminées. Le mode de production de la vie matérielle conditionne le processus de vie sociale, politique et intellectuelle en général. Ce n'est pas la conscience des hommes qui détermine leur être; c'est inversement leur être social qui détermine leur conscience [2].

La notion de matérialité dont il est question ici n'est plus celle mise en jeu par le débat sur la sensibilité, central dans le matérialisme antérieur, mais celle des rapports de (re)production et des pratiques concrètes qui constituent une société. La contrepartie de cette matérialité n'est plus l'âme immortelle, mais la sphère politique et culturelle de la société. En faisant

1. G. Bensussan et G. Labica, *Dictionnaire critique du marxisme*, Paris, P.U.F., 1982, p. 728.

2. K. Marx, *Contribution à la critique de l'économie politique*, trad. fr. M. Husson, Paris, Éd. sociales, 1972, p. 18.

ce parallèle, je voudrais mettre en exergue que, pour Marx, il ne s'agit pas de nier l'existence de cette autre dimension, mais de souligner les relations de dépendance entre elles.

L'incursion de l'histoire dans la juridiction du matérialisme et la représentation que j'ai faite des matérialismes précédents comme des débats ontologiques peuvent peut-être conduire à un malentendu, à savoir présenter le matérialisme historique comme opposé à la réflexion sur l'ontologie ou s'en désengageant. Je voudrais dissiper cette confusion en me concentrant sur deux aspects. Premièrement, si le matérialisme historique est avant tout une méthode d'interprétation de l'histoire, il s'inscrit dans une perspective ontologique qui considère que l'essence des choses se situe dans leurs relations historiques. Il s'agit en définitive d'une ontologie relationnelle qui vise à historiciser l'ontologie en ramenant la question de l'essence à celle des conditions matérielles d'existence. Deuxièmement, et par conséquent, la distinction même entre ontologie et histoire est mise en cause. Si l'on pousse à l'extrême cette lecture du matérialisme historique ou, à l'inverse, si l'on s'en tient au terme lui-même, cette méthode révèle son potentiel pour ceux qui cherchent à retracer l'émergence de la matière active dans l'histoire du matérialisme. Matière et histoire, choses et humains, sont réunis pour bouleverser la structure dualiste qui suscite les critiques féministes contemporaines. Dans une telle structure, la matière est le nom des objets en soi et ces objets n'ont pas d'histoire ni d'action. Tandis que l'histoire est l'essence de l'humanité (paradoxalement même dans les écrits de Marx) et le nom de l'activité humaine dans le temps. En bref, son sujet est l'humanité. En reliant ces deux pôles essentiels, le matérialisme historique peut être vu comme un précurseur de la critique de l'humain comme protagoniste unique de l'histoire. En d'autres termes, il est possible de retracer dans ce matérialisme, une position pionnière qui jette les bases d'un déplacement du sujet humain, d'une perturbation de son solipsisme égotique et prépare le terrain pour la prise en compte d'autres sujets.

En résumé, malgré l'absence d'une approche ontologique explicite de la matière, le matérialisme historique de Marx est sous-tendu par une critique radicale du dualisme matière/histoire, un dualisme qui découle de celui, plus fondamental, d'objet/sujet. En schématisant sa conception matérialiste de l'histoire et sa méthodologie, Marx, peut-être par inadvertance, laisse la place à d'autres sujets (non humains) pour entrer en scène et faire partie de l'histoire, en tant qu'acteurs pertinents et cruciaux. Une telle révolution épistémologique s'inspire de la tentative de repenser l'histoire par le bas, c'est-à-dire à partir des besoins corporels et de la manière dont les différentes sociétés s'organisent pour les satisfaire.

BARAD
AU-DELÀ DU BINARISME

Le dernier moment de cette réflexion portera sur ce que l'on appelle le nouveau ou néo-matérialisme. Ce courant hérite de la critique du dualisme et s'inscrit dans le matérialisme féministe contemporain, que l'on peut approximativement diviser en deux tendances : l'une à matrice marxiste et l'autre qui s'en distancie en définissant son matérialisme comme « nouveau ». Les mouvements féministes ont fait du rôle politique du corps un élément clé de leurs paradigmes et, à la différence des perspectives analysées précédemment, les matérialismes qui en découlent mettent en jeu un corps sexué, un corps dans lequel le genre et la sexualité deviennent des catégories cruciales d'analyse.

Étant donné qu'il est assez récent, le néo-matérialisme est encore un mouvement philosophique en devenir. Si ses contours sont flous, sa raison d'être est claire et explicite : il s'agit de la question de la matérialité active. C'est en effet la prise en compte explicite de cette dernière qui définit quels auteurs contemporains peuvent être rangés dans la catégorie des nouveaux matérialistes. Ces auteurs appellent donc à un retour à la matière, qui selon eux aurait été oubliée par la critique contemporaine. En ce qui concerne le corps, cette revendication se traduit par un appel à revenir à la matérialité de la chair. Elle s'accompagne souvent de la critique selon laquelle la recherche féministe aurait oublié la dimension biologique[1]. Par ailleurs, l'une des principales sources du nouveau matérialisme est la philosophie deleuzienne et sa notion de devenir, qui influence la manière dont ce courant conçoit la chair. Pour cette raison, à première vue, le nouveau matérialisme semble fournir une boîte à outils efficace pour penser le corps au-delà du binarisme. Dans son texte « Corpor(e)al Cartographies of New Materialism : Meeting the Elsewhere Halfway »[2], Monika Rogowska-

1. Selon Sara Ahmed, cette accusation néglige intentionnellement le travail des auteurs féministes qui ont abordé la biologie. Selon elle, décrire le féminisme comme fondamentalement anti-biologiste est au mieux une caricature. Voir : S. Ahmed, « Open forum imaginary prohibitions : Some preliminary remarks on the founding gestures of the "new materialism" », *European Journal of Women's Studies* 15, 2008, p. 23-39.

2. M. Rogowska-Stangret « Corpor(e)al Cartographies of New Materialism : Meeting the Elsewhere Halfway », *The Minnesota review* 88, 2018, p. 59-68.

Stangret montre comment le corps, tel qu'il est conçu par les nouvelles théories matérialistes, est un défi aux dualismes. À la suite d'Erin Manning[1], l'auteure décrit le corps du nouveau matérialisme comme individuation ou transindividuation, plutôt qu'individu, « plus assemblage que forme, plus milieu associé qu'un Être »[2]. De plus, l'auteure souligne que plusieurs insistent pour décrire le corps comme une « zone d'indécidabilité, d'indétermination, de mouvement »[3].

Si l'on suit cette description, il semble que le système du nouveau matérialisme parvient à penser au-delà du binarisme. Néanmoins, ce n'est pas aussi simple qu'il n'y paraît. Comme l'explique Gill Jagger dans un article intitulé « The New Materialism and Sexual Difference », Elizabeth Grosz et Vicky Kirby défendent toutes deux une thèse que l'on peut résumer par le slogan « la culture a toujours été la nature »[4], dans le but de dépasser le dualisme nature/culture. Comme l'écrit Jagger, « ni Kirby ni Grosz ne déconstruisent cette dichotomie. Au lieu de cela, ils finissent par capituler d'un côté »[5]. Selon Jagger, tant Kirby (plus légèrement) que Grosz succombent à une métaphysique de la substance au point que Grosz finit explicitement par ontologiser la différence sexuelle. D'un autre côté, Jagger montre que ce n'était pas un destin nécessaire du nouveau matérialisme. « Repenser l'interimplication du matériel et du discursif pour permettre à la matière de jouer un rôle plus actif ne nécessite pas d'affirmer que nous sommes simplement nos biologies »[6]. Par exemple, Myra Hird mobilise ouvertement le cadre néo-matérialiste pour traiter des corps queer et trans[7] et le paradigme de Karen Barad, que je vais aborder ci-dessous, fournit certainement des indications utiles dans la même direction.

1. E. Manning, *Always more than one : Individuation's dance*, Durham, Duke University Press, 2013, p. 30.

2. M. Rogowska-Stangret, « Corpor(e)al Cartographies … », art. cit., p. 59.

3. *Ibid.*

4. V. Kirby, « Natural convers (at) ions : Or, what if culture was really nature all along », *in* S. Alaimo, S. Hekman (ed.), *Material feminisms*, Bloomington, Indiana University Press, 2008, p. 214-236.

5. G. Jagger « The New Materialism and Sexual Difference », *Journal of Women in Culture and Society* 40, 2015, p. 336.

6. *Ibid.*, p. 339.

7. M. J. Hird, « Feminist matters : New materialist considerations of sexual difference », *Feminist Theory* 5, 2004, p. 223-232.

La perspective de Karen Barad est à mon avis extrêmement pertinente, non seulement parce qu'elle fournit une nouvelle approche matérialiste cohérente [1] du corps sexué, mais aussi parce qu'elle clarifie la manière dont un point de vue qui entend privilégier la matérialité et l'agentivité de la matière peut coexister avec une ontologie relationnelle ou processuelle [2]. Dans l'article « Posthumanist Performativity : Toward an Understanding of How Matter Comes to Matter », Barad souligne que

> la séparation entre l'épistémologie et l'ontologie est le reflet d'une métaphysique qui suppose une différence inhérente entre l'humain et le non-humain, le sujet et l'objet, l'esprit et le corps, la matière et le discours [3].

Par la suite, elle indique que sa méthode est l'étude de l'onto-épistémologie. Dans son ouvrage ultérieur *Meeting the Universe Halfway*, elle ajoute l'éthique à l'équation, proposant de la considérer comme l'étude de l'éthico-onto-épistémologie [4]. De son point de vue, la division entre ontologie et épistémologie réitère l'idée que, d'une part, il y a les « choses » en tant qu'entités ontologiques individuellement déterminées et, d'autre part, les pratiques, les instruments, les cadres par lesquels nous connaissons ces choses. Inversement, la crase entre les deux est censée mettre en lumière les pratiques d'individuation et de création de frontières entre les choses et ce qu'elle appelle les *intra-actions* matérielles-discursives. En introduisant le terme d'intra-action, Barad tente de retravailler la notion de causalité et, en général, conçoit les *relata* comme postérieures aux relations. Les intra-actions sont, par opposition à l'interaction, des relations sans relata préexistants ou, autrement dit, la co-constitution des composants (d'une certaine relation) en tant que tels, la co-émergence des entités (d'une certaine relation) en tant que distinctes et déterminées. Elle déclare que

> une intra-action spécifique (impliquant une configuration matérielle spécifique de l'« appareil d'observation ») met en œuvre une coupure agentielle

1. Une approche qui décrit le corps comme une zone d'indécidabilité et qui, en même temps ontologise la différence sexuelle est, semble-t-il, au mieux incohérente.

2. Comme j'ai essayé de le montrer précédemment, cette coexistence se retrouve également dans la philosophie de Marx. Cependant, Marx n'offre pas un compte rendu explicite de la matière, laissant au lecteur la tâche difficile de l'interpréter.

3. K. Barad, « Posthumanist Performativity : Toward an Understanding of How Matter Comes to Matter », *Signs : Journal of women in culture and society* 28, 2003, p. 829.

4. K. Barad, *Meeting the universe halfway : Quantum physics and the entanglement of matter and meaning*, Durham, Duke university Press, 2007.

(par opposition à la coupure cartésienne – une distinction inhérente – entre le sujet et l'objet) effectuant une séparation entre le « sujet » et l'« objet »[1].

En d'autres termes, Barad tente de désontologiser la paire sujet/objet, en soutenant que les éléments d'un phénomène émergent à travers lui. Pour elle, être un objet, ou un sujet, ou tout autre type d'élément dans une relation, n'est pas un fait donné, mais consiste plutôt à jouer un certain rôle, rendu possible par une configuration matérielle spécifique. Décomposer la continuité d'un phénomène en éléments (qu'il s'agisse de sujets, d'objets, de concepts, etc.), ce n'est pas reconnaître des entités préexistantes, mais opérer une coupure, permise par un dispositif d'observation spécifique. Pour développer ce point, Barad mobilise les travaux de Niels Bohr en physique quantique. Comme elle l'écrit :

> Selon Bohr, les *concepts théoriques* ne sont pas de nature idéelle, mais sont plutôt des arrangements physiques spécifiques. Par exemple, la notion de « position » ne peut être présumée être un concept abstrait bien défini, ni être présumée être un attribut inhérent à des objets existant indépendamment. Au contraire, la « position » n'a de sens que lorsqu'un appareil rigide avec des parties fixes est utilisé. En outre, toute mesure de la « position » à l'aide de cet appareil ne peut être attribuée à un « objet » abstrait existant de manière indépendante, mais constitue plutôt une propriété du phénomène – l'inséparabilité de « l'objet observé » et des « puissances d'observation »[2].

Si les objets observés et les puissances d'observation (*agencies of observation*) sont inséparables, la division entre épistémologie et ontologie doit être mise en cause. De plus, cette description met en lumière le rôle crucial joué par les arrangements physiques spécifiques, les appareils et les puissances d'observation. Un certain dispositif – en termes plus classiques : une composition de sujets, d'instruments, de pratiques et de langages spécifiques – permet une certaine gamme de représentations, en en excluant certaines autres. Chaque coupure coupe une certaine interprétation, une certaine narration, un certain aspect du phénomène. Chaque coupure est partiellement arbitraire et entièrement dépendante de l'appareil particulier à travers lequel elle prend forme. Cette compréhension laisse une place importante à l'indétermination. Comme le dit Jagger :

> Cette métaphysique performative est basée sur l'idée que l'ontologie est fondamentalement indéterminée mais localement décidable via les

1. K. Barad, « Posthumanist Performativity... », art. cit., p. 815.
2. *Ibid.*, p. 814.

> pratiques de création de frontières inhérentes à la relation matérielle-discursive[1].

Jagger affirme que la différence entre l'indétermination et l'indécidabilité est cruciale ici. Cet aspect est évident dans l'utilisation par Barad de l'exemple du paradoxe onde/particule à l'origine du principe d'incertitude d'Heisenberg. Malgré une indétermination ontologique inhérente, la décidabilité est mise en œuvre dans les phénomènes (ce qui inclut les instruments et les techniques utilisés). En conclusion, pour Barad, le statut ontologique d'une « chose » est indéterminé mais localement décidable. La matière est intrinsèquement performative ou, pour reprendre les termes de l'auteure, « la matière est toujours déjà une historicité en cours »[2].

Le matérialisme performatif de Barad ne se contente donc pas d'affirmer que tous les objets agissent les uns sur les autres et que pour cette raison la matière est active, mais approfondit ce mouvement de la matière en y ajoutant une dimension cruciale : le mouvement d'individuation et l'action de changement ou de conservation que sous-tend l'existence de chaque élément individué. Comme Barad le souligne, les éléments de toute action et de toute relation ne *sont* pas, mais *viennent à l'être*, et persistent si les conditions et les intra-actions à travers lesquelles ils émergent perdurent. Ce point de vue, qui considère la matière comme une historicité en cours, résonne fortement avec l'ontologie qui sous-tend le matérialisme historique, mais chez Marx et dans le marxisme en général, cette dimension ontologique reste implicite.

Maintenant que certains détails de l'analyse de Barad ont été clarifiés, je voudrais revenir sur la question de la différence sexuelle et montrer comment elle met en lumière cet aspect de la matière active qui n'existe pas chez La Mettrie et qui est au mieux esquissé chez Marx. Si le paradigme de Barad vise à dés-ontologiser le dualisme bien plus radical objet-sujet, il ne pose aussi aucun obstacle à la tentative de désontologisation de la différence sexuelle et, au contraire, peut être utilisé de manière fructueuse pour la soutenir. Comme le note Jagger, dans la conception de Barad, la différence sexuelle serait considérée comme le résultat de certaines pratiques de délimitation plutôt que comme un fait « naturel » immuable. Aller au-delà du binarisme serait possible mais nécessiterait de « (reconfigurer l'appareil matériel-discursif de la production corporelle) à travers lequel des phénomènes tels que les corps sexués sont constitués »[3]. Cette tâche n'est

1. G. Jagger « The New Materialism and Sexual Difference », art. cit., p. 328.
2. K. Barad, « Posthumanist… », art. cit., p. 821.
3. G. Jagger « The New Materialism and Sexual Difference », art. cit., p. 337.

certainement pas facile et implique tout d'abord d'identifier et de retravailler toutes les pratiques (sociales, scientifiques, discursives, matérielles) qui garantissent l'exclusion constante des corps trans et queer. Finalement, cette discussion permet de clarifier un malentendu crucial concernant le concept de performativité. Un certain assemblage ou une certaine configuration sont des processus qui se cristallisent dans le temps, et les qualifier de performatifs ne consiste pas à imaginer que ce sont des fictions qui peuvent être démontées d'un jour à l'autre. Le binarisme de genre qui structure la société patriarcale et la division du travail qui la caractérise est solide et stable. Le définir comme performatif sert plutôt à détecter sa possible mutabilité et à souligner comment cette solidité implique une activité constante de réitération.

J'ai abordé trois moments théoriquement et historiquement distincts du paradigme matérialiste en montrant comment, loin d'être nouvelle, la question de la matière active et son lien étroit avec la question du corps, le traverse de manière polyphonique. En effet la matérialité du corps joue dans les trois cas un rôle fondamental dans la définition du type d'action, de matière et de matérialisme en question. Chez La Mettrie, le corps en tant que chose et en tant que signe de l'individu s'effondrent, pour générer une ontologie qui, de la sensibilité de la chair, dérive la sensibilité de toute matière. En outre, les corps, les animaux et les choses sont considérés comme des éléments définis et définitifs. D'une part, l'accent mis sur la sensibilité rend le sens de l'activité riche et complexe, mais d'autre part, cette activité est pensée comme possible exclusivement entre des éléments définis : en bref, la matière est sensible mais stable. Chez Marx, ni la matière ni le corps ne sont abordés de manière directe et univoque. En même temps le matérialisme historique se développe à partir d'une considération profonde des besoins corporels humains et se fonde sur une ontologie implicite qui rejette la distinction histoire/matière et par conséquent celle de l'activité/matière et de l'objet/sujet. Chez Barad, cette ontologie est explicitée et examinée en détail, et le corps sert de terrain d'essai pour comprendre comment elle ne doit pas nécessairement coïncider, comme c'est le cas chez d'autres auteurs néo-matérialistes, avec des perspectives qui, pour dépasser le dualisme opèrent une réduction de la nature et de la culture qui n'est pas très éloignée du déterminisme biologique de La Mettrie.

La matérialité du corps prend des significations multiples, souvent contradictoires, et semble finir par devenir un signifiant vide mobilisé par chacun en fonction de ses propres intérêts. Il devient le signe matériel de la différence individuelle, ou de la différence sexuelle, le centre de besoins concrets et quotidiens qui sont une prémisse essentielle de l'histoire, un terrain d'essai pour savoir jusqu'à quel point on est prêt à accorder une dimension active à la matière.

Mais une constante demeure, au moins au sein de la tradition matérialiste : l'ouverture du corps à ces ambiguïtés est génératrice de débats sur l'inertie supposée de la matière. En définitive, le corps est un objet troublant qui résiste au dualisme matière/activité, dont la matérialité remet en cause la *res extensa* cartésienne[1] et conduit à penser autrement le rapport entre activité, agentivité et matière.

Marina SPORTELLI
Université de Coimbra / Université Toulouse – Jean Jaurès

1. Du moins la *res extensa* telle qu'elle est comprise par la critique féministe mentionnée *supa*.

DIALECTIQUE DE LA MATIÈRE PENSANTE DANS LA « COSMOLOGIE DE L'ESPRIT » D'EVALD ILYENKOV

Dans le corpus hétérogène du nouveau matérialisme, qui compte des lectures novatrices de philosophes comme Deleuze, Spinoza, Ruyer, Nietzsche et bien d'autres, l'absence de dialogue avec le marxisme a intrigué un certain nombre de chercheurs[1]. En effet, alors que Marx est largement crédité d'avoir repensé le matérialisme en termes politiques, ni lui ni les auteurs marxistes ne peuvent être rencontrés comme interlocuteurs de choix (à quelques exceptions notables près[2]) dans la littérature néo-matérialiste[3].

Nous proposons d'étudier les raisons pour lesquelles le marxisme a été mis à l'écart dans ce que l'on appelle le tournant matériel. Nous le faisons en particulier en revenant à un texte de jeunesse du penseur soviétique d'après-guerre Evald Ilyenkov, en tentant une lecture écologique de sa philosophie dialectique qui entremêle la matière et l'activité. En définissant la matière comme pensante et en identifiant la pensée à l'activité, Ilyenkov développe l'idée d'une matière active qui peut fournir un terrain

1. À ce sujet, voir S. Choat, « Science, agency, and ontology : a historical-materialist response to new materialism », *Political Studies* 66, 2018, p. 1027-1042 ; B. Noys, « Matter against materialism : Bruno Latour's Turn to Objects », in M. Middeke et C. Reinfandt (eds), *Theory Matters : The Place of Theory in Literary and Cultural Studies Today*, London, Palgrave Macmillan, 2016, p. 81-94 ; C. Moir et C. T. Wolfe, « On the Onto-political Foundations of New Materialism : From Feminist Science Studies to Metaphysics » ; trad. it. G. Ienna et F. D'Abramo (dir.), *Expertise ed epistemologia politica*, Meltemi Editore, 2022, p. 267-299.

2. T. Nail, *Marx in Motion : A New Materialist Marxism*, Oxford, OUP, 2020 ; J. W. Moore, *Le capitalisme dans la toile de la vie : écologie et accumulation du capital*, trad. fr. R. Ferro, Toulouse, Les Éditions de l'Asymétrie, 2020.

3. Nous utilisons les termes « nouveau matérialisme » et « néo-matérialisme » de façon interchangeable.

commun pour mettre en dialogue le nouveau matérialisme et la théorie marxiste.

La volonté de refuser l'activité à la matière est comprise par les nouveaux matérialistes comme le résultat direct de la séparation de la nature et de l'histoire. Dans une telle ontologie, l'activité est attribuée au dynamisme humain et historique, tandis que la nature est considérée comme un ensemble de matières inertes qui peuvent être façonnées selon les modèles humains. Ainsi, la question de l'activité de la matière apparaît étroitement liée au problème de ce dualisme ontologique. Dans ce qui suit, nous tenterons d'aborder la matière active à travers un aperçu du dualisme histoire/nature dans la pensée marxiste.

La première partie est consacrée à un bref aperçu des moments clés du rejet du marxisme dans la pensée écologique occidentale. Pour ce faire, nous évoquerons à la fois les lectures critiques de Marx dans différents domaines axés sur l'écologie, ainsi que les lacunes de la théorie marxiste par rapport aux sciences de la nature. Nous soulignons que si le marxisme occidental rejetait l'idée d'une philosophie de la nature, le marxisme soviétique a intégré une telle philosophie dans sa propre définition et a ainsi gardé le concept de matière au cœur de ses discussions. La deuxième partie esquisse l'histoire environnementale soviétique dont les ruptures et les continuités ont constitué l'arrière-plan politique de l'intervention d'Ilyenkov. Enfin, nous lisons le texte d'Ilyenkov en nous concentrant sur son interprétation originale de Spinoza et Marx. La substance de Spinoza, dans l'optique cosmologique d'Ilyenkov, dissout le dualisme métaphysique de l'histoire et de la nature, ou d'un sujet autonome et d'un objet passif, en concevant l'humain non pas comme un empire dans un empire, mais comme inhérent à la matière et dans une relation pratique-éthique mutuellement constitutive avec elle. À partir de cette combinaison, nous extrapolons une notion onto-épistémologique de la matière active qui pourrait servir de point d'entrée pour un échange entre la théorie marxiste et les tournants matériels contemporains.

ACTIVITÉ MATÉRIELLE OU MATÉRIALITÉ ACTIVE ?

La conjoncture géo-sociale actuelle, désignée par le terme « Anthropocène », s'accompagne de tournants ontologiques dans diverses disciplines et à leurs intersections. De la philosophie des nouveaux matérialismes aux études interdisciplinaires de l'épistémologie politique[1], l'ontologie, en tant qu'orientation théorique visant à comprendre la constitution et la transformation du monde, fait son retour après sa marginalisation par la révolution copernicienne de Kant. Les raisons de ces retours à l'ontologie sont, entre autres, d'ordre écologique : s'il a été possible de subordonner la nature aux fins de l'accumulation du capital, c'est parce que la nature a été traitée comme une masse de matière inerte et morte, ne constituant qu'un arrière-plan passif de l'histoire héroïque du progrès de l'humanité[2]. L'activité matérielle de l'homme (désormais force géologique), qui modifie la nature en fonction de ses besoins, a effacé la matérialité active de la nature non humaine. La tâche de repenser la séparation moderne entre la nature et l'histoire, à l'origine de cette vision anthropocentrique[3], devient urgente.

Contre cette valorisation de l'humain aux dépens de la nature, les auteurs que l'on peut réunir sous l'étiquette du posthumanisme (R. Braidotti, J. Bennet, B. Latour, D. Haraway et d'autres) s'efforcent d'étendre le politique au-delà de l'anthropologique, en appelant à une compréhension de la matière comme active. Cette notion active de la matière vise à décentrer la distribution classique de l'agentivité où le naturel se réduit à une surface passive prête à recevoir les empreintes de la signification culturelle[4]. Au contraire, ce qui jusqu'à présent a été

1. Voir P. D. Omodeo, « Geopraxis : A Concept for the Anthropocene », *Journal of Interdisciplinary History of ideas* 22, 2022, p. 24 : « L'Anthropocène et la question écologique en général exigent que l'épistémologie politique ne s'épuise pas au niveau de la conscience, des valeurs, des visions du monde et de la théorie. Il faut au contraire renforcer son ancrage dans l'ontologie à tous les niveaux de la compréhension de la science, en ce qui concerne son origine, sa validité et surtout ses objectifs » (notre traduction).

2. D. Chakrabarty, *The Climate of History in a Planetary Age*, Chicago, University of Chicago Press, 2021, p. 7.

3. F. Fischbach, *La production des hommes : Marx avec Spinoza*, Paris, Vrin, 2014, p. 55.

4. K. Barad, *Meeting the Universe Halfway*, Durham-London, Duke University Press, 2007, p. 150.

considéré comme déterminé et mort[1] se révèle déterminant, enchevêtré avec le vivant, formant des hybrides qui échappent au geste « purificateur »[2] de la critique moderne.

Dans les nombreux rejets du marxisme au sein de la pensée écologique, de l'écologie profonde aux critiques plus nuancées d'Anthony Giddens[3] ou de John P. Clark[4], les deux principales catégories récurrentes sont le productivisme et le prométhéisme. La première se réfère à la primauté de la croissance économique et la seconde à son ontologie où la nature sert d'instrument à la réalisation d'objectifs humains[5]. Ces deux catégories sont considérées comme ayant caractérisé à la fois l'œuvre de Marx et ses interprétations et applications ultérieures. Le récit peut être reconstruit comme suit. En tant qu'hégélien, Marx est devenu partisan d'une humanisation totale de la nature[6], qui serait pratiquement mise en place par une industrialisation accélérée. Dans cette lecture, l'idée marxiste d'émancipation humaine se transforme en son contraire. Si l'émancipation chez le premier Marx était comprise comme une redécouverte de la continuité entre l'homme et la nature à travers le dépassement de l'aliénation, ici l'émancipation est pensée comme désignant la libération de l'homme par la soumission de la nature, transformant cette dernière en une sphère de détermination fataliste, de quantités mesurables de matières mortes. C'est donc le culturel, selon ces lectures, qui représente le domaine de la liberté.

Dans son livre *La production des hommes*, Franck Fischbach identifie[7] l'un des premiers cas où la séparation moderne entre nature et histoire est attribuée à Marx. C'est le phénoménologue allemand Karl Löwith qui cite la célèbre phrase des *Manuscrits de 1844* : « L'histoire est la véritable

1. Voir K. Barad, *Meeting the Universe Halfway, op. cit.*, p. 419 : « The inanimate-animate distinction is perhaps one of the most persistent dualisms in Western philosophy and its critiques; even some of the most hard-hitting critiques of the nature-culture dichotomy leave the animate-inanimate distinction in place. It takes a radical rethinking of agency to appreciate how lively even "dead matter" can be ».

2. B. Latour, *Nous n'avons jamais été modernes*, Paris, La Découverte, 2006, p. 29.

3. A. Giddens, *A Contemporary Critique of Historical Materialism*, t. I : *Power, Property and the State,* Berkeley, University of California Press, 1981.

4. J. P. Clark, « Marx's inorganic body », *Environmental Ethics* 11, 1989, p. 243-258.

5. T. Haug, *La rupture écologique dans l'œuvre de Marx : Analyse d'une métamorphose inachevée du paradigme de la production*, thèse de doctorat sous la direction de Franck Fischbach, Université de Strasbourg, 2022, p. 19.

6. D. Swain et M. Woźniak, « Ecosocialism in the Post-Communist landscape », *Contradictions : A Journal of Critical Thought* 6, 2022, p. 5.

7. F. Fischbach, *La production des hommes…*, Paris, Vrin, 2014, p. 55.

histoire naturelle de l'homme »[1]. Löwith soutient qu'ici Marx opère une séparation stricte entre l'historique et le naturel, où le concept de travail sert à distinguer les humains de leur environnement, ce qui entraîne une absolutisation de l'histoire, d'une part, et une relégation de la nature comme arrière-plan statique, de l'autre. Dans sa réfutation de la lecture de Löwith, Fischbach propose une interprétation spinoziste des *Manuscrits*, identifiant chez Marx une critique philosophique et politique, plutôt qu'un soutien, du clivage nature/histoire[2].

Si les accusations portées à l'encontre de Marx au sujet du dualisme ont été réfutées à de multiples reprises[3], celles portées contre les marxismes du XXe siècle apparaissent plus convaincantes. Du geste fondateur du Lukács d'*Histoire et conscience de classe* ou du Korsch de *Marxisme et philosophie*, aux vicissitudes de l'école de Francfort et du marxisme phénoménologique, on observe en effet une hypostase de l'histoire par rapport à la nature. Dans leur discussion sur la relation entre le nouveau matérialisme et la théorie critique, Hartmut Rosa *et alii* évoquent l'histoire des formes naturalisées de domination telles que le racisme, le patriarcat ou le darwinisme social, et expliquent les motivations de la position anti-naturaliste du projet critique :

> Dans ces conditions, la pensée progressiste a souvent supposé que pour faire place à la liberté et à l'émancipation, le domaine de la nature devait être limité. Si, dans la pratique, cela a conduit à sa domination par la technologie fondée sur la science et à l'exploitation et l'expropriation des « ressources » naturelles [...] en théorie, cela signifiait qu'il fallait dénaturaliser les forces motrices de ces processus, c'est-à-dire les démystifier et découvrir leur véritable « nature » – qui n'était plus naturelle[4].

Si la réaction aux formes naturalisées de domination peut expliquer l'anti-naturalisme – et par extension, une indifférence à l'égard du concept

1. K. Marx, *Manuscrits économico-philosophiques de 1844*, trad. fr. F. Fischbach, Paris, Vrin, 2007, p. 167.

2. F. Fischbach, *La production des hommes...*, *op. cit.*, p. 56 : « la conception matérialiste de l'histoire suppose chez Marx, pour être bien comprise, non pas la reprise, comme le pense Löwith, de la coupure entre nature et histoire, mais *au contraire* une critique radicale de cette séparation que Marx considère comme typique de l'idéalisme philosophique – une critique dont la force réside, selon nous, dans le fait qu'en mettant au jour l'origine et les causes de la séparation *idéaliste* de la nature et de l'histoire, elle met également au jour le caractère *idéologique* de cette même séparation ».

3. Voir, par exemple, A. Malm, « Nature et société : un ancien dualisme pour une situation nouvelle », *Actuel Marx* 61, 2017, p. 47-63.

4. H. Rosa, C. Henning, A. Bueno, « Critical Theory and New Materialisms – fit, strain or contradiction ? », *in* H. Rosa, C. Henning et A. Bueno (dir.), *Critical Theory and New Materialisms*, New York-Oxon, Routledge, 2021, p. 4 (notre traduction).

ontologique de matière – de certains courants (post-) marxistes du XXe siècle, elle ne peut s'appliquer aux études et expériences de ceux qui n'ont pas partagé une telle position. Nous voulons soutenir que la séparation entre le naturel et l'historique par rapport à Marx et à la pensée marxiste ultérieure peut être lue comme l'expression récurrente d'un schisme politique entre le naturalisme mécaniste du marxisme soviétique et l'historicisme anti-engelsien du marxisme occidental. La scission politique entre les marxismes soviétique et occidental s'accompagne d'une différenciation épistémologique entre une philosophie de la nature à l'Est et une théorie sociale à l'Ouest. Les marxistes occidentaux ont tenté de se distinguer de leurs homologues soviétiques en adoptant un constructivisme fort contre le positivisme officiel propagé par le parti communiste à Moscou. Comme l'affirme l'étude classique de Perry Anderson, le marxisme occidental était caractérisé par un fort méthodologisme[1]. Le marxisme soviétique, quant à lui, est souvent décrit par le terme ontologisme[2].

Il est communément admis qu'en rejetant la *Naturdialektik* d'Engels[3], le marxisme occidental a abandonné les discussions purement ontologiques sur le concept de matière et a ainsi évité de tomber dans l'orthodoxie rigide caractéristique de la philosophie soviétique. Mais selon J. B. Foster, ce geste fondateur a empêché le marxisme occidental de développer une approche systématique par rapport aux sciences de la nature[4] et par conséquent, pourrions-nous ajouter, a écarté toute discussion sur l'activité de la matière. Alors que de plus en plus de socialistes abandonnent le techno-optimisme et adoptent une certaine forme de pensée environnementale, la hiérarchisation des luttes économiques et écologiques persiste. Kohei Saito donne l'exemple du célèbre géographe marxiste David Harvey, qui jugeait le discours sur la crise écologique comme apocalyptique et s'y opposait de manière constructiviste en soutenant que les limites naturelles ne sont que des constructions, puisque le capital a le pouvoir de transformer toute limite naturelle apparente en une simple barrière qu'il dépasse[5]. Ainsi, la critique de la supposée surestimation des

1. P. Anderson, *Considerations on Western Marxism*, London, Verso, 1989, p. 53.

2. V. Oittinen, « Ontologism in Soviet Philosophy : Some Remarks », *Studies in East European Thought* 73, 2021, p. 205-217.

3. K. Saito, « La théorie du métabolisme chez Marx à l'ère de la crise écologique mondiale », *Tracés. Revue de Sciences humaines* 40, 2021, p. 161-182.

4. J. B. Foster, *The return of Nature : Socialism and Ecology*, New York, Monthly Review Press, 2020, p. 41.

5. K. Saito, *Marx in the Anthropocene : Towards the Idea of Degrowth Communism*, Cambridge, CUP, 2022, p. 110-111.

limites naturelles se traduit par une sous-estimation politique de leur force déterminante. Cette posture constructiviste est-elle inhérente au marxisme ? Ou peut-on trouver une approche alternative dans cette tradition ? Un bref retour sur l'histoire environnementale soviétique peut nous aider à répondre à cette question, ainsi qu'à contester la portée eurocentrique du débat sur le marxisme vert, qui, comme cela a été noté à juste titre [1], a besoin d'être décolonisé.

L'ACTIVITÉ DE L'ENVIRONNEMENT DANS L'ÉCOLOGIE SOVIÉTIQUE

L'histoire environnementale soviétique est principalement considérée soit dans ses premières formes de théories écologiques révolutionnaires, soit dans sa période stalinienne de politiques écocidaires. Pourtant, c'est dans l'écologie soviétique tardive (1950 – 1991), largement sous-étudiée, que l'on peut identifier des changements dans la compréhension de la matière. Comme on l'a remarqué :

> Dans l'ère post-stalinienne, lorsque les sciences naturelles ont tenté d'assurer leur indépendance relative par rapport aux dictats idéologiques, la nature – leur objet principal – a également gagné une certaine « autonomie » [2].

Cela a également renouvelé la question de l'activité de la matière. Le président de la société des naturalistes de Moscou, Vladimir Sukachev, popularisa son concept de biogéocénose, une notion alternative à celle d'écosystème qui reposait sur le matérialisme dialectique et visait à rendre compte de l'interaction dynamique continue des êtres vivants avec leur milieu, ainsi que de l'activité de l'environnement matériel lui-même. J. B. Foster propose une reconstruction importante de cet héritage, dont nous reprendrons ici certains éléments.

Les premiers temps de l'écologie soviétique sont caractérisés par des politiques de conservation radicales et la création de différentes organisations d'État pour les études environnementales. À partir de 1924, avec le soutien de Lénine, l'Union soviétique a commencé à créer de multiples réserves écologiques, des territoires protégés qui étaient utilisés pour la

1. Y. Yurchenko, « Humans, nature and dialectical materialism », *Capital & Class* 45, 2021, p. 3.

2. И. Кобылин, « "Мыследеятельностная" гувернаментальность : история и классовое сознание управленца », *Неприкосновенный запас* 1, 2021, p. 186.

recherche scientifique. Il s'agit d'une expérience politique et d'un corpus théorique que l'on ne peut écarter en se contentant d'évoquer la politique productiviste et prométhéenne du stalinisme, qui a complètement inversé l'expérience révolutionnaire initiale et soumis l'environnement aux objectifs d'industrialisation des plans quinquennaux.

Après l'arrivée au pouvoir de Staline, les chercheurs en biologie, chimie et géologie ont été emprisonnés ou exécutés et l'écologie soviétique a commencé à être dominée par le productivisme industriel. Les réserves naturelles créées au début de la période furent transformées pour la recherche sur « l'acclimatation », ce qui impliquait le retrait des animaux et des plantes de leur milieux d'origine et leur déplacement vers de nouveaux lieux dans le but de transformer la nature ou plutôt de *produire de la nature* au sens littéral du terme. Cependant, dans leur volonté de subordonner la nature à la planification, les fonctionnaires soviétiques ont été obligés de faire face à *l'activité de la matière*[1].

Ainsi, sous le régime de Staline, la nature devenait, d'une part, un site de ressources à exploiter et, d'autre part, une contrainte pour le développement de l'humanité qui devait être surmontée et subjuguée avec le progrès technologique. La remarque de Kazimir Malevitch, selon laquelle le matérialisme soviétique n'était pas vraiment matérialiste puisqu'il poursuivait l'idée religieuse traditionnelle de domination de la nature prend toute sa force dans le contexte du stalinisme[2].

Après la mort de Staline et l'affaiblissement de l'emprise de Lyssenko sur la biologie et l'agriculture, la voie a été ouverte pour l'écologie soviétique tardive qui est marquée par ce que Foster appelle une « écologie globale dialectique »[3] ou bien ce que Martin Babička nomme le « techno-

1. А. Голубев, *Вещная жизнь* : *Материальность позднего социализма*, Москва, НЛО, 2022, p. 17 (notre traduction) : « Les fonctionnaires soviétiques – comme les personnes que j'ai interrogées – ont passé beaucoup de temps à essayer de faire face aux surprises, aux difficultés et aux obstacles posés par la résistance obstinée des infrastructures, des équipements et des phénomènes naturels à la planification de l'État soviétique… Les auteurs des documents officiels soviétiques, dans ces cas et dans bien d'autres, ont pratiquement animé les choses, dépeignant les objets et les espaces matériels non pas simplement comme des décors ou des outils que les gens utilisent à leur guise, mais comme des collaborateurs – qui aident parfois, mais qui résistent souvent – des processus sociaux et économiques ».

2. К. Малевич, « Бог не скинут. Искусство, церковь, фабрика », in *id.*, А. С. Шатских et А.Д. Сарабянов (eds), *Собрание сочинений, том 1. Статьи, манифесты и другие работы 1913-1929*, Москва, Гилея, 1995, p. 236-265.

3. J. B. Foster, « Late Soviet Ecology and the Planetary Crisis », *Monthly Review* 67, 2015, en ligne : https://monthlyreview.org/2015/06/01/late-soviet-ecology-and-the-planetary-crisis/, consulté le 3 février 2024.

optimisme écologique »[1] qui combinait une croyance dans le progrès technologique avec une vision romantique de la nature et une conscience aiguë des limites de l'environnement. Ce changement a ravivé le mouvement de conservation soviétique. Des réserves naturelles ont été rétablies, des brigades de conservation étudiantes ont été créées, la société russe de conservation qui avait été créée en 1924 et qui a souffert pendant le règne de Staline a vu le nombre de ses membres augmenter de manière drastique. En 1971, alors que les questions d'écologie étaient encore essentiellement secondaires dans le marxisme occidental, à Leningrad, la toute première conférence au monde au sujet de l'effet de l'homme sur le changement climatique a été organisée[2]. La plupart de ces mouvements écologiques tardifs étaient nés dans la communauté scientifique et s'accompagnaient donc de recherches novatrices qui mettaient en œuvre une conception dialectique de l'interaction des organismes vivants avec l'environnement qui devait être la base d'une politique écologique de régulation de la rupture métabolique.

Cette réémergence de l'écologie dans l'ère post-Khrouchtchev a été caractérisée par la mobilisation simultanée des sciences naturelles et des sciences humaines. Des ouvrages tardifs comme *La philosophie et les problèmes écologiques de la civilisation* (1983) d'Arcady Ursul[3] se sont inspirés des premiers théoriciens de l'écologie soviétique, comme Vladimir Vernadsky, pour défendre l'extension du problème écologique aux dimensions cosmologiques et la prise en compte de l'impact anthropique sur l'environnement. La philosophie soviétique tardive a convergé avec les sciences de la nature pour établir des programmes d'écologie de la réhabilitation.

C'est à l'aube de cette troisième vague, au début des années 1950, qu'Evald Ilyenkov (1924 – 1979) entre sur la scène philosophique soviétique. Bien que le cas d'Ilyenkov ne permette pas de faire des généralisations sur la pensée soviétique, sa position particulière d'opposant à la fois à l'orthodoxie stalinienne et au marxisme occidental offre une perspective qui dépasse les divisions établies. Nous nous concentrerons sur l'un des premiers essais d'Ilyenkov, intitulé *Cosmologie de l'esprit*, avec

1. M. Babička, « A "Right to Sadness" late Socialist Environmentalism between Technocracy and Romanticism and the Czech Nature Writer Jaromír Tomeček », *Contradictions : A Journal of Critical Thought*, 2022/2, p. 68.

2. O. Анисимов, « Климат – это не всегда константа. К 100-летию со дня рождения академика РАН М.И. Будыко », *Вестник Российской Академии Наук* 90, 2020, p. 71-81.

3. A. D. Ursul (ed.), *Philosophy and the Ecological Problems of Civilisation*, Moscow, Progress Publishers, 1983, p. 42.

un sous-titre provocateur : *Une fantasmagorie philosophico-poétique basée sur les principes du matérialisme dialectique*. Bien que ce texte soit resté inédit du vivant de l'auteur et n'ait pu devenir une référence majeure dans le domaine de l'écologie soviétique tardive, il présente un exemple de philosophie marxiste confrontée à une crise planétaire et se concentre sur l'activité de la matière pour penser cette crise.

ENTROPIE ET MATIÈRE DANS LA FANTASMAGORIE D'EVALD ILYENKOV

L'essai d'Ilyenkov, plutôt exceptionnel pour le marxisme soviétique de l'époque, s'inspire du cosmisme russe, de la *Dialectique de la Nature* d'Engels et de l'ontologie spinoziste. Le texte peut être lu de plusieurs façons : comme un récit séculaire de résurrection, une expérience de pensée spéculative sur la fin du monde, un roman de science-fiction (il a en effet inspiré certaines des meilleures œuvres de science-fiction soviétiques, notamment celles des frères Strougatski[1]), ou un traité métaphysique sur l'être. L'enchevêtrement de tous ces genres dans un court essai rend difficile une lecture serrée. Nous aborderons le texte comme une réflexion sur l'activité de la matière.

Le texte part de l'affirmation que *la matière pense*. La matière est ici comprise comme une substance universelle au sens spinoziste, plutôt que comme l'ensemble des objets matériels individuels. À cette affirmation, Ilyenkov ajoute : « non seulement la pensée ne peut exister sans la matière, [...] mais *la matière ne peut exister sans la pensée* »[2]. Ce qui suit est la preuve spéculative de cette proposition. Ilyenkov aborde le thème spinoziste de la pensée et de l'étendue en tant qu'attributs nécessaires de la même substance – à savoir la nature, ou dans le cas d'Ilyenkov, la matière (Ilyenkov reprend l'identification, introduite pour la première fois dans la philosophie soviétique par Georgi Plekhanov, de la substance de Spinoza avec la matière[3]).

Il convient ici de dire quelques mots sur le concept soviétique de la matière. La définition de la matière inscrite dans le canon du marxisme

1. А. Цветков, « Диалектик. Алексей Цветков об Эвальде Ильенкове », *Prime Russian Magazine* 20, 2013, https://alexeitsvetkov.wordpress.com/2013/09/12/ilienkov/, consulté le 3 février 2024.

2. Э. Ильенков, « Космология духа », *Собрание сочинений* 1, 2019, p. 421 (notre traduction).

3. G. Kline, *Spinoza in Soviet Philosophy*, London, Routledge, 1952, p. 17.

soviétique est celle de Lénine. Dans son ouvrage de 1909, *Matérialisme et empiriocriticisme*, Lénine définit la matière comme « la réalité objective donnée à l'homme dans ses sensations »[1]. Cette interprétation intuitive du concept de matière désignait la pensée comme un reflet de la réalité extérieure et – ce qui est plus important ici – négligeait la constitution pratique de ce que l'on pourrait qualifier d'objectif. En d'autres termes, si la matière est essentiellement l'objectivité existant en dehors de la conscience subjective, alors aucune activité ne peut être trouvée en elle. Comme le commente Maydanski : « La définition de Lénine de la matière manquait absolument de "l'aspect actif", à savoir le fondement pratique. Elle remplaçait le *concept* de matière par *l'abstraction empirique inadéquate* »[2]. En d'autres termes, Lénine a défini ce qu'est la matière en effaçant *ce qu'elle fait.*

Maydanski affirme que les marxistes soviétiques en général n'ont pas essayé de donner une définition active de la matière, car ils étaient « hypnotisés » par l'interprétation objectiviste de Lénine. Il n'est donc pas surprenant qu'après la mort de Staline, la tâche de libérer le marxisme de son ossification dogmatique ait consisté à réinscrire « l'aspect actif » de la matière dans le matérialisme dialectique. Il est clair que cela ne pouvait se faire sans remettre en question la conception hégémonique de la pensée en tant que reflet, car si la matière est active, la pensée n'est pas son reflet mais plutôt son *mode d'action.* Dans sa collaboration ultérieure avec les psychologues soviétiques de l'école vygotskienne, connus sous l'étiquette de *l'approche par l'activité*, Ilyenkov a développé l'idée de la pensée comme mode d'action d'un corps matériel, une idée qui a placé Ilyenkov en opposition frontale avec le marxisme officiel des cadres du parti. Ainsi, si l'adhésion à la *Naturdialektik* engelsienne couplée à la métaphysique de la substance de Spinoza a conduit à une interprétation réifiée de la matière dans le marxisme soviétique (comme dans celle de G. Plekhanov), la même combinaison dans l'essai d'Ilyenkov fait émerger une notion de la matière comme *fondamentalement active*. Comme Fischbach dans sa réfutation de Löwith, Ilyenkov s'est également tourné vers Spinoza pour retrouver le Marx antidualiste. Comme le note Oittinen,

> [Ilyenkov] insistait particulièrement sur l'importance des idées de Spinoza concernant le rôle de l'activité dans le processus de la cognition humaine

1. V. Lénine, *Matérialisme et empiriocriticisme. Notes critiques sur une philosophie réactionnaire*, Pékin, Editions en langues étrangères, 1909, p. 61.

2. A. Maydanski, « La réalité comme activité : le concept de la praxis dans la philosophie soviétique », dans *id.* et V. Oittinen (éd.), *L'essence pratique de l'homme : l'approche par l'activité dans la philosophie soviétique tardive*, Paris, Delga, 2023, p. 79.

(la fameuse thèse, selon laquelle la *potentia cogitandi* de l'homme est égale à sa *potentia agendi*, apparaît dans Spinoza sous diverses formulations, par exemple dans l'*Éthique* IV, prop. 24). Les interprétations de Spinoza par Ilyenkov étaient uniques non seulement dans l'histoire de la philosophie soviétique, mais aussi dans la littérature scientifique mondiale existante sur Spinoza[1].

Ainsi, si la pensée est un attribut nécessaire de la matière, alors la matière, en tant que substance universelle, possède et reproduit nécessairement la pensée. Mais en quoi consiste la nécessité de l'existence de la pensée ? Quel est son rôle objectif dans le mouvement cosmique de la matière ? La question d'Ilyenkov prend la forme : « dans quel but ? ».

Pour répondre à cette question, Ilyenkov mobilise une idée de la physique du XIXe siècle sur la mort thermique de l'univers, fondée sur le concept d'entropie. Selon cette hypothèse, l'univers se refroidit progressivement par l'émission de chaleur dans l'espace et atteindra finalement un point de congélation complète. Au fil du temps, écrit Ilyenkov, la terre perdra nécessairement des sources d'énergie, puis les réserves d'énergie stockées s'épuiseront, la chaleur disparaîtra et toute vie s'éteindra sur un corps céleste gelé qui serait notre planète[2].

Afin d'exclure toute force extérieure ou transcendante, tout début ou fin absolus, Ilyenkov affirme que le mouvement de la matière cosmique est cyclique, immanent et autotélique. Ainsi, dans la question « dans quel but ? », le but n'est pas extérieur au mouvement mais surgit en son sein. Alors, avant d'atteindre le point de congélation absolue, le cosmos retourne à son état initial incandescent de gaz chaotique dans une nébuleuse galactique et recommence le cycle. Mais comment cela est-il possible ?

Afin d'éviter l'extinction, suggère Ilyenkov, le rôle objectif des corps pensants est de mettre le feu à la planète entière afin que cette explosion globale recharge la matière en énergie et la sauve. Bien entendu, ceux qui déclenchent l'apocalypse n'assistent pas à ses conséquences (ce qui préfigure malheureusement notre propre situation aujourd'hui[3]). Cet événement singulier de suicide collectif est la façon dont la pensée accomplit son « devoir cosmologique »[4] envers la matière. Dans un geste ultime de

1. V. Oittinen, « Spinoza in Western and Soviet Philosophy : New Perspectives after Postmodernism », *in* V. A. Lektorsky et M. F. Bykova (eds), *Philosophical Thought in Russia in the Second Half of the Twentieth Century*, London, Bloomsburry, 2019, p. 158.

2. Э. Ильенков, « Космология духа », art. cit., p. 433 (notre traduction).

3. D. Danowski, E. Viveiros de Castro, *The Ends of the World*, Cambridge, Polity Press, 2017, p. 5.

4. Э. Ильенков, « Космология духа », art. cit., p. 445 (notre traduction).

négation de soi, la pensée s'affirme comme nécessaire, comme ce maillon de la chaîne de développement qui relie un cycle à un autre, ou qui relie le « début » et la « fin » de ce grand cercle.

Mais la lecture particulière qu'Ilyenkov fait de Spinoza lui permet d'affirmer que les êtres pensants, compris comme le résultat nécessaire du développement de la matière, réapparaîtront lorsque la planète aura retrouvé son énergie et entamé un nouveau cycle cosmique. Pourtant, ce retour triomphal n'est pas sans conditions. L'acte de sacrifice nécessaire repose sur l'instauration préalable d'une société communiste suffisamment consciente de son rôle cosmique pour accepter sa propre mort afin de sauver la planète et donner ainsi à la vie la possibilité de se développer à nouveau. Il faut noter que le passage au communisme pour Ilyenkov n'est pas seulement une transformation d'un mode de production en un autre, mais ce que nous pourrions appeler avec Bernard Stiegler, une « *déprolétarisation* de la production de connaissances »[1]. Si la prolétarisation est définie par Marx comme la destruction du savoir, la déprolétarisation signifierait la réappropriation à la fois des moyens de production et du savoir-faire ou du *savoir-vivre* dans une relation durable avec notre environnement. C'est cette dernière tâche qu'Ilyenkov pose comme la condition indispensable au remboursement de la « vieille dette » :

> Dans ces conditions, l'esprit pensant se sacrifie et, dans ce processus, n'est pas en mesure de se préserver. Mais son sacrifice a lieu au nom de son devoir envers Mère Nature. L'humain, esprit pensant, rend sa vieille dette à la nature. À un moment donné, dans sa jeunesse, la nature a engendré l'esprit pensant. Maintenant, au contraire, l'esprit pensant, au prix de sa propre existence, rend à mère nature, mourant de « mort thermique », une nouvelle jeunesse incandescente – un état dans lequel elle est à nouveau capable d'entamer des cycles de développement colossaux, qui, à un moment donné, à un autre endroit du temps et de l'espace, conduiront à nouveau à l'émergence d'un nouveau cerveau pensant, d'un nouvel esprit pensant à partir de son noyau refroidissant[2].

Si nous devions tenter une lecture écologique de l'essai d'Ilyenkov dans notre contexte, la première question concernerait nécessairement la proposition de l'auteur de mettre le feu à la planète. N'est-ce pas ce qu'on fait déjà avec le réchauffement accéléré de la terre ? Certains commentateurs de ce texte offrent ici des interprétations curieuses. Pietro Daniel Omodeo lit la cosmologie d'Ilyenkov comme un renouvellement de la doctrine stoïcienne de l'*ekpyrosis*, selon laquelle l'univers se détruit cycli-

1. « Entretien avec Bernard Stiegler », *Rue Descartes* 91, 2017, p. 119-140.
2. Э. Ильенков, « Космология духа », art. cit., p. 442-443 (notre traduction).

quement par le feu, car la combustion des étoiles dessèche la planète et finit par la brûler, ne laissant que de l'eau[1]. Boris Groys voit dans la *Cosmologie* une renaissance de la religion aztèque de Quetzalcoatl, qui s'immole pour sauver le monde[2]. Mais la proposition de base de l'auteur consiste en l'avertissement que sans intervention consciente dans ce processus, le monde deviendra inhabitable pour les vivants.

La deuxième question porte sur l'entropie. Comme dans l'usage stieglerien[3], la notion thermodynamique d'entropie fonctionne ici comme une métonymie politique de la dévastation de l'espace habitable. L'utilisation de l'entropie par Ilyenkov fonde une notion forte d'une limite biophysique objective qui, comme nous l'avons mentionné au début, a souvent été négligée dans les études marxistes en occident. Si une notion constructiviste des limites naturelles a l'avantage d'historiciser les affirmations essentialistes sur la nature, une compréhension stricte de la finitude des « ressources » de la planète est une condition indispensable pour prendre au sérieux le problème de l'Anthropocène.

Une objection notable doit être mentionnée ici. L'idée du vivant comme opposition au gaspillage entropique a été remise en question par Thomas Nail qui soutient que le fait de poser la vie comme l'inversion du mouvement entropique du cosmos est ce qui a conduit à l'anthropocentrisme, où le sujet humain héroïque résiste à la tendance naturelle au désordre :

> Nous avons fait de nous-mêmes et de la Terre des inversions profondes du mouvement général de l'univers, qui s'écoule, se cycle et se dissipe de manière entropique. Le couronnement de cette inversion est l'anthropocentrisme. Nous regardons l'univers et pensons à quel point il est gaspillé. Face à ce gaspillage, nous pensons que la vie, et la vie humaine en particulier, est si spéciale parce qu'elle lutte contre le gaspillage de l'entropie cosmique. Nous nous sommes érigés en héros d'un drame universel de la vie contre la mort[4].

Pourtant, il semble que la cible de Nail soit une conception essentialiste du vivant. En effet, si nous considérons que le vivant est intrinsèquement opposé à l'entropie, nous arrivons à une version romantique de l'anthropocentrisme. Pour Ilyenkov, le vivant peut à la fois s'opposer et accélérer

1. P. D. Omodeo, « A Cosmos Without a Creator : Cesare Cremonini's Interpretation of Aristotle's Heaven », *Journal of Early Modern Studies* 8, 2019, p. 12.

2. A. Penzin, « Contingency and Necessity in Evald Ilyenkov's Communist Cosmology », *e-flux Journal* 88, 2018, p. 6.

3. B. Stiegler, « Sortir de l'anthropocène », *Multitudes* 60, 2015, p. 137-146.

4. T. Nail, *Theory of the Earth*, Stanford, SUP, 2021, p. 19-20 (notre traduction).

l'entropie. Nous avons donc une notion du vivant, ou de la pensée, comme une sorte de *phármakon* qui peut remédier ou empoisonner. La question de l'anthropocentrisme ne doit cependant pas être mise au second plan. À première vue, le texte suggère que la matière ne peut exister sans la pensée, et la pensée semble être attribuée aux humains. Cela élève l'être humain au rang d'être nécessaire sans lequel le cosmos tout entier meurt. Mais il s'agit d'une lecture erronée qui découle de l'utilisation par Ilyenkov de la terminologie hégélienne et engelsienne. Pour Ilyenkov, c'est l'existence de la pensée en tant qu'attribut de la matière qui possède un caractère de nécessité, et non les humains. Dans ce sens, ce n'est pas l'humain qui pense, mais plutôt la matière qui est pensée dans et à travers l'humain. En d'autres termes, la pensée dépasse l'expérience humaine de penser. C'est pourquoi Ilyenkov souligne que les corps pensants qui émergeront au cours du cycle suivant pourraient *ne pas ressembler du tout aux humains*.

Nous voulons soutenir que non seulement la cosmologie d'Ilyenkov évite l'anthropocentrisme, mais qu'elle le remet en cause dans son noyau ontologique. La question téléologique du but de l'émergence de l'humanité et sa réponse fantasmagorique sur un incendie global, pointent vers une condition historique très concrète. Le « rôle objectif » des corps pensants dont parle Ilyenkov pourrait être lu comme un rappel non pas tant d'un quelconque statut primordial de supériorité attribué mystiquement, mais de l'enchevêtrement ontologique des humains avec leurs milieux qui a été négligé dans les épistémologies technocratiques et coloniales du capitalisme[1]. En inscrivant l'histoire humaine dans le processus cosmique plus large, Ilyenkov, décentre le statut de l'homme en tant que maître de la nature et le relègue à un acteur régional dans les cycles cosmiques de l'interaction universelle. Nous voyons une conception de la matière qui est générative plutôt qu'un récepteur passif de l'action humaine ou une source de biens à exploiter. La pensée est ontologiquement redevable à la nature, ce qui signifie que, par sa propre matérialité, son caractère incarné, elle entretient une relation de dépendance.

Nous pensons que le texte d'Ilyenkov ne présente pas seulement un intérêt historique, mais qu'il pourrait s'inscrire dans les débats actuels sur le marxisme et l'écologie. Au cours de la dernière décennie à peu près, au sein des cercles écomarxistes, un concept est devenu le principal moyen de comprendre la pensée de Marx dans une perspective écologique. Il s'agit

1. Y. Yurchenko, « Humans, nature and dialectical materialism », *Capital & Class* 45, 2021, p. 9.

du concept de métabolisme et de la catégorie dérivée de rupture métabolique. Nous citerons Andreas Malm qui, dans sa défense de l'approche du métabolisme, résume cette idée :

> La nature consiste en des processus et des cycles biophysiques. C'est aussi le cas de la société : les corps humains prennent forcément part à des échanges métaboliques avec la nature non-humaine. Rien n'indique qu'il faille que cela soit particulièrement dommageable pour l'une ou l'autre des parties. Au cours de l'histoire, cependant, il arrive que les relations à travers lesquelles les humains organisent leur *Stoffwechsel* [métabolisme] soient rompues et violemment reconfigurées, ce qui est non seulement nuisible aux personnes qui sont désavantagées par de tels changements, mais ce qui perturbe aussi, en même temps, les processus et les cycles de la nature. Une rupture métabolique se produit [1].

Cette théorie de la rupture métabolique, extrapolée à partir des commentaires de Marx sur l'épuisement du sol par Foster, York et Clark, a été critiquée par Jason Moore pour son supposé dualisme qui postule deux côtés indépendants interagissant l'un avec l'autre. Moore identifie ainsi, à partir d'une position moniste, un « dualisme cartésien » dans l'approche du métabolisme, puisque pour que les deux côtés interagissent, ils doivent être présupposés comme indépendants avant cette interaction. Les concepts qui répondent à cette critique, pour n'en citer que quelques-uns, sont le « dualisme des propriétés » [2] de Dale Jacquette, le « dualisme émergent » [3] d'Adrian Johnston ou le « dualisme méthodologique » [4] discuté par Kohei Saito dans son livre *Marx in the Anthropocene*. La fantasmagorie dialectique d'Ilyenkov porte précisément sur cette relation métabolique entre l'homme et la nature, et le cadre moniste dans lequel cette interaction s'inscrit chez Ilyenkov pourrait contribuer à ce débat.

Lue dans une perspective actuelle, ce texte apparaît comme un représentant expérimental d'une tradition largement oubliée, qui mérite d'être reconsidérée sous un jour nouveau [5]. Avec sa compréhension de la

1. A. Malm, « Nature et société : un ancien dualisme pour une situation nouvelle », *Actuel Marx* 61, 2017, p. 59.

2. *Ibid.*, p. 52.

3. A. Johnston, *Prolegomena to Any Future Materialism,* t. II : *A Weak Nature Alone*, Evanston, Northwestern University Press, 2019, p. 133.

4. K. Saito, *Marx in the Anthropocene…, op. cit.*, p. 249.

5. Nous évoquons ici certaines des limites des arguments d'Ilyenkov. Tout d'abord, en réduisant l'humanité à un acteur conscient unifié, on risque d'occulter les différences réelles entre ceux qui infligent des dégradations à la planète et ceux qui sont exploités dans ce processus. En d'autres termes, comme le rappelle Fischbach, la critique de la séparation idéaliste entre nature et histoire ne doit pas occulter la fonction idéologique de cette séparation. Poser un « devoir cosmologique » que la pensée doit à la nature pourrait invisibiliser la dette

matière comme active, son ontologie antidualiste et sa sensibilité environnementale, ce court traité pourrait donner un aperçu du type de marxisme qui serait mieux préparé à un dialogue avec les idées du nouveau matérialisme. Cela ne signifie pas que le marxisme d'Ilyenkov coïncide parfaitement avec les ontologies des nouveaux matérialistes. Des différences majeures apparaissent dans la comparaison entre l'approche de l'activité d'Ilyenkov et l'activité de la matière dans la littérature néo-matérialiste. Pourtant, ces différences peuvent jeter les bases d'un dialogue fructueux, plutôt que de le rendre impossible.

Nous pourrons placer la conception de l'activité d'Ilyenkov aux côtés de la compréhension néo-matérialiste de cette notion, sur la base de leur volonté commune de dépasser le cadre théorique du tournant linguistique[1]. Qu'il s'agisse des instruments scientifiques chez Karen Barad ou des outils de travail chez Ilyenkov, le rôle joué par le non-humain revient dans l'optique ontologique. Ces objets ne sont plus considérés comme entourant un centre occupé par un sujet humain, mais plutôt comme des agents actifs dans la formation et la déformation de relations qui subvertissent la division sujet-objet elle-même. L'approche soviétique par l'activité accomplit ce décentrement en prenant comme unité de référence principale une activité concrète. À partir d'une telle position méthodologique, cette approche est capable de voir les sujets et les objets comme « dispersés », interagissant les uns avec les autres dans une configuration donnée. Mais alors que ces points permettent de rapprocher Ilyenkov et les nouveaux matérialismes, des différences cruciales commencent également à se cristalliser. Comme le remarque Alex Levant :

> Ce qui distingue l'approche par l'activité des théories du tournant matériel, post-phénoménologiques ou autres, c'est la manière dont elle appréhende cette réalité relationnelle. Pour l'approche par l'activité, le sujet et l'objet ne sont pas donnés d'avance non plus. Cependant, plutôt que de nous trouver insérés dans « la structure auto-organisatrice ou "intelligente" de la matière vivante » (Braidotti 2013 : 57)[2], l'approche par l'activité nous pose

écologique que le Nord doit au Sud global. De plus, le langage genré utilisé par Ilyenkov – mère nature – fait écho à la compréhension de la nature qui existait avant la révolution scientifique, celle d'une mère bienveillante, qui, selon la première écoféministe Carolyn Merchant, obligeait les humains à pratiquer l'autodiscipline par rapport aux processus naturels. Cependant, la féminisation de la nature, sa maternisation, peut également évoquer des connotations patriarcales essentialisantes. Tout ceci nécessite une approche critique du texte.

1. A. Levant, « Smart Matter and the Thinking Body : Activity Theory and the Turn to Matter in Contemporary Philosophy », *Stasis* 5, 2017, p. 249-264.

2. R. Braidotti, *The Posthuman*, Cambridge, Polity Press, 2013, p. 57.

> comme étant impliqués dans un ensemble de pratiques sociales, qui donnent lieu à nos conceptions, y compris nos conceptions de la matière vivante et non-vivante[1].

Bien entendu, la cosmologie d'Ilyenkov, jusqu'à son point culminant explosif, reste, comme l'indique le sous-titre, une fantasmagorie. Mais cela ne veut pas dire qu'elle est abstraite. À la lecture du texte, il est difficile de ne pas faire de liens entre la fiction et les problèmes très concrets auxquels sont confrontées les collectivités humaines et non humaines de l'Anthropocène. D'une certaine manière, la cosmologie offre un aperçu de l'histoire comme une histoire collective. Une histoire qui, malgré de nombreuses différences, raconte une expérience partagée. Face à une catastrophe globale, de tels récits pourraient servir de fictions mobilisatrices pour l'action.

Giorgi KOBAKHIDZE
Université Toulouse – Jean Jaurès / ERRAPHIS

1. A. Levant, « Smart Matter and the Thinking Body… », art. cit., p. 255.

LA MATIÈRE INFIDÈLE
PENSER L'ACTIVITÉ DE LA MATIÈRE
D'ARISTOTE À SIMONDON

Étrange affirmation que celle de Gilbert Simondon, en marge d'un entretien de 1983 où nous pouvons lire, ajouté à la main :

> La matière n'est passive et indéfiniment malléable qu'en apparence; la matière aristotélicienne n'aspire vers la forme « comme la femelle vers le mâle » qu'en apparence. La matière est infidèle à la forme [1].

Opposant au modèle d'une matière passive celui d'une matière infidèle, manifeste dans sa déloyauté et son absence de soumission à la forme, cette note manuscrite paraît bien esquisser l'idée d'une activité matérielle. Elle est pourtant curieuse, et ce pour plusieurs raisons. Cette idée d'une activité souterraine de la matière, éclipsée par son apparente inféodation à la forme, apparaît tout d'abord au milieu d'une réflexion sur l'objet technique. Ce contexte constitue en lui-même un sujet d'étonnement : quelle idée d'une matière active pourrait bien fournir la technique, si souvent envisagée comme le lieu d'une approche passive dans laquelle la matière nomme seulement la *disponibilité* de matériaux prêts à l'usage, déjà disposés en vue de la forme à accomplir? N'est-ce pas d'ailleurs ce qu'invite à faire le Stagirite, lorsqu'il aborde la « puissance » de la matière (*dunamis*) à partir des exemples de la construction d'une maison, de la fabrication d'un coffre en bois ou de l'exécution d'une statue ? Pour penser l'activité matérielle avec Aristote, il pourrait sembler plus judicieux, en première instance, de s'en remettre au paradigme de la vie. Procédant « de la matière à l'action », notamment dans les traités de zoologie où convergent des investigations naturelles et pratiques, l'aristotélisme

1. G. Simondon, « Sauver l'objet technique », dans *Sur la technique*, Paris, P.U.F., 2014, p. 451, n. 1.

constituerait, comme étude de la nature et surtout de la vie, une « philosophie de l'activité »[1].

Telle serait la portée de la formule de *Physique*, I 9, 192a22, qui reçoit une discrète allusion dans la note de Simondon : « La matière aspire vers la forme » – ou, selon la traduction de Pierre Aubenque : « la matière est désirante comme la femelle désire le mâle »[2]. Cette analogie a prêté le flanc, à l'époque contemporaine, à nombre de lectures vitalistes tâchant de redonner ses lettres de noblesse à l'hylémorphisme. La matière était alors placée du côté de la tendance, du désir et de l'impulsion à l'action, de cette *hormè* désignant le mouvement spontané des êtres naturels qui ont en eux-mêmes leur principe de changement[3]. Au XIXe siècle déjà, Hermann Bonitz voyait dans la *dunamis* « une certaine force et comme un effort (*vim quandam et quasi nisum*) »[4]. Dans son sillage et celui de Ravaisson[5], Henri Carteron y a reconnu une « force fondamentale » et un « désir qui caractérise la matière », avant de conclure qu'avec Aristote, « le substantialisme aboutit à un vitalisme d'ordre psychologique »[6]. La matière aristotélicienne serait animée, selon la formule de Jean-Marie Le Blond, par un « dynamisme immédiatement réel, tout prêt à s'exercer, une poussée vers l'acte »[7]. Cette lecture s'est transmise jusqu'à nous, non sans rectifications critiques visant à contenir les tendances anthropomorphiques d'une telle analogie entre matérialité et désir[8].

Mis à l'honneur dans les réceptions contemporaines d'Aristote, le schéma psychobiologique d'une matière animée est apparu, à la fin du siècle dernier, comme une voie médiane entre le dualisme rigide et le matérialisme réductionniste. Posant l'équivalence entre la matière et la forme, l'hylémorphisme du *De Anima* et la philosophie de l'action d'Aristote anticiperaient le matérialisme fonctionnaliste de la philosophie de

1. *Cf.* P.-M. Morel, *De la matière à l'action : Aristote et le problème du vivant*, Paris, Vrin, 2016 ; *Aristote : une philosophie de l'activité*, Paris, GF-Flammarion, 2003 ; et « Action humaine et action naturelle chez Aristote », *Philosophie* 73, 2002, p. 36-57.

2. P. Aubenque, « La matière chez Aristote », dans *Problèmes aristotéliciens. Philosophie théorique*, Paris, Vrin, 2019, p. 217.

3. Voir Aristote, *Physique*, II 1, 192b8-23.

4. H. Bonitz, *Aristotelis Metaphysica*, Bonn, A. Marcus, 1848, t. II, p. 379 (notre traduction).

5. F. Ravaisson, *Essai sur la métaphysique d'Aristote*, Paris, Imprimerie Royale, 1837.

6. H. Carteron, *La notion de force dans le système d'Aristote*, Paris, Vrin, 1924, p. 205 et p. 207.

7. J.-M. Le Blond, *Logique et méthode chez Aristote* [1939], Paris, Vrin, 1996, p. 367.

8. *Cf.* D. Lefebvre, *Dynamis, sens et genèse de la notion aristotélicienne de puissance*, Paris, Vrin, 2018, p. 468.

l'esprit[1]. Au modèle cartésien d'une matière inerte, appréhendée par l'étendue, la figure et le mouvement, et dénuée de la spontanéité réservée à l'esprit, il a paru possible d'opposer l'idée aristotélicienne d'une matière informée, riche de niveaux d'organisation et dotée en son fond de secrètes tendances. N'est-ce pas son écho que nous entendons aujourd'hui, malgré l'absence presque complète de référence à Aristote, dans un matérialisme tel que celui de Jane Benett, fondé sur l'intuition d'une « matière vibrante », pleine de vie, et définissant toutes choses par leur capacité à agir, là même où elles semblent inanimées[2] ? Si le néo-matérialisme a souvent reproché à l'hylémorphisme son approche passive de la matière[3], il semble néanmoins possible, dans une perspective métaphysique et féministe, de jouer la biologie aristotélicienne contre le modèle technique pour penser, avec Aristote, une puissance matérielle spécifique dans laquelle « material has its own power »[4].

L'activité de la matière pourrait donc être envisagée, à partir d'Aristote, comme l'effort et le désir qui caractérisent la vie. Or, telle n'est pas ici la lecture de Simondon, qui pourtant la connaissait bien et l'enseignait même dans ses cours à l'université[5]. Affirmer que « la matière aristotélicienne n'aspire vers la forme "comme la femelle vers le mâle" *qu'en apparence* », selon la restriction que nous soulignons, c'est en effet suggérer que le paradigme psychobiologique rejoue, derrière l'apparente spontanéité de la tendance et de l'impulsion à l'action, la hiérarchie asymétrique du couple acte-puissance. Dans le schéma aristotélicien de la reproduction sexuée, la femelle est tout entière tendue vers le mâle ; dénuée d'indépendance, elle lui est relative, celui-ci désignant le but, le modèle et le complément par rapport auquel elle apparaît comme une matrice vide et un « mâle

1. Voir notamment M. C. Nussbaum & A. Rorty, *Essays on Aristotle's De Anima*, Oxford, Clarendon Press, 1992 et D. Charles, *Aristotle's Philosophy of Action*, Ithaca, Cornell University Press, 1984, ainsi que leur présentation critique par P.-M. Morel, *Aristote : une philosophie de l'activité*, *op. cit.*, p. 277-279.

2. J. Benett, *Vibrant Matter. A political Ecology of things*, Durham-London, Duke University Press, 2010.

3. Pour une présentation du néomatérialisme, *cf.* C. T. Wolfe, *Lire le matérialisme*, Lyon, ENS Éditions, 2020, chap. VIII.

4. A. M. Trott, *Aristotle on the Matter of Form : A Feminist Metaphysics of Generation*, Edinburgh, EUP, 2019, p. 13. Outre l'introduction et la conclusion, qui exposent la thèse d'un « pouvoir spécifiquement matériel » (*specifically material power*), on se reportera au premier chapitre, qui dresse un tableau complet des critiques féministes de la biologie d'Aristote et de leurs détracteurs avant d'envisager les défenses féministes de la métaphysique d'Aristote.

5. *Cf.* G. Simondon, « Sciences de la nature et sciences de l'homme », dans *Sur la philosophie*, Paris, P.U.F., 2016, p. 237-238, p. 287 et p. 294-295.

infertile »[1]. Dans le désir de la matière, il s'agirait par conséquent plus d'attente que d'agir[2], l'attente fidèle impliquant une forme indéniable de passivité. On envisagera le poids de l'idéologie et des constructions sociales dans une telle dévalorisation de la matière[3], même si celle-ci pourrait aussi bien tenir des mauvaises conditions d'observation dans la biologie ancienne[4]. Dans les deux cas, l'aristotélisme s'exposerait au reproche d'être une doctrine superficielle, voilée par le filtre imaginaire des représentations ou par le manque de profondeur de son étude biologique de la génération. Telle est la double critique que nous trouvons chez Simondon, lorsqu'il exhibe la « zone obscure » de l'hylémorphisme dans *L'individuation à la lumière des notions de forme et d'information*[5].

Mais cet excursus sur la matière infidèle pourrait signifier autre chose. Dire que « la matière n'aspire vers la forme "comme la femelle vers le mâle" *qu'en apparence* », n'est-ce pas plutôt pointer la superficialité des interprétations qui s'en tiennent à l'analogie de *Physique* (192a), sans chercher à approfondir leur compréhension de l'aristotélisme ? En cela, cette note sur la matière infidèle déconcerte aussi bien le lecteur d'Aristote que celui de Simondon. Non seulement suggère-t-elle la persistance, chez ce dernier, d'une notion de matière que l'on pouvait croire hors-jeu suite à sa critique de l'hylémorphisme, mais elle invite également à réenvisager ce que l'on comprend spontanément, chez lui, comme une opposition à Aristote[6]. Et s'il était possible d'exhumer, sous les couches de l'aristotélisme de la tradition, autre chose qu'une matière docile et passive ? Et si Aristote offrait les moyens de penser une matière à la fois rebelle et active, pour laquelle l'épithète « puissante » ne serait pas le masque d'une secrète

1. Aristote, *Génération des animaux*, I, 20, 728a17-18. Toutes nos citations sont tirées d'Aristote, *Œuvres complètes*, éd. et trad. fr. P. Pellegrin, Paris, GF-Flammarion, 2014.

2. *Cf.* D. Lefebvre, *Dynamis…*, *op. cit.*, p. 468.

3. *Cf.* G. E. R. Lloyd, *Science, Folklore, and Ideology : Studies in the Life Sciences in Ancient Greece*, Cambridge, CUP, 1983.

4. Voir notamment R. Mayhew, *The Female in Aristotle's Biology. Reason or Rationalization*, Chicago-London, University of Chicago Press, 2004.

5. G. Simondon, *L'individuation à la lumière des notions de forme et d'information*, Grenoble, Millon, 2017, Ire partie, chap. I.

6. Opposition qui a fait l'objet de nuances dans la mesure où, à partir d'une formule de George Canguilhem, il a paru possible de voir dans la philosophie de Simondon « une nouvelle sorte d'aristotélisme ». *Cf.* G. Canguilhem, *Le normal et le pathologique*, Paris, P.U.F., 2013, p. 270 ; I. Stengers, « Pour une mise à l'aventure de la transduction », dans P. Chabot (dir.), *Simondon*, Paris, Vrin, 2002 ; B. Morizot, *Pour une théorie de la rencontre. Hasard et individuation chez Gilbert Simondon*, Paris, Vrin, 2016, p. 48-58. Sur les différences entre Aristote et Simondon, voir plutôt S. Margairaz et J. Rabachou, « De la génération à l'ontogenèse : le préindividuel et la puissance chez Simondon et Aristote », *Cahiers Simondon* 4, 2012, p. 69-96.

soumission ? Comme nous le montrerons à partir de Simondon, c'est dans l'expérience technique bien comprise que l'on peut saisir l'activité de la matière, en la libérant du contrat d'exclusivité et de soumission qui la lie à une forme. La technique ou la vie : tel serait l'enjeu de cette note manuscrite, concise et allusive et pourtant riche en suggestions.

LE TRAVAIL DE LA MATIÈRE
PHÉNOMÉNOLOGIE DE L'APPARENTE SERVILITÉ MATÉRIELLE

Il importe de ressaisir le contexte dans lequel s'insère l'excursus simondonien sur la matière infidèle. Il s'agit d'un ajout ultérieur à un entretien réalisé en 1981 pour la revue *Esprit*, à destination d'un assez large public et dans lequel il n'est question ni d'Aristote, ni de métaphysique. Intitulé « Sauver l'objet technique », cet écrit se présente comme une défense pédagogique de l'objet technique, contre sa réduction en esclavage issue d'une conception utilitaire et instrumentaliste. Simondon évoque ainsi le concept d'« esclaves techniques » forgé par Albert Ducrocq, un ingénieur et cybernéticien français qui vient alors de publier *Victoire sur l'énergie*[1]. En 1980, Ducrocq n'en était pas à son coup d'essai. En 1959 déjà, il avait fait paraître *Victoire sur l'espace*[2], et sa bibliographie permet de l'inscrire sans exagération dans un technicisme et un technocratisme triomphants prenant au mot l'invitation cartésienne à se rendre « comme maîtres et possesseurs de la nature »[3]. Telle est la présentation qu'en fait Simondon, dès sa thèse de 1958 sur le *Mode d'existence des objets techniques*[4]. Il nous faut noter que c'est dans ce contexte, à titre de complément, que s'insère cette note sur la matière infidèle. Cette précision a son importance car elle signifie que la matière dont il est question est d'abord celle de l'objet technique lui-même, lorsqu'il échappe à son concepteur ou ne plie pas docilement l'échine devant son utilisateur. L'infidélité dont il est question désigne donc, en première instance, une forme d'inconstance dans le service d'autrui. S'il nous faudra creuser cette notion pour saisir en quel sens elle permet de penser une matière

1. A. Ducrocq, *Victoire sur l'énergie*, Paris, Flammarion, 1980, cité par G. Simondon, « Sauver l'objet technique », dans *Sur la technique*, *op. cit.*, p. 447.

2. A. Ducrocq, *Victoire sur l'espace*, Paris, Julliard, 1959.

3. R. Descartes, *Discours de la méthode*, dans *Œuvres et lettres*, Paris, Gallimard, 1953, p. 121-179, p. 168.

4. G. Simondon, *Du mode d'existence des objets techniques*, Paris, Aubier, 2012, p. 205.

active, notons d'ores et déjà que l'idée d'une matière infidèle se présente dans l'activité technique, et non pas hors d'elle.

À l'apparente servilité des servomécanismes pour lesquels se passionne toute une branche de la cybernétique contemporaine, Simondon oppose une autre approche des objets techniques. Le modèle de l'esclave technique, proche parent de celui de l'automate obéissant, n'est en vérité qu'apparent. Il s'agit d'une construction imaginaire, née du « désir de puissance » d'un « technicisme intempérant » qui « consacre la machine comme moyen de suprématie », tout animé qu'il est par « l'aspiration technocratique au pouvoir inconditionnel » [1]. La machine s'apparentant à une matière servile employée par l'homme pour triompher médiatement sur la nature, tout le problème devient alors celui de son éventuelle insurrection. *Du mode d'existence des objets techniques* s'ouvre sur le constat d'un tel malaise dans la culture : traiter les objets techniques comme « de purs *assemblages de matière*, dépourvus de vraie signification, et présentant seulement une utilité », s'accompagnerait de l'appréhension contradictoire qu'ils se transforment, un jour ou l'autre, en « robots [...] animés d'intentions hostiles envers l'homme, ou représentant pour lui un permanent danger d'agression, d'insurrection ». D'où l'attitude de défense de la culture, qui « parle de mettre les machines au service de l'homme, croyant trouver dans la réduction en esclavage un moyen sûr d'empêcher toute rébellion » [2]. La mise au jour de ce malaise, né de l'alternative entre maîtrise et servitude, domination et aliénation, constitue le point de départ de la réflexion de Simondon. Le problème est d'abord celui de l'assimilation, profondément ancrée dans la culture, de la matière avec une forme de passivité et d'instrumentalité faisant d'elle un moyen subordonné à nos fins : les objets techniques seraient « de purs *assemblages de matière*, [...] présentant seulement une utilité », selon la formule déjà citée de Simondon. Telle est l'association qu'une philosophie de la technique tâchera de déconstruire, en révélant son caractère imaginaire et relatif aux projections psychosociales d'une culture étrangère aux réalités techniques. Que l'on considère la matière comme une servante obéissante ou comme un moyen de puissance, l'essence de son activité est manquée.

À Ducrocq et ses partisans, Simondon répond ainsi que « ce technicisme est une phénoménologie plus qu'un approfondissement » [3]. Il entend par là une étude superficielle, rivée à la surface des choses sans

1. G. Simondon, *Du mode d'existence des objets techniques*, *op. cit.*, p. 10.
2. *Ibid.*, p. 11.
3. *Ibid.*, p. 205.

entrer dans le détail des schèmes et des fonctionnements physiques où se découvre l'activité de la matière. Ce n'est pas la phénoménologie, étudiant les choses dans leur mode de manifestation pour un sujet, à l'échelle de l'individu humain, qui livrera l'essence complète de la technique. Au contraire, «la véritable technicité [...] n'est pas dans le manifesté»[1]. Elle ne peut pas être simplement saisie de manière sensible, à la façon dont «l'art passe par l'αἴσθησις, et se trouve ainsi naturellement porté à saisir l'objet, l'outil, l'instrument, la machine»[2]. La voie phénoménologique de l'*aisthèsis*, de la perception sensible, est celle du travail et du maniement, dans laquelle l'artiste saisit ses pinceaux comme l'artisan empoigne son marteau, et comme l'ouvrier spécialisé s'empare de sa machine transfert, offrant à son corps une forme de prolongement. Cette approche instrumentale et prothétique[3] de l'objet technique se trouve être celle de Marx, dont la philosophie illustre la subsomption, contestée par Simondon, de la technique sous le paradigme du travail. Que l'on songe, ici, au passage du *Capital* sur le «moyen de travail», défini comme «l'objet dont le travailleur s'empare immédiatement»[4]: devenu organe-outil d'un corps au travail, l'élément naturel assimilé est dénué d'activité intrinsèque puisqu'il n'est qu'un moyen et un guide de l'agir humain finalisé. S'appropriant des matériaux, le travailleur peut les «faire agir comme des instruments de pouvoir sur d'autres choses conformément à son but»[5]. Le fait technique, ainsi conçu, ne permet de penser la matière qu'en lui retirant son activité propre.

Or, définir l'objet technique par son utilité et par les fins qu'il sert dans l'ordre pratique, c'est confondre travail et technicité. Telle est la leçon de Simondon, qui s'oppose non seulement à Marx[6] mais aussi à l'analyse de Heidegger. De même que l'automate parfait n'est qu'un mythe – celui du robot serviable dont on croit qu'il suffit de s'emparer pour le commander –, de même, «l'objet technique [...] ne saurait être considéré comme un pur ustensile»[7]. Heidegger lui-même s'en serait aussi tenu à une phénoménologie insuffisante. À une époque où la technique ne se résume plus à l'usage d'outils ou de machines-outils, et où le développement des réseaux et ensembles techniques destitue peu à peu l'homme de sa position de

1. *Ibid.*, p. 312.
2. *Ibid.*
3. Au sens du concept de prothèse technique développé dans B. Stiegler, *La technique et le temps*, t. I: *La faute d'Épiméthée*, Paris, Galilée, 1994.
4. K. Marx, *Le Capital*, Paris, P.U.F., 1993, p. 201.
5. *Ibid.*
6. G. Simondon, *Du mode d'existence...*, *op. cit.*, p. 327-328.
7. *Ibid.*, p. 16-17.

travailleur agissant *avec* et *sur* les machines, une nouvelle compréhension de la technique est requise. L'homme peut devenir l'ingénieur qui coordonne, entretient et invente les machines, mais à la condition de comprendre leur activité propre. Pour le technologue, ce n'est plus d'utilité qu'il est question, mais de schèmes et de fonctionnements :

> Une interprétation purement instrumentale des techniques (comme celle de Heidegger dans la notion d'ustensile) est désormais impossible : les techniques sont des dimensions du monde humain, et pas seulement des moyens en vue d'une fin qui serait définie avant la réalisation technique, comme une forme sans matière [1].

La mention du couple matière-forme est ici décisive, car c'est en lui que convergent les critiques simondoniennes de Marx et de Heidegger. Que ce soit dans l'ordre du travail ou dans celui, plus simplement pragmatique, de l'ustensilité, la « forme-intentionnelle ne fait pas partie de la matière sur laquelle le travail porte ; elle exprime une utilité ou une nécessité pour l'homme, mais elle ne sort pas de la nature » [2]. N'est-ce pas du schème hylémorphique que nous héritons cette approche faussée de la technique ? À moins que ce ne soit l'inverse : et si c'était d'une inspection partielle de l'opération technique qu'était née l'asymétrie du couple matière-forme ? Quoiqu'il en soit, il s'agit désormais d'opérer un changement dans nos modes de pensée : l'hylémorphisme doit être ou bien remplacé, ou bien réformé à l'aune d'une nouvelle compréhension de la technicité.

La critique de l'hylémorphisme
Genèse d'une méprise sur la passivité matérielle

De Simondon, c'est la critique de l'hylémorphisme que l'on retient le plus souvent. Sa thèse principale, tâchant de penser la genèse à tous les niveaux de l'être depuis le niveau physique jusqu'aux niveaux vital et psycho-social, et soutenue en 1958 sous le titre *L'individuation à la lumière des notions de forme et d'information*, s'ouvre sur une confrontation avec l'héritage conceptuel d'Aristote. Intitulé « Forme et matière », le premier chapitre se propose ainsi de remonter aux origines du schème hylémorphique pour examiner ses prétentions à l'universalité comme

1. G. Simondon, « Les grands courants de la philosophie française contemporaine » [1962-1963], dans *Sur la philosophie*, *op. cit.*, p. 150.
2. *Ibid.*, p. 328.

guide ontologique général permettant d'expliquer l'ensemble des processus de genèse[1].

Dans un geste désormais bien connu, Simondon commence par ramener ce schème à son paradigme technologique sous-jacent : celui du moulage d'argile. Or, très vite, l'analyse de cette technique révèle que les notions de matière et de forme n'en proviennent pas véritablement. Dans les faits, aucune brique ne sort d'une rencontre entre deux principes séparés et donnés d'avance que seraient une forme pure, idéelle et abstraite, identique pour chaque exemplaire, et une matière toute aussi abstraite, caractérisée par sa passivité, son inertie et son amorphie. Cette approche de la matière et de la forme comme principes séparés est extrinsèque à l'opération technique : elle relève de la sphère du travail. Si l'on passe les portes de l'atelier et que l'on essaie, avec Simondon, de « pénétrer dans le moule lui-même pour suivre l'opération de prise de forme »[2], on comprend qu'il n'y a pas *une forme active* et *une matière passive*. Dans les profondeurs du niveau physique voilé par l'activité productive, il n'y a qu'un seul et même système énergétique, actif dans la relation qu'il tisse entre deux ordres de grandeur : celui, moléculaire, d'une argile qui n'est pas sans qualités mais qui est préparée, activement capable de se répartir dans les directions proposées, et celui, molaire, d'une forme concrète, matérialisée dans un moule, et capable d'opposer une force. Dans l'opération de la prise de forme, il n'y a qu'un seul système, dans lequel matière et forme ont le même mode d'existence : celui de la *force*. À l'aune de la thermodynamique, cette force est comprise en termes physiques comme l'actualisation d'une énergie potentielle au sein d'un système donné. Véhiculée par l'argile, l'énergie qui s'actualise rencontre, dans les parois du moule, une force de réaction qui, sans agir du dehors en imposant une forme, fait tendre la matière vers une condition d'équilibre. C'est d'une telle « communication interactive », dans laquelle « les forces qui sont celles de la matière et les forces qui proviennent de la forme ne diffèrent pas »[3], que sort la brique individuée.

Mais l'opération technique ne suppose-t-elle pas pourtant un *agent*, un principe moteur du changement possédant à l'avance la cause formelle de l'activité, ne serait-ce qu'à titre d'idée d'abord conçue en son esprit ? À partir de Simondon, on répondra que ce que l'on désigne scolairement comme causalité efficiente, formelle ou finale ne tire son « activité » que de

1. *Cf.* G. Simondon, *L'individuation...*, *op. cit.*, p. 39.
2. *Ibid.*, p. 46.
3. *Ibid.*, p. 41 et p. 44.

la participation à un même système énergétique établi au niveau de la force. C'est ce que suggère un cours des années 1960, où est convoqué l'exemple de la poterie. Comme l'argile, le potier participe à l'activité par la force, celle de ses mains. Et sur le tour à potier, la forme qui s'élève ne préexiste pas à l'opération : elle s'élabore progressivement dans la matière, selon une « causalité circulaire » qui fait qu'elle n'est « ni supérieure ni antérieure à l'objet: elle n'est pas archétypale »[1]. Elle est *information*, processus inchoatif en cours d'élaboration né de la rencontre énergétique des mains, du tour et de l'argile. C'est le modèle téléologique de la précédence de l'acte sur la puissance, de la forme sur la matière, qui disparaît dans une telle approche. Nous voyons ici comment, à travers un approfondissement de l'opération technique et des schèmes de causalité, Simondon étend l'activité à tous les éléments du système de prise de forme : l'agent, la forme mais aussi la matière elle-même.

Pourquoi cette activité de la matière est-elle souvent ignorée, là où on l'accorde volontiers à l'agent comme principe moteur ou à la forme comme acte accompli guidant le processus ? À cause de la même phénoménologie du travail décelée dans sa propre époque par Simondon. Dans l'antiquité grecque, observe-t-il, les techniques pouvaient difficilement pénétrer la sphère de la culture. Par opposition au citoyen libre, le travailleur manuel était un être déclassé. Le moulage d'argile et la frappe de monnaie, dévolus aux esclaves, étaient mal connus des philosophes. C'est ainsi que le platonisme, avec sa théorie de la forme comme archétype transcendant inspiré par la technique du *typos* imprimé dans une substance molle, et son hypothèse de la *khôra* comme porte-empreinte de toutes les formes, incarnerait en vérité « la connaissance d'un homme qui reste extérieur à l'atelier »[2].

Un diagnostic s'impose alors : l'origine du schème hylémorphique n'est pas directement technique mais sociale, relative à l'organisation du travail en Grèce antique. L'asymétrie du couple matière-forme transposerait un rapport de domination entre des esclaves qui exécutent et des citoyens qui passent commande, sans connaître ni comprendre la matière sur laquelle sera réalisé leur ordre. « La véritable passivité de la matière réside dans sa disponibilité abstraite derrière l'ordre donné que d'autres exécuteront », tandis que la forme « est éminemment active parce qu'elle est ce que l'on impose à ceux qui manipuleront la matière; elle est le contenu même de l'ordre, ce par quoi il gouverne ». C'est ainsi que « [l]e

1. G. Simondon, « Sciences de la nature et sciences de l'homme », dans *Sur la philosophie*, *op. cit.*, p. 259.

2. G. Simondon, *L'individuation…*, *op. cit.*, p. 46.

caractère actif de la forme, le caractère passif de la matière, répondent aux conditions de la transmission de l'ordre qui suppose hiérarchie sociale »[1].

Or, pour Simondon, il ne s'agit pas d'affirmer que le couple forme-matière n'a aucune existence objective et qu'il n'est qu'une projection culturelle : il existe des « conditions physiques de la prise de forme », que le « conditionnement psycho-social de la pensée » peine à éclairer[2]. Ce qu'il s'agit plutôt de dire est qu'il existe en nous des rapports de matière et de forme, du fait de notre existence comme vivants individués, mais que ces rapports sont médiés et filtrés par nos catégories de pensée. Pour appréhender le rapport hylémorphique, nous projetterions notre propre définition de ce qu'est une relation, fournie par le travail comme cas d'expérience interindividuelle. Or, dans l'ordre de la production, ce rapport est non seulement hiérarchisé, mais aussi asymétrique : du point de vue du maître qui ordonne, une seule forme suffit pour plusieurs matières, comme un seul ordre suffit pour plusieurs ouvriers. Comme l'écrivait Simone Weil, grande lectrice du *Faust* qu'aimait enseigner Simondon : « Un esprit suffit pour mille bras »[3]. Le couple forme-matière exprimerait, en somme, une logique de la production.

On a coutume de rapprocher cette critique de l'hylémorphisme des analyses de Heidegger, dans « L'origine de l'œuvre d'art », sur la provenance technologique de ce schème[4]. Une différence s'observe pourtant. Du « schéma hylémorphique » dont il exhibe le caractère vide de généralité, Heidegger révèle la stricte appartenance au monde de la production :

> Matière et forme, en tant que déterminations de l'étant, demeurent à l'intérieur de l'essence du produit. Ce nom nomme ainsi ce qui est fabriqué expressément pour être utilisé et usé. Matière et forme ne sont nullement des déterminations originelles de la choséité de la simple chose[5].

1. *Ibid.*, p. 51.
2. *Ibid.*, p. 52.
3. S. Weil, *Réflexions sur les causes de la liberté et de l'oppression sociale*, dans *Oppression et Liberté*, Paris, Gallimard, 1955, p. 111. La place de Simone Weil dans l'enseignement de Simondon est attestée par J.-F. Marquet, *Le vitrail et l'énigme : dialogue avec Pierre Soual*, Paris, Les Petits Platons, 2013, p. 9.
4. *Cf.* X. Guchet, *Pour un humanisme technologique. Culture, technique et société dans la philosophie de Gilbert Simondon*, Paris, P.U.F., 2010, p. 25-26.
5. M. Heidegger, « L'origine de l'œuvre d'art », dans *Questions I et II*, trad. fr. F. Fédier, Paris, Gallimard, p. 27.

Cette analyse se retrouve dans les cours sur Aristote des années 1920-1930 : dans l'ordre de la technique, la puissance de la matière (*dunamis*) ne signifierait rien d'autre que son « être-prêt » et son « être à disposition »[1]. La *hulè*, c'est avant tout « la forêt, la sylve, le bois où chasse le chasseur »[2], c'est-à-dire la ressource où l'on puise et le matériau dont on dispose *pour* autre chose, dans une optique qui le relativise toujours par rapport à la forme à réaliser. Dans un monde ambiant orienté par l'usage, si toute chose ne se rencontre pas sur le mode de l'outil, la nature brute n'en apparaît pas moins comme une « *puissance naturelle* » et un moyen potentiel de réaliser nos projets : « La forêt est réserve de bois, la montagne est carrière de pierre, la rivière est force hydraulique, le vent est vent "dans les voiles" », selon le paragraphe 15 d'*Être et temps*[3]. Cette subordination de la nature aux projets du *Dasein* s'accompagne, chez Heidegger, d'une dévalorisation et d'une secondarisation de la matière par rapport à la forme[4]. Telle n'est pas la thèse de Simondon, qui refuse cette approche superficielle, parce que trop simplement pratique, de la technique. Plaçant finalement l'origine du couple hylémorphique dans la nature elle-même, Simondon va être porté à adopter, à rebours de Heidegger, l'idée de pouvoirs et de fonctionnements de la matière comme puissance objective et non relative à nos visées ou à nos désirs[5]. Par conséquent, il se pourrait bien que la matière et la forme désignent, pour lui, « des déterminations originelles de la choséité de la chose ».

On s'étonne, à l'issue du premier chapitre de *L'individuation*, de l'absence presque complète de mention à Aristote. Une fois la première page passée, en effet, c'est Platon qui incarne la figure de l'homme qui reste extérieur à l'atelier. Mais c'est précisément parce que, pour Simondon, le schème hylémorphique généralisé par Aristote ne vient pas de la technique : « venu de la vie, il y retourne et s'y applique, mais avec un déficit »[6] lié au paradigmatisme sommaire qui l'a obscurci. Aussi est-ce la seconde partie de l'ouvrage, consacrée à l'individuation vitale, qui développe les réquisits de Simondon contre la doctrine d'Aristote comme

1. M. Heidegger, *Concepts fondamentaux de la philosophie antique*, Paris, Gallimard, 2003, p. 190-193.
2. M. Heidegger, « Ce qu'est et comment se détermine la *physis* », dans *Questions I et II*, *op. cit.*, p. 536.
3. M. Heidegger, *Être et temps*, trad. fr. E. Martineau, Paris, Authentica, 1985, § 15, p. 70.
4. Sur le primat de la forme sur la matière dans l'interprétation heideggérienne d'Aristote, voir C. V. Spaak, *Interprétations phénoménologiques de la* Physique *d'Aristote chez Heidegger et Patočka*, Cham, Springer, 2018, p. 56-57 et p. 162-239.
5. *Cf.* G. Simondon, *Du mode d'existence…*, *op. cit.*, p. 281 et p. 280.
6. G. Simondon, *L'individuation…*, *op. cit.*, p. 50.

ontologie issue d'une étude superficielle de la vie. Pourquoi le paradigme de la vie échoue-t-il, chez Aristote, à fournir une pensée positive de la matière active ?

LA VIE INFIDÈLE DE LA MATIÈRE ARISTOTÉLICIENNE ENTRE TECHNIQUE ET BIOLOGIE

À bien y réfléchir, l'idée d'infidélité exprime bien quelque chose de l'esprit de l'aristotélisme. Dans le corpus d'Aristote cependant, elle ne revêt pas une connotation positive, et provient peut-être moins de l'agir technique que de l'investigation biologique. Dans le schème hylémorphique marqué par le modèle de la reproduction sexuée, une matière infidèle serait, en effet, l'objet d'une tératologie. Ce serait une matière monstrueuse, portée par sa difformité aux limites de l'intelligible. Ce n'est que dans l'écart au programme original, et dans la résistance à l'acte de mise en forme, qu'une telle matière se manifesterait. À la *déloyauté* et à la *rétivité* s'ajoutent ainsi, dans notre concept d'infidélité, les significations d'*erreur* et de *tromperie*, au sens où l'on dit d'une traduction qu'elle est infidèle au texte original, ou d'un acte qu'il s'écarte de l'ordre donné.

À partir d'Aristote, on peut ainsi saisir ce qui gît au fond de la conception du rapport de la matière à la forme comme fidélité. Il s'y trouve, semble-t-il, une norme d'exclusivité. Ce qu'il y a de monstrueux, pour la forme, c'est que la matière lui fasse des infidélités : qu'au lieu d'aspirer vers elle en la prenant pour guide, elle aille en quelque sorte « voir ailleurs ». Où donc ? Aristote ne peut le dire, puisque dans son schéma hylémorphique, toute matière correspond toujours à *une* forme et ne peut en suivre d'autres. Elle ne peut qu'être *détournée*, sans que l'erreur de trajectoire corresponde à une autre route pour autant. On songera ici au passage de *Métaphysique*, Z 8, 1033b33-34 sur le cas du mulet comme engendrement contre-nature. De même qu'« un humain engendre un humain », un cheval doit engendrer un cheval, même s'il arrive qu'un mulet naisse d'une « déviation dans la transmission de l'information »[1]. Si, au premier abord, la naissance d'un mulet semble indiquer l'existence d'une autre voie ontogénétique, frayée par la matière s'écartant du protocole initial, cette nouvelle « espèce » n'en est pas vraiment une puisque pour Aristote, ce « demi-âne » ou demi-cheval est un être stérile et

1. Nous reprenons cette formule à A. Jaulin, *Eidos et ousia : de l'unité théorique de la métaphysique d'Aristote*, Paris, Garnier, 2016, p. 132.

incapable d'engendrement[1]. Si «un mulet ne naît pas d'un mulet»[2], comment y voir une espèce (*eidos*) à part entière? Telle serait l'implication de l'importation du modèle de la génération en métaphysique: pour tous les êtres d'une même espèce, une seule forme existe; tout le reste est écart monstrueux et difformité quasiment impensable. Ce qu'il y a, derrière cette position, est l'idée que la matière doit être guidée. Elle n'est pas inerte, certes, mais elle ne suffit pas pour expliquer les phénomènes d'organisation, ne pouvant être à elle-même son propre principe. Son mouvement doit être dirigé et orienté par autre chose, conformément au modèle du désir saisi dans la reproduction.

Or, ce sens de l'infidélité s'applique également à la technique conçue comme mise en œuvre d'un programme donné. Que l'on songe au passage de *Métaphysique*, Θ 7, 1049a9-14, qui pose qu'une maison peut être dite en puissance « s'il n'y a aucun empêchement de facteurs internes, c'est-à-dire dans la matière, à la venue à l'être d'une maison et s'il n'y a rien à ajouter ni à ôter ni à changer». Une matière infidèle serait ici une matière mal préparée, insuffisamment disposée pour recevoir la forme: une brique manquante, un plâtre mal homogénéisé, et l'édifice sera ruiné[3]. À la lecture de ce texte, la matière apparaît comme un concept relatif: selon le commentaire de David Lefebvre, « une chose est dite matière d'une autre quand elle n'a plus besoin d'être élaborée ou transformée pour occuper cette fonction»[4]. On comprend alors qu'Aristote avance que « la matière dernière (*eskhatè hulè*) et l'aspect (*morphè*) sont une seule et même chose» [5] : la matière et la forme seraient deux points de vue sur une même réalité, envisagée tantôt selon la puissance, tantôt selon l'acte. La bonne matière que privilégie Aristote est donc celle qui est déjà prête à prendre forme: elle est toujours déjà tournée vers elle, puisqu'elle n'en est pas séparée. L'identité de la forme et de la matière dernière justifierait cette loyauté et cette obéissance.

D'Aristote, Simondon retient un grand principe: si tous les individus d'une même espèce aspirent vers une forme unique, et s'il y a pour ce monde un premier moteur immobile désignant l'objet de tous les désirs, c'est parce que «les êtres ne veulent pas être mal gouvernés»[6]. La

1. Cf. *Génération des animaux*, II, 10, 448b12-20 et 748b1-8.

2. Aristote, *Métaphysique*, Z9, 1034b4.

3. Dans la génération à partir d'une semence, de même, il ne doit y avoir «aucun empêchement extérieur» (*Métaphysique*, Θ7, 1049a14).

4. D. Lefebvre, *Dynamis...*, *op. cit.*, p. 30.

5. Aristote, *Métaphysique*, H6, 1045b19.

6. *Ibid.*, Λ 10, 1076a3-4.

médiation culturelle semble ici manifeste, puisque c'est l'autorité d'Homère qui est alors convoquée par le Stagirite : « Avoir trop de chefs ne vaut rien : qu'un seul soit chef, qu'un seul soit roi »[1]. Cette exigence de soumission et d'exclusivité, issue d'une interprétation sociale du rapport hylémorphique, va être refusée par Simondon. Si, à la différence de Platon, Aristote est le premier à avoir pensé l'information comme unité dynamique de forme et de matière, celui-ci lui reproche sa conception « trop précise »[2] de l'individuation. La forme étant désormais intérieure à chaque être, et non plus séparée comme dans la théorie de la participation, elle s'apparente à un programme tyrannique face auquel toute incartade est le signe d'un échec. C'est ce caractère tyrannique de la notion de programme, rejouant dans la matière un modèle d'exclusivité et de domination, qui va porter Simondon à s'écarter d'Aristote et du paradigme de la vie. Face aux avancées de la biologie moléculaire et à la découverte de la double hélice d'ADN dans les années 1950, l'aristotélisme commencera pourtant à jouir d'une actualité sans pareille. Il fallait du cran, et de bonnes raisons philosophiques, pour résister à « l'aristotélisme triomphant » porté, dans les années 1960, par la métaphore du code génétique[3]. C'est pourtant la position de Simondon, qui considère la genèse du vivant comme un sujet trop mal maîtrisé pour fournir des paradigmes à la pensée[4]. Le risque serait que nous projetions subrepticement sur ces phénomènes d'ontogénèse, comme Aristote en son temps, nos valeurs et nos schèmes de vivants socialisés.

Car il se pourrait bien que le schème hylémorphique, issu de la vie, ne vaille que pour les vivants individués et pour leurs produits, sans qu'on puisse l'étendre à l'ensemble de l'être. Tel serait, en somme, l'échec d'Aristote : faisant de l'animal, composé de matière et de forme, le modèle de tout individu, celui-ci serait tombé dans un « relativisme zoomorphique »[5]. C'est à tort qu'il aurait envisagé toute individuation, y compris

1. Homère, *Iliade*, éd. P. Mazon, Paris, Les Belles Lettres, 1961, t. I, chant II, v. 204-205, p. 36.

2. G. Simondon, « Histoire de la notion d'individu », dans *L'individuation...*, *op. cit.*, p. 380-381.

3. Sur cet « aristotélisme triomphant », voir L. Loison, « Un enthousiasme paradoxal ? Georges Canguilhem et la biologie moléculaire (1966-1973) », *Revue d'histoire des sciences* 71, 2018/2, p. 271-300, p. 280-281, et sur les réticences de Simondon à l'égard de la biologie contemporaine, A. Fagot-Largeault, « L'individuation en biologie », dans G. Châtelet (dir.), *Gilbert Simondon : une pensée de l'individuation et de la technique*, Paris, Albin Michel, 1994, p. 40-41.

4. *Cf.* G. Simondon, *L'individuation...*, *op. cit.*, p. 92.

5. *Ibid.*, p. 55.

non vitale, sur le modèle de l'entéléchie. Si les conditions d'observation lui avaient permis de mieux étudier les formes de vie « inférieures » – protistes, colonies de coraux, etc. – Aristote aurait peut-être saisi la difficulté d'étendre sa conception du couple matière-forme au-delà des espèces proches de l'homme. C'est ainsi que pour Simondon, sa doctrine est un « vitalisme fondé sur une inspection partielle de la vie », et même « un anthropocentrisme de fait, plus encore qu'un vitalisme proprement dit » :

> En fait la doctrine d'Aristote, prototype de tous les vitalismes, provient d'une interprétation de la vie axée sur les espèces « supérieures », c'est-à-dire totalement individuées ; il ne pouvait en être autrement en un temps où les espèces dites inférieures étaient difficilement observables. [...] En fait, le modèle des vivants est dans les formes supérieures, et, comme « les êtres ne veulent pas être mal gouvernés », l'aspiration de tous les êtres vers une forme unique incite Aristote à tenir compte avant tout des formes supérieures [1].

Pour éviter cet anthropocentrisme camouflé en vitalisme, Simondon ne puisera pas ses paradigmes fondamentaux dans la vie, mais dans l'étude de la matière supposée inerte. Aussi surprenant que cela puisse paraître, le domaine vers lequel il se tourne alors pour penser une matière active n'est pas seulement la physique, mais aussi la technique.

« LE CHARPENTIER ALLAIT DANS LA FORÊT » VERS UN MODÈLE ACTIF DE L'INFIDÉLITÉ MATÉRIELLE

Pour Simondon, il est un caractère que le technicien partage avec le physicien et le chimiste : il ne conçoit pas la matière inerte comme une réalité sans qualités, sans complexité ni organisation : « le physicien agit [...] comme le charpentier qui va chercher l'arbre convenable dans la forêt » [2]. Contrairement au travailleur qui s'empare d'une matière pour lui imposer une fin étrangère, le technicien n'a pas affaire à une matière amorphe. Sa matière n'est pas neutre mais riche de types d'organisation et de fonctionnement objectifs qu'il repère et qu'il apprécie : « l'opération technique intègre les formes implicites plutôt qu'elle n'impose une forme totalement étrangère et nouvelle à une matière qui resterait passive devant cette forme » [3]. L'outil du charpentier n'est pas seulement le moyen d'agir

1. G. Simondon, *L'individuation...*, *op. cit.*, p. 170-171.
2. *Ibid.*, p. 55.
3. *Ibid.*, p. 56.

sur la matière en annihilant ses formes implicites, à l'image de la scie mécanique et du tour qui « violentent le bois, le méconnaissent », car il y a aussi le rabot et l'herminette :

> Savoir utiliser un outil, [...] c'est aussi savoir reconnaître, à travers les signaux qui viennent à l'homme par l'outil, la forme implicite de la matière qui s'élabore, à l'endroit précis que l'outil attaque [1].

Ce n'est pas l'usage – la forme intentionnelle –, ni le matériau de construction – la matière comme pur assemblage – qui définit un objet technique : c'est sa fonction, la manière dont il opère, dans une communauté d'action avec la matière. Dans ce cadre, la matière elle-même se présente comme un ensemble de qualités, de pouvoirs et de fonctions. Si l'argile est malléable, ce n'est pas parce qu'elle est amorphe ; c'est parce qu'elle a des qualités colloïdales qui lui permettent activement de *prendre* une forme, cette capacité ne se distinguant pas de celle de la *garder*. La matière première est un mythe, car l'idée d'une pure matière totalement amorphe suppose en vérité un très haut degré d'élaboration : il s'agit d'une matière préparée, filtrée, tamisée et purifiée à l'extrême.

Aussi l'idée d'*une* matière appliquée à *une* forme est-elle étrangère à la technologie. Telle est la leçon de Leroi-Gourhan, évoquée par Simondon dans un manuscrit intitulé « Anthropo-technologie ». Dans un objet technique, il y a plusieurs matières comme il y a plusieurs formes. Il y a des matériaux qui, comme le métal employé pour les tranchants, jouent un rôle actif, là où d'autres interviennent, de façon plus statique, comme armatures et supports. La technique offre ainsi l'image de matières actives, et ce que Simondon nomme le « totalitarisme de la matière, qui oblige l'objet à être de bois, ou de fer, ou de pierre » est ou bien le fruit d'une pénurie, ou bien l'expression d'un dualisme hylémorphique né d'une méconnaissance de l'acte technique :

> Ce dernier dualisme consiste en ceci : l'objet est d'abord géométriquement et mécaniquement conçu comme un ensemble de formes en fonctionnement, puis l'objet est réalisé en une seconde étape au moyen d'une matière neutre et passive, esclave de la forme, servante de l'intention fabricatrice déjà achevée avec la découverte des formes mécaniques [2].

Cette conception applicationniste de la technique serait l'héritage grec de notre culture, responsable de la mauvaise technologie qui a présidé à la construction du Titanic, ce géant des mers sur le papier qu'un iceberg aura,

1. *Ibid.*, p. 53.
2. G. Simondon, « Anthropo-technologie », dans *Sur la technique*, *op. cit.*, p. 368.

dans les faits, déchiré sur 80 mètres. Tel était l'exemple pris en 1981 par Simondon, juste avant son aparté sur la matière infidèle[1]. Vouloir imposer à la matière des formes extérieures en l'imaginant inoffensive et docile, comme si elle n'était le théâtre d'aucune activité propre, ne conduirait en cela qu'à des échecs, et à l'épreuve insurmontable de sa résistance.

Or, il nous semble que si la métaphore de l'infidélité est féconde, c'est parce qu'elle permet d'aller au-delà d'une conception de la matière comme simple résistance. Opposition négative d'une force à une autre, la résistance suppose un schème adversatif : elle caractérise un être qui m'échappe mais que je ne comprends pas, comme obstacle vaincu ou invaincu auquel se heurte *mon* action. Elle ne s'accompagne pas nécessairement de l'idée d'action, au sens où une « résistance passive » est possible. Au contraire, l'infidélité est éminemment active. L'infidèle n'est pas seulement l'insoumis, le gréviste qui dépose les outils et refuse de travailler, mais aussi celui qui va « voir ailleurs », et témoigne de sa capacité à changer, à s'auto-organiser ou à prendre d'autres formes à travers de nouveaux processus informatifs. À tous les niveaux de l'individuation, y compris le niveau physique, l'individu doit être compris comme le « centre actif » d'une relation dont il est à la fois « théâtre et agent »[2]. Il y a ici une pensée politique que l'on pourrait développer avec Simondon, mais qui correspond aussi à une ontologie : celle du *préindividuel*, dans laquelle

> on pourrait dire que l'être a plusieurs formes et par conséquent plusieurs entéléchies, non une seule comme le suppose une doctrine tirée d'une abstraction biologique. [...] L'erreur du schème hylémorphique consiste principalement en ce qu'il n'autorise qu'une seule entéléchie pour l'être individué, alors que l'être doit être conçu comme ayant plusieurs phases[3].

Pluralisant la logique de l'entéléchie, Simondon s'oriente vers une ontologie dans laquelle l'individu n'est pas simplement l'actualisation d'un programme donné d'avance, mais possède en lui-même des potentiels réels conçus comme sources de nouveauté. Le réel ne se limiterait pas, en quelque sorte, à la puissance actuellement manifestée; il se trouverait toujours, sous elle, une réserve de potentialités qui la débordent. Mais n'est-ce pas à partir d'Aristote, toutefois, que se développe cette métaphysique de l'être polyphasé ? Il est en effet curieux de noter que, dans les cours d'université où il aborde la philosophie ancienne, Simondon est de lui-même conduit à relever des analogies entre la *dunamis* aristotélicienne et

1. G. Simondon, « Sauver l'objet technique », dans *Sur la technique*, *op. cit.*, p. 451.
2. G. Simondon, *L'individuation...*, *op. cit.*, p. 62-63.
3. *Ibid.*, p. 307-308.

les notions d'information, de métastabilité et d'énergie potentielle[1]. Par conséquent, cette notion de potentiel réel, mobilisée par en alternative à l'idée aristotélicienne d'une simple puissance logique[2], pourrait bien avoir été trouvée chez Aristote lui-même.

Comment ne pas voir, dès lors, une forme d'aristotélisme dans l'attention simondonienne aux « formes implicites » de la matière ? Dès avant Simondon, Aristote lui aussi affirmait que la matière première n'existe pas, sinon comme concept-limite[3], car il n'existe dans la nature aucune matière amorphe. Bien que le modèle instrumental de l'utilité reste à l'horizon, la matière est aussi saisie dans son fonctionnement et ses niveaux d'organisation. Aussi l'analogie entre Aristote et Simondon s'accentue-t-elle plus encore si l'on considère l'exemple qui succède au moulage d'argile, dans le premier chapitre de la thèse principale : l'art de la charpenterie. « Le charpentier allait dans la forêt », écrit Simondon qui nous dit que ce n'est pas n'importe quelle essence d'arbre, ni même n'importe quel sapin, qui sera la matière de l'objet : c'est « cet arbre-ci »[4], choisi par l'œil, la main et l'outil expérimentés parce qu'il recèle déjà positivement le volume, la dureté et la courbure recherchés. Comment ne pas songer ici à Aristote et à sa compréhension de l'art du *tekton* ? N'importe quelle forme ne descend pas dans n'importe quelle matière, et c'est sombrer dans l'absurdité que de prétendre que « la technique du charpentier s'insinue dans les hautbois »[5]. Selon l'exemple de *Métaphysique*, Θ 7, on ne fabrique pas un coffre avec de la terre, ni avec n'importe quel bois, mais avec « ce bois-ci » en tant qu'il est déjà, en puissance, la « matière de ce coffre-ci »[6]. Cette attention à la singularité de la matière et de ses formes implicites, fournie par l'art de la charpenterie, constituerait l'endroit où convergent les pensées d'Aristote et de Simondon.

C'est ainsi que, selon la formule d'Anne Fagot-Largeault, Simondon « tient – avec Aristote – que l'analogie technologique est légitime pour comprendre le vivant »[7]. Mais elle n'est légitime qu'à la condition d'être purifiée des projections imaginaires d'une culture aveuglée par le paradigme du travail. Certes, le Stagirite cultivera, du fait d'une observation

1. *Cf.* G. Simondon, *Cours sur la perception*, Paris, P.U.F., 2013, p. 28-29 et « Sciences de la nature et sciences de l'homme », dans *Sur la philosophie, op. cit.*, p. 284-295.

2. *Cf.* G. Simondon, « Histoire de la notion d'individu », dans *L'individuation…*, *op. cit.*, p. 381.

3. Aristote, *Métaphysique*, Z 3, 1028b-1029a.

4. G. Simondon, *L'individuation…*, *op. cit.*, p. 52.

5. Aristote, *De Anima*, I, 3, 407b25.

6. Aristote, *Métaphysique*, Θ7, 1049a 19-24.

7. A. Fagot-Largeault, « L'individuation en biologie », art. cit., p. 23.

partielle des phénomènes de genèse ou d'un normativisme culturel, une version exclusive et hiérarchisée de l'hylémorphisme : à *une* matière correspond *une* forme. Mais rien n'empêche de faire, à partir de Simondon, une lecture infidèle d'Aristote, qui tâcherait de *pluraliser ses entéléchies*. Dans le geste technique, ce qui se dévoile est une matière insoumise et changeante, sur laquelle nos désirs et besoins n'ont ni droit ni monopole. Bien plutôt, c'est la matière qui nous appelle et nous invite à prolonger ses propres formes. C'est ainsi qu'à la fin du *Mode d'existence des objets techniques*, la technicité deviendra la source d'un rapport esthétique au monde, dans lequel la matière est pourvue de « ce caractère d'appel qui donne aux objets un pouvoir de faire naître des gestes vivants », de cette « charge qualitative […] qui fait de ce bloc de pierre un moteur de nos tendances »[1]. Désormais, c'est la matière qui nous active.

Clémentine LESSARD
ENS de Lyon / IHRIM

1. G. Simondon, *Du mode d'existence…*, *op. cit.*, p. 264.

BRUNO LATOUR
MATÉRIALISME ET AGENTIVITÉ

INTRODUCTION
UN RETOUR AUX CHOSES MÊMES

Un lecteur, un étudiant, une philosophe formée à l'époque où prédominait la philosophie du langage (ordinaire ou saturé de signes) seraient sans doute surpris(e)s s'ils se réveillaient à notre époque – disons, du début des années 2000 jusqu'à maintenant – et se demandaient, question éminemment latourienne, « où suis-je ? ». Parce que le paysage philosophique a repris, dans des vagues successives, des couleurs métaphysiques [1], avec des ré-ontologisations d'un univers censé être purement épistémique, fait de simples constructions mentales, des états et même des vues de l'esprit. Si l'ontologie pouvait sembler être une discipline ancienne, teintée de scolastique, ou encore une discipline très technique au sein de la philosophie analytique, questionnant les propriétés minimales de l'être, la réalité des objets physiques ou encore celle des relations sociales, le retour à l'ontologie dont il sera question ici est d'un autre ordre, plus jubilatoire, plus affirmatif (et dans le cas de Latour, nourri aussi de réflexions ethnographiques). Il en est de même pour la métaphysique, qui fait ici un retour triomphant. Dans les remarques qui suivent, j'examinerai deux exemples plus ou moins symptomatiques de ce reflux ou revirement métaphysique, autour du matérialisme : un penseur français récemment disparu, Bruno Latour, et un courant de pensée venu d'outre-Atlantique, le *New Materialism*, en me concentrant surtout sur le premier, ayant examiné le *New*

1. Voir (seulement dans le champ francophone) les travaux publiés dans la collection « MétaphysiqueS » aux P.U.F., par exemple le collectif dirigé par F. Wolff, qui vise à présenter un panorama de ce retour à la métaphysique, voir *Pourquoi y a-t-il quelque chose plutôt que rien ?*, Paris, P.U.F., 2013.

Materialism en lui-même ailleurs[1]. Les deux moquent l'obsession linguistique, sémiotique, structuraliste qui avait tant caractérisé la pensée contemporaine. Dans *Nous n'avais jamais été modernes*, Latour ironise sur la manière dont cette obsession « a occupé les meilleurs esprits de notre temps pendant le dernier demi-siècle », et affirme qu'ils nous ont « menés dans une impasse [...] parce qu'ils ont eux-mêmes limité leur entreprise au seul discours » :

> le langage est devenu à lui-même sa propre loi et son propre monde. Le « système de la langue », les « jeux de langage », le « signifiant », l'« écriture », le « texte », la « textualité », les « récits », le « discours », tels sont quelques-uns des termes qui désignent l'Empire des signes[2] ;

et il conclut ce chapitre, une quarantaine de pages plus loin, en affirmant sans ambages : « Nous sommes fatigués des jeux de langage et de l'éternel scepticisme de la déconstruction du sens »[3].

Latour est fatigué du scepticisme, ce qui pourrait faire de lui un matérialiste, mais comme on le verra, c'est encore une voie de garage à ses yeux, sans que l'on comprenne toujours très bien pourquoi : il déploie un argumentaire assez détaillé sur les philosophies du langage, du tournant linguistique, de la sémiotique, en leur reprochant à la fois l'obsession selon laquelle « il n'y a pas de hors-texte » et le fait, en conséquence, de rendre plus difficile les « branchements » entre le discours et « la nature ou le sujet/société qu'elles avaient laissés intacts, en les rangeant provisoirement au placard »[4], mais beaucoup moins au sujet du matérialisme, qui sera coupable de l'erreur... symétriquement inverse : de choséifier, de réifier, au nom d'une entité qui n'existe pas vraiment, nommée matière. Je ne chercherai pas tant à évaluer sa position ou à la réfuter qu'à réfléchir sur les enjeux de cette ré-ontologisation, qui tend à opposer matérialisme et agentivité, alors que pour le New Materialism (dorénavant NM), tout l'intérêt d'un nouveau matérialisme est de défendre une vision « agentielle » de la matière.

1. *Cf.* C. Wolfe, « Matérialisme ancien, matérialisme nouveau : réflexions sur un néomatérialisme contemporain », dans C. Wolfe, *Lire le matérialisme*, Lyon, ENS Éditions, 2020, p. 213-235 et « Qu'est-ce qui est vivant et qu'est-ce qui est mort dans le New Materialism ? », dans G. Coissard (dir.), *Histoires (matérialistes) du matérialisme*, Paris, Garnier, à paraître.

2. B. Latour, *Nous n'avons jamais été modernes. Essai d'anthropologie symétrique*, Paris, La Découverte, 1991, p. 84 et 85. Voir H. Schmidgen, *Bruno Latour in pieces : An intellectual biography*, trad. angl. G. Custance, New York, Fordham University Press, 2015, p. 104 (sauf indication, les traductions sont miennes).

3. B. Latour, *Nous n'avons jamais été modernes...*, *op. cit.*, p. 123.

4. *Ibid.*, p. 84-86.

Latour est un des premiers philosophes contemporains (ou théoriciens pour s'abriter derrière ce mot) à penser sérieusement *par* ou *à travers* l'instrumentalité : « Une machine qui calcule, qui écrit, qui lit, qui visualise, qui combine, cela donne des idées aux matérialistes »[1]. Mais il est important pour lui, contrairement aux théoriciennes du NM que j'évoquerai plus loin, que cette problématique s'éloigne de et même refuse le dualisme implicite selon lui dans des positions apparemment trop dogmatiques, trop fermées, telles que le matérialisme. L'anthropologie latourienne de la « vie de laboratoire » puis la théorie de l'acteur-réseau qui en découle (y compris autour de Pasteur et la « pasteurisation de la France ») ne raisonnent ni en termes matérialistes, ni en termes idéalistes, ou pour parler le langage de l'histoire des sciences que Latour connaissait bien, ni en termes externalistes ni en termes internalistes : « nul ne peut séparer l'histoire "interne" des sciences de l'histoire "externe" de ses alliés »[2].

Et plus Latour prend du galon, plus sa rhétorique s'amplifie, donc plus s'affirme ce refus d'une coupure trop facile ou injustifiée entre l'univers mental des théories, l'univers pratique des instruments, et l'univers matériel des corps en général (y compris les anticorps, les virus, et autres tout petits corps assez éloignés de la corporéité au sens ordinaire). Cette rhétorique s'affirme jusqu'à devenir une nouvelle métaphysique (relationnelle et whiteheadienne, mais aussi nourrie du pragmatisme, surtout celui de William James, et de la pensée d'Étienne Souriau, au sens développé dans le cadre bruxellois du GECO, le Groupe d'études constructivistes[3] qui eut une influence considérable sur le tournant métaphysique de Latour) – je laisse de côté pour l'instant la question de la réalité de ce tournant, autrement dit s'il n'a pas « toujours déjà » été à la recherche d'une telle

1. B. Latour, « Le travail de l'image ou l'intelligence savante redistribuée », dans *Petites Leçons de sociologie des sciences*, Paris, La Découverte, 2006, p. 156. Bien sûr que Marx, Simondon, Kittler ou Flusser ont eux aussi réfléchi de manière notable sur et à partir de l'instrumentalité; mais l'approche latourienne est aujourd'hui très influente.

2. B. Latour, *Irréductions*, publié en annexe de *Pasteur : guerre et paix des microbes*, Paris, Éditions A. M. Métailié, 1984; réimpr. (pagination différente), Paris, La Découverte, 2001 (je citerai cette dernière édition), p. 325.

3. Voir notamment D. Debaise (dir.), *Vie et expérimentation. Peirce, James, Dewey*, Paris, Vrin, 2007 ; *id.* et I. Stengers (dir.), *Gestes spéculatifs*, Dijon, Les Presses du Réel, 2015. Pour expliquer le nom de leur groupe de recherches, Stengers renvoie dans un entretien de 2018 à Latour, qui aurait « un jour remarqué que nous étions les seul/e/s à ne jamais dire « ce n'est qu'une construction ». Nous sommes amateurs de constructions, nous aimons à comprendre ce qu'elles requièrent, ce qu'elles proposent et ce qu'elles font au monde où elles interviennent » (« I. Stengers. Philosophie activiste, récits spéculatifs et ouverture des possibles », *Le Carnet et les Instants* 198, avril-juin 2018, https://le-carnet-et-les-instants.net/archives/entretien-avec-isabelle-stengers/, consulté le 8 janvier 2024).

métaphysique[1]. On le voit très bien dans sa réponse narquoise à David Bloor qui l'avait accusé assez sèchement de trahir leur cause commune, à savoir une étude des sciences, les « science studies », qui ne mettrait pas en cause le monde objectif et matériel, et serait à ce titre un authentique *empirisme*. Au texte de Bloor, joliment intitulé « Anti-Latour », Latour répond : mais si, cher David Bloor, je suis empiriste, et même je pense que tout est réel, y compris les statistiques, les demandes de financement, les idées mises à la poubelle, et les fausses théories scientifiques[2]. On a pu ensuite lui reprocher cette position, en la qualifiant de relativiste, et Latour s'en est souvent défendu, mais ces *science wars* ne sont pas mon objet ici (et sont abondamment commentées ailleurs). Latour jouera la même carte quand il défendra son anthropologie des sciences face à l'accusation de relativisme/hyperconstructivisme, insistant qu'il s'agit au contraire d'un « réalisme plus réaliste »[3].

1. Un texte important qui témoigne déjà assez tôt de ce « tournant » ontologique (que Latour refuse de qualifier comme tel) est *Irréductions*, publié comme nous l'avons vu en 1984, donc vingt-huit ans avant l'*Enquête* (*Enquête sur les modes d'existence. Une anthropologie des Modernes,* Paris, La Découverte, 2012). Mon objet ici n'est pas d'étudier les étapes de la pensée de Latour y compris pour détecter le moment précis d'un tournant ontologique : d'une part, Latour lui-même refuse l'idée d'un tel tournant, affirmant que les prémisses de celui-ci sont présentes dès le début de son travail (et certes il faut souvent prendre ces affirmations métatextuelles de Latour avec un grain de sel, comme quand il affirme n'avoir jamais fait de la sociologie des sciences) ; d'autre part, le fait même que l'étude sur Pasteur soit accompagnée dès 1984 d'un texte qui est lui-même déjà explicitement ontologique (*Irréductions*) indique que la distinction entre de l'ontologique et du non-ontologique n'est pas forcément le meilleur *Leitfaden* dans l'œuvre latourienne. Comme il l'écrit en 2015, « Faire l'anthropologie des Modernes, c'est [...] suivre les associations, détecter les différents modes d'êtres » (B. Latour et C. Marinda, « À métaphysique, métaphysique et demie : l'*Enquête sur les modes d'existence* forme-t-elle un système ? », *Les Temps Modernes* 682/1, 2015, p. 74). Le site Web de l'Enquête sur les modes existence comporte une chronologie (http://modesofexistence.org/timeline.html) qui indique qu'en 1988 Latour se posait déjà la question de l'ontologie et il ajoute dans le vrai-faux entretien de 2015 qu'en 1973, il « a déjà la liste des modes » d'existence (« À métaphysique, métaphysique et demie », *ibid.*, p. 75).

2. D. Bloor, « Anti-Latour », *Studies in History and Philosophy of Science* 30/1, 1999. p. 81-112 et, publiée à la suite de l'article de Bloor, la réponse de Latour, « For Bloor and Beyond – a Reply to David Bloor », *ibid.,* p. 113-129. Je cite un passage de la réponse de Latour dans l'original anglais (avec un magnifique gallicisme) : « Our slogan 'follow the agents themselves' is not for the dogs. To it we sacrifice everything. They have priority over all disciplinary loyalties and all claims to stick to common sense » (p. 128). Latour appelle à un retour aux agents par-dessus le prétendu sens commun d'un empirisme naïf. Sur le « second empirisme » de Latour (en fait, le pragmatisme), voir B. Latour, « La connaissance est-elle un mode d'existence ? Rencontre au Muséum de James, Fleck et Whitehead avec des fossiles de chevaux », dans D. Debaise (dir.), *Vie et expérimentation..., op. cit.,* p. 17-44.

3. B. Latour, *L'espoir de Pandore. Pour une vision réaliste de l'activité scientifique*, trad. fr. D. Gille, Paris, La Découverte, 2001, p. 22. Pour un commentaire utile sur cet aspect de la pensée de Latour autour du concept (glissant) de Nature, voir S. Frølund, « Des études de

Cet hyper-réalisme, on le voit bien prolongé jusqu'à un sentiment d'indigestion par Graham Harman dans son livre sur Latour, « prince des réseaux »[1]. Je voudrais revenir rapidement sur la question, non pas de « son matérialisme » (si Latour en a un, il faudrait alors discuter trop longuement sur le sens des mots, comme ce qu'il fait avec le terme « empirisme ») mais de son *rapport* au matérialisme, et du rapport d'un matérialisme possible, aux idées latouriennes. Mais pour ce faire, il me semble important de relever une ressemblance frappante – quoique pas totale, comme on le verra – entre Latour et cette autre création-créature théorique protéiforme, le New Materialism (NM). Tous les deux produisent une théorie importante de l'agentivité, qui est centrale dans leurs travaux; mais le second l'articule à un projet autoproclamé matérialiste, alors que le rapport est (presque) l'inverse chez Latour.

MATÉRIALISME AGENTIEL, MATÉRIALISME DE L'IMMATÉRIEL ?

Avec le NM, dont différentes prémisses peuvent être détectées et retracées notamment dans certaines réceptions anglophones de *Mille plateaux* de Deleuze et Guattari, on assiste depuis le début des années 2000 non seulement au retour de l'ontologie mais à une affirmation d'un matérialisme dans lequel toutes les oppositions, toutes les contradictions viendraient se dissoudre. Poussant plus loin la prise en compte de l'agentivité des non-humains suggérée notamment par Haraway et Latour (on oublie parfois que dès les années quatre-vingt-dix, celle-ci écrivait déjà, en citant Latour, Woolgar, Pickering et d'autres figures des *science studies*, qu'elle cherchait à « prendre en compte les différents acteurs et actants humains et non humains qui se rencontrent dans des interactions qui

laboratoire à l'Anthropocène. Comment Bruno Latour a finalement presque accepté (un concept de) la nature », *Diogène* 275-276/3-4, 2021, p. 97-117.

1. G. Harman, *Prince of Networks : Bruno Latour and Metaphysics*, Melbourne, re.press, 2009. On pourrait penser que l'inventeur de l'ontologie des objets (OOO) serait en bisbille avec l'ontologiste des actants, mais pas du tout : « le monde est fait d'acteurs ou d'actants (que je nommerai également « objets ») » (*ibid.*, p. 14). Pour Harman, nous avons le choix entre l'ontologie relationnelle des actants (latourienne) ou une théorie revue de la substance ; mais si on opte pour la seconde, il ne faudra pas compter sur le matérialisme « du sens commun », car il ne sera pas « de qualité suffisante » pour faire l'affaire (p. 82). Harman, lui, écrit en homme pressé.

matérialisent des mondes sous certaines formes plutôt que d'autres »[1]), les courants néo-matérialistes en viennent à considérer l'ensemble des composantes matérielles de nos sociétés comme autant d'agents actifs dotés, à des degrés divers, d'une forme de vitalité[2].

C'est un monisme et/ou un animisme très généralisé. Certes, on distingue souvent le monisme de l'animisme, mais dans le contexte néo-matérialiste, l'idée qu'il n'y a qu'une substance universelle, nommée Nature ou Matière, et que tout ce qui est, est animé, revient comme un leitmotiv. Et dans ce monisme/animisme, il est assez difficile de discerner des dimensions spécifiquement sociales ou politiques, même si l'une des principales théoriciennes de ce courant, Jane Bennett, proclame inlassablement que ce tournant ontologique a une dimension politique : « l'analyse des événements politiques pourrait changer si nous accordions plus d'importance à la force des choses »[3]. C'est ainsi qu'elle parle de *thing-power*, de « puissance chosale », qui ne signifie rien d'autre que « l'agentivité protéiforme des choses » ; un monisme de la puissance chosale et de la « matérialité partagée » de toutes choses[4]. Les acteurs sociaux et politiques n'ont pas de statut particulier dans cette ontologie, et l'absence de conflictualité peut laisser songeur; je ne reviendrai pas ici sur les critiques de la théorie de l'acteur-réseau ou du principe de symétrie (Simon Schaffer

1. D. Haraway, « A Game of Cat's Cradle : Science Studies, Feminist Theory, Cultural Studies », *Configurations* 2/1, 1994, p. 64. La question de l'influence de Latour sur ces courants reste encore à analyser; il me semble légitime d'en faire une lecture croisée, comparative même si Latour est sans doute une influence lui aussi sur le NM (Jane Bennett le félicite d'éviter tout anthropocentrisme en théorisant le concept d'actant dans la préface de son ouvrage principal, *Vibrant Matter : A Political Ecology of Things*, Durham, Duke University Press, 2010, p. IX; Karen Barad le crédite, parmi d'autres, pour l'avènement d'un tournant ontologique dans les *science studies*, auquel elle contribue depuis 1996, voir *Meeting the Universe Halfway : Quantum Physics and the Entanglement of Matter and Meaning*, Durham, Duke University Press, 2007, p. 409, n. 4).

2. K. Barad, « Posthumanist performativity : toward an understanding of how matter comes to matter », *SIGNS : Journal of Women in Culture and Society* 28/3, 2003, p. 801-831; D. Coole et S. Frost (eds), *New Materialisms. Ontology, Agency, and Politics*, Durham, Duke University Press, 2010; J. Bennett, *Vibrant Matter*..., *op. cit.*

3. J. Bennett, *Vibrant Matter*..., p. VIII. Pour des réflexions critiques (et fort pertinentes) sur cette prétendue dimension politique chez Bennett, voir les analyses utiles de T. Lemke, selon lesquelles le matérialisme vital de Bennett, au lieu de fournir ce que qu'elle nomme un « modèle alternatif de la politique », aboutit de manière assez surprenante à une alternative *à* la politique – autrement dit, pas de politique du tout, voir « An Alternative Model of Politics ? Prospects and Problems of Jane Bennett's Vital Materialism », *Theory, Culture & Society* 35/6, 2018, p. 47), et les remarques de C. Moir, « What is living and what is dead in political vitalism ? », *in* C. Donohue et C. Wolfe (eds), *Vitalism and Its Legacy in Twentieth Century Life Sciences and Philosophy*, Cham, Springer, 2023, p. 239-262.

4. J. Bennett, *Vibrant Matter*..., *op. cit.*, p. 13.

parlait à ce sujet, au début des années quatre-vingt-dix, d'un « retour de l'hylozoïsme »[1]), mais je noterai simplement qu'Isabelle Stengers remarque au sujet du NM que « le matérialisme perd son sens lorsqu'il est séparé de son rapport au conflit »[2]; remarque qui peut être appliquée également à Latour, avec la réserve que celui-ci refusera d'accorder au matérialisme une légitimité particulière.

Latour et les théoriciennes du néo-matérialisme affirment souvent qu'ils effectuent une sorte de changement de paradigme, comme on le lit dans la réponse au questionnaire sur le NM paru dans la revue new-yorkaise *October*: un déplacement « de l'épistémologie, dans toute sa relation à la critique, vers l'ontologie, où l'être des choses est valorisé au même titre que celui des personnes »[3]. De fait, un des messages-clés de la pensée de Karen Barad par exemple (une des meilleures théoriciennes du NM), c'est que le matérialisme, pour être « nouveau », doit suivre la physique sur ses chemins quantiques, fluides[4], dynamiques, et que certaines ont même qualifié d'immatériels... Autrement dit, ce qui est *nouveau* dans le NM est son ontologie; et ce qui est nouveau dans cette ontologie, c'est, comme le résument Diana Coole et Samantha Frost, qu'elle est centrée sur « les propensions dynamiques, constitutives, aléatoires et même *immatérielles* qui caractérisent les nouvelles significations de la matérialité et de la matérialisation »[5]. On peut ne pas suivre Barad dans son appropriation de la physique de l'« intra-action », qui a des accents parfois (délibérement) bergsoniens, parfois (sans doute accidentellement) fichtéens (« La matière se repliant sur elle-même, involuant, elle ne peut s'empêcher de se toucher elle-même, et en se

1. S. Schaffer, « The eighteenth brumaire of Bruno Latour », *Studies in the History and Philosophy of Science* 22, 1991, p. 174-192.

2. I. Stengers, « Wondering about Materialism », *in* L. Bryant, N. Srnicek et G. Harman (eds), *The Speculative Turn: Continental Materialism and Realism*, Melbourne, re.press, 2011, p. 368. Et sa remarque selon laquelle elle est « certainement plus héritière de Marx que ne l'est Latour » (I. Stengers, « Une politique de l'hérésie », *Vacarme* 19, 2002, p. 8).

3. *October*, questionnaire sur le néo-matérialisme, Présentation, p. 3.

4. À vrai dire, même la fluidité est encore trop réifiée comme concept aux yeux de Barad : « La métaphore du « flux » est utilisée ici pour évoquer l'idée de l'agentivité en tant que performance (*enactment*), par opposition à sa notion plus habituelle, en tant que propriété d'entités (le plus souvent des êtres humains). Par ailleurs, cette métaphore est également trompeuse dans la mesure où elle évoque un sentiment de fluidité fondé sur une dynamique qui change continuellement dans le temps, alors que les intra-actions ont lieu non pas dans l'espace et le temps (comme s'il s'agissait de contenants ou de marqueurs de ce qui est déjà), mais dans la création/marquage de l'espace-temps » (K. Barad, *Meeting the Universe Halfway*, *op. cit.*, p. 429, n. 19).

5. D. Coole et S. Frost, « Introduction », in *ead.* (eds), *New Materialisms...*, p. 14-15 (nous soulignons).

touchant, elle vient au contact de l'altérité infinie qu'elle est »[1]) ; mais je ne fais que constater.

De plus, dans le NM on ne peut qu'être frappé par la dimension jouissive de cette fixation ontologique, ce sentiment qu'en revenant au « réel », gros de toutes ses possibilités, on a dépassé les limites stériles du transcendantal, du linguistique, mais aussi du corrélat homme-monde. Dans cette vision gentiment optimiste, la philosophie n'est pas cantonnée, pour citer Harman,

> aux heurs et malheurs d'un fade corrélat homme-monde, elle a pour compagnie tous les actants possibles : sapins, chiens, avions supersoniques, rois vivants et morts, fraises, grand-mères, propositions et théorèmes mathématiques[2].

Reprenant Latour, Harman parle d'une « démocratie absolue des objets » : « un moustique est tout aussi réel que Napoléon, et du plastique dans un débarras municipal est autant un actant qu'une ogive nucléaire »[3]. Et Latour ajouterait « les petits pans de mur jaune, les ravins peints à l'encre de Chine, les forêts de transept… les lions que la nuit change en hommes, les déesses mères en ivoire, les totems d'ébène »[4].

Un changement de paradigme ou en tout cas un retour vers l'ontologie, certes. Mais comme je le suggérais plus haut, un tel refus du primat du sujet connaissant, ou de l'attitude sceptique qui en serait comme le miroir, n'est-il pas une marque familière du projet matérialiste, qui souligne le primat du monde sur le penseur ? Peut-être, mais cela ne semble pas être du goût du philosophe bourguignon. Latour a publié dans *Isis* (la revue prestigieuse d'histoire des sciences) un texte court sur le matérialisme d'où il ressort que pour lui, il s'agit d'une ontologie plate, stérile, réductionniste, et que la métaphysique whiteheadienne avec ses actants, est inversement pleine de dynamisme et de plasticité[5]. Son ontologie à la fois relationnelle, interactionniste et pluraliste (ou pragmatiste selon le vocabulaire qu'on affectionne) refuse même l'idée de force, encore trop réifiée : « au lieu de force, nous pouvons parler d'entéléchies ou, plus simplement, d'actants »[6]. De plus, le matérialisme et l'idée de matière qui va avec, est une des terribles

1. K. Barad, « TransMatérialités. Trans*/Matière/Réalités et imaginaires politiques queer », *Multitudes* 82/1, 2021, p. 188.
2. G. Harman, *Prince of Networks : Bruno Latour and Metaphysics*, p. 16.
3. *Ibid.*, p. 5-6, 16, 22, 34.
4. B. Latour, *Irréductions*, *op. cit.*, p. 308.
5. B. Latour, « Could we get our materialism back, please ? », *Isis* 98, 2007, p. 138-142.
6. B. Latour, *Irréductions*, *op. cit.*, p. 245.

inventions des modernes, comme il le dit dans plusieurs textes y compris l'*Enquête sur les modes d'existence* :

> la plus bizarroïde des institutions qui a eu, en plus, la conséquence assez malencontreuse de créer par contraste un « sujet connaissant » et même un « esprit » capable de s'en extraire en projetant « au dehors » un « monde extérieur » – dont l'existence est d'ailleurs devenue incertaine [...] C'est cette étrange série d'inventions qui a rendu les Modernes opaques à eux-mêmes et, ce qui est plus grave, qui a rendu incompréhensible la saisie des « autres cultures », lesquelles s'étaient fort bien passées aussi bien du « monde matériel » que des « sujets » [1].

La matière est une notion trop abstraite, voire même idéaliste, « le plus idéaliste des produits de l'esprit » [2]; la *res extensa* « n'est pas du tout une définition de la matérialité, de l'obstination têtue des existants, mais une définition toute idéale des capacités de localisation d'un point discret détachable dans le temps comme dans l'espace » [3] (nouveau clin d'œil vers l'ontologie whiteheadienne).

De quel matérialisme s'agit-il [4] ? De l'atomisme antique, du physicalisme hobbesien ou du matérialisme « vulgaire » fondé sur la biochimie naissante, au XIXe siècle ? Latour ne le précise pas mais est explicite sur le rapport entre ce « isme » et la pratique des sciences expérimentales. Autrement dit, c'est à une certaine image de la pensée, une *cosa mentale* construite à partir de cette pratique, qu'il s'en prend. Car, de même que la philosophie linguistique négligeait les « branchements » divers et spécifiques du champ social et du champ naturel, le matérialisme selon Latour négligerait ou « réduirait » les gestes constitutifs de ces différents domaines. C'est un anti-réductionnisme assez classique, pas très spécifiquement « latourien » en fait, mais qu'il intègre à une vision de la

1. B. Latour, *Enquête sur les modes d'existence*, *op. cit.*, p. 110. Il applique cette critique « anthropologique » de la distinction Nature/Culture à la prétendue émergence de la modernité dans *Nous n'avons jamais été modernes* (le thème du « Grand Partage » qui n'a jamais eu lieu), et à la distinction corps/esprit dans « Désincarcérer les corps ? », *Psychiatrie Française* 333/1, 2012, p. 23-37. Latour est toutefois revenu sur certains points concernant l'ontologie des modernes, en dialogue avec le concept de « naturalisme » chez Philippe Descola, dans son texte d'hommage à ce dernier (« “Ce cheval ne tient plus dans le cadre” ou les nouveaux avatars de l'analogisme », dans G. Cometti *et al.* (dir.), *Au seuil de la forêt. Hommage à Philippe Descola, l'anthropologue de la nature*, Mirebeau-sur-Bèze, Tautem, 2020, p. 573-584) ; merci à Aline Wiame de cette référence.

2. B. Latour, *Enquête sur les modes d'existence*, *op. cit.*, p. 118.

3. B. Latour, « “Ce cheval ne tient plus dans le cadre”... », art. cit., p. 577.

4. Je remercie un lecteur (une lectrice) anonyme de cette question. J'ai cherché ailleurs à examiner divers arguments antimatérialistes tels que ceux de R. Ruyer (lui aussi nommé comme influence par Latour), voir C. Wolfe, *Lire le matérialisme*, *op. cit.*

réification de la Nature dont seraient coupables les sciences modernes, là encore classique (voir la *Krisis* de Husserl et son influence, via Alexandre Koyré et plus tard Carolyn Merchant, sur les lectures critiques de la Révolution Scientifique et sa « mécanisation » de la Nature), et enfin à une théorie (une ontologie plutôt) des actants et des forces, qui aurait été négligée par la vision « mécaniste » de la Nature (coupable de ce que Whitehead nomma la « bifurcation » de la Nature).

Les ontologies *new-materialist* et latouriennes ont en commun une sorte d'évocation presque ontophanique d'une totalité dynamique, processuelle, en mouvement, faite d'une multiplicité d'entités, de virtualités, de promesses et de projets : « Rien n'est jamais de soi ordonné ou désordonné, unique ou multiple, homogène ou hétérogène, fluide ou inerte, humain ou inhumain, utile ou inutile »[1]. Malgré l'usage valorisant de l'étiquette « matérialiste » chez les premières, on a l'impression d'un matérialisme sans matière (mais plein d'agentivité) : dans ces ontologies, « il n'y a pas de matière, mais seulement des processus de matérialisation »[2]. Elles ont en commun (surtout chez Bennett et Latour, moins chez Barad ou d'autres néo-matérialistes) une passion pour le catalogage à l'infini devenue encore une fois, une ontologie, comme si la célèbre encyclopédie chinoise de Borges chère à Foucault était devenue le monde lui-même : des fraises et des grand-mères, des sacs en plastique, des murs jaunes et des totems d'ébène...Elles ont enfin en commun, comme l'ont relevé certains critiques tendanciellement marxistes, une absence *frappante*, sûrement délibérée, de toute dimension de conflit (polemos, dialectique, négativité, etc.), surtout dans le NM[3]. C'est d'ailleurs une critique faite par Isabelle Stengers elle-même, visant le NM (surtout sa variante moins féministe, le matérialisme spéculatif), mais curieusement jamais appliquée à son ami Bruno Latour. Peut-être pourrait-on dire, en se mettant à la place de

1. B. Latour, *Irréductions*, *op. cit.* p. 246.

2. A. Benoit, *Trouble dans la matière*, Paris, Éditions de la Sorbonne, 2019, p. 321.

3. C. Henning, « The Politics of Nature, Left and Right : Comparing the Ontologies of Georg Lukács and Bruno Latour », *in* M. Thompson (ed.), *Georg Lukács and the Possibility of Critical Social Ontology*, Leiden, Brill, 2019, p. 289-317. Henning défend le projet d'une ontologie sociale, via le dernier Lukács, mais juge la version latourienne décevante. Latour, qui cite Carl Schmitt dans plusieurs livres (surtout *Face à Gaïa*, où il rassure le lecteur en affirmant que « tout est affaire de dosage ! », voir *Face à Gaïa. Huit conférences sur le Nouveau Régime climatique*, Paris, La Découverte, 2015, p. 285), est sans doute moins platement moniste-animiste sur ce point, car il réfléchit concrètement aux interactions entre « instances », entre autorités, entre associations, en affirmant que nous ne sommes pas en paix mais en guerre. Latour n'est d'ailleurs pas le premier à chercher chez Schmitt des ressources pour une écologie politique, aussi étonnant que celui puisse paraître (il le souligne en citant deux livres parus la même année que le sien, *ibid.*, p. 288, n. 21).

Stengers, que le New Materialism, comme l'indique son nom, prétend être matérialiste, donc on peut en droit attendre de lui qu'il remplisse les critères, qu'il coche les cases de ce type de doctrine, alors que Latour non seulement ne s'est jamais revendiqué tel, mais s'est même payé la tête des matérialistes à plusieurs reprises, sans le geste de retournement qu'on trouve brillamment par exemple chez Foucault critiquant l'absence du corps dans le marxisme, et affirmant en substance : « c'est moi le vrai matérialiste ! »[1].

Tout dépendra du matérialisme en question, dira-t-on (et visiblement, Latour, pourtant un grand lecteur et ami de Isabelle Stengers[2], n'a pas lu ce qu'elle a écrit sur Diderot et le matérialisme, ou alors il n'a pas voulu le voir[3]). Chose curieuse, les *new materialists* veulent et produisent performativement la même métaphysique que Latour (voir ce que dit Jane Bennett du contenu des poubelles, *trash*, aussi vivant que le reste du cosmos[4]), mais insistent pour l'inscrire sous la rubrique, prestigieuse pour elles, du matérialisme.

1. M. Foucault, « Pouvoir et corps », dans *Dits et Écrits,* t. II : *1970-1975*, Paris, Gallimard, 1994, p. 756.

2. Latour et Stengers se remercient en prélude de chacun de leurs ouvrages depuis au moins le début des années 1990 (il écrit d'elle dans les remerciements de l'*Enquête sur les modes d'existence,* qu'elle a « tellement lu, amendé et critiqué les versions successives, que j'aimerais pouvoir bénéficier, comme le fait Intel pour les puces électroniques, de ce prestigieux sceau : "IS inside" » (*Enquête sur les modes d'existence, op. cit.,* p. 9) ; elle lui dédie, ainsi qu'à Félix Guattari, *L'invention des sciences modernes* en 1993). Ils écrivent ensemble une préface à l'œuvre d'Etienne Souriau *Les différents modes d'existence* (1943), Paris, P.U.F., 2009. Etc.

3. I. Stengers, « Diderot's egg : Divorcing materialism from eliminativism », *Radical Philosophy* 144, 2007, p. 7-15 et « Wondering about Materialism », art. cit. Latour mentionne favorablement Diderot en passant dans l'*Enquête*, pour en faire un partisan de la « matériologie » aux côtés de Bergson et Simondon (et donc pas du matérialisme décrié) ; un « matérialisme enchanté », pour ainsi dire (*Enquête sur les modes d'existence, op. cit.*, p. 228).

4. Coole et Frost dans l'introduction au volume qu'elles ont dirigé, *New Materialisms...*, *op. cit.*, p. 9, résumant les idées de Jane Bennett. De fait, Bennett, dans *Vibrant Matter...*, évoque de manière récurrente cette « vitalité des poubelles » (*ibid.*, p. VII, VIII, X, 6, 10, 39, 107, 115) ; à la place d'un « flower power » ou d'un « Black Power » (ce sont ses propres exemples), Bennett propose un « thing power » (p. 6) ; Et elle considère que cette vision de la vitalité de toute matière correspond à la notion latourienne d'actant.

UNE POSSIBILITÉ SPINOZISTE

J'ai émis une critique visant le NM et Latour, mais en bon talmudiste j'ajouterai tout de suite qu'on peut lire cette métaphysique plus charitablement, autrement dit pour moi en tout cas, de manière plus *spinoziste*, comme le propose Mateusz Janik :

> Les organismes politiques composites sont ceux qui sont composés non pas d'individus humains, mais de toutes les intersections possibles de leurs corps, composés dans des formes concrètes demeurant dans une relation matérielle concrète. La réponse proprement spinozienne (mais probablement pas celle de Spinoza) à cette impasse apparente de la pratique politique est que la seule manière possible de faire de la politique passe par la dissolution complète de la distinction imaginaire entre le social et le naturel (c'est pourquoi l'un des auteurs les plus spinoziens aujourd'hui est, probablement, Bruno Latour) [1].

En termes librement spinozistes, le mode d'agir (et le rapport entre mouvement et repos) d'une plante diffère de celui d'une station de métro, même si toutes les deux sont *sensu stricto* simplement des instances, des actualisations, des incarnations d'une matière agentielle plus générale (agentielle au sens théorisé d'abord par Michel Callon et Latour dans les années 1980, puis par Barad plus récemment, où la matière est moins une « chose » ou un agrégat de choses, et plus un dynamisme, une puissance d'agir [2]). En même temps, de même qu'on reprocha beaucoup au système spinoziste de ne pas faire une place suffisante ou « protégée » au sujet (la personne individuelle avec sa biographie, ses affects, son expérience), on peut rester dubitatif sur la réalité de ces actualisations individuelles de l'agentivité, puisque *tout y est* agentivité, y compris même les micro-corps, les composantes du corps. Je relève également le fait que, dans *Face à Gaïa,* Latour préfère traduire « agency » par l'expression hautement

1. M. Janik, « Thinking the Future : Spinoza's Political Ontology Today », *in* B. Lord (ed.), *Spinoza Beyond Philosophy*, Edinburgh, EUP, 2012, p. 130-131 : « Composite political organisms are those composed not by human individuals but by all possible intersections of their bodies composed in concrete forms staying in a concrete material relation. The proper Spinozan (but probably not Spinoza's) answer to this apparently dead end of political practice is that the only possible way of making politics goes through complete dissolution of the imaginary distinction between the social and the natural (this is why one of the most Spinozan authors today is, probably, Bruno Latour) ».

2. M. Callon et B. Latour, « Introduction », dans *ead.* (dir.), *La science telle qu'elle se fait. Anthologie de la sociologie des sciences de langue anglaise*, Paris, La Découverte, 1991 ; et M. Callon (dir.), *La science et ses réseaux. Genèse et circulation des faits scientifiques*, Paris, La Découverte, 1988.

spinoziste de « puissance d'agir » plutôt que par « agentivité »[1], et que déjà *Irréductions* prenait en 1984 une forme rappelant explicitement l'*Éthique*, avec des propositions et des scolies – et si cela n'alertait pas suffisamment le lecteur, Latour ajoute qu'il définit son « précis » comme un « Tractatus scientificopoliticus »[2]. Cependant, il serait difficile de faire de Latour un métaphysicien de la substance unique (même si certains néo-spinozismes prennent la forme d'une ontologie relationnelle[3]).

Mais ce spinozo-latourisme – ou latouro-spinozisme – débouche aussi sur une écologie. De fait, il y a – on le sait très bien et c'est même l'aspect de sa pensée le plus connu en France – une dimension écologique et non seulement métaphysique à tout cela chez Latour. Par exemple, le principe de symétrie du « strong programme » en sociologie des sciences, posant qu'on doive étudier à égalité – symétriquement – des théories scientifiques considérées comme fausses (« périmées ») et des théories considérées comme vraies (« sanctionnées »), sans privilégier les secondes, refusant donc toute coupure épistémologique, est maintenant appliqué également aux humains et aux non-humains : c'est la prémisse de la pensée écologique de Latour, radicalisant la théorie de l'acteur-réseau (le fameux « principe de symétrie généralisé »[4]). La métaphysique latourienne, si proche du *new materialism* (qui se réclame aussi, quoique plus mollement et avec moins d'originalité, de l'écologie) cherche plutôt, dans sa célèbre formule qui fut le titre de l'énorme exposition qu'il organisa au ZKM de Karlsruhe avec Peter Weibel, à « rendre les choses publiques »[5]. Il parle aussi de « reterrestrialiser », et de rendre l'écologie politique : c'est un des

1. Comme il l'indique dans l'introduction à *Face à Gaïa*, *op. cit.*, voir aussi p. 67. Je remercie Aline Wiame de cette remarque.

2. B. Latour, *Irréductions*, *op. cit.*, p. 347.

3. Voir V. Morfino, « Ontologie de la relation et matérialisme de la contingence », *Actuel Marx* 18, 2003, supplément en ligne.

4. M. Callon et B. Latour, « Introduction », dans *La science telle qu'elle se fait...*, *op. cit.*, p. 25, et p. 39. Ce principe de symétrie généralisée a d'abord été appliqué à une symétrisation des savoirs anthropologiques et de « nos » savoirs scientifiques – et Latour peut citer à juste titre son étude classique, cosignée avec S. Woolgar, *Laboratory Life : The Construction of Scientific Facts*, Princeton, PUP, 1979; trad. fr. B. Latour et S. Woolgar, *La Vie de laboratoire. La production des faits scientifiques*, Paris, La Découverte, 1988, comme exemple d'une telle symétrisation, puisqu'il tourne le regard de l'anthropologue vers un de « nos » laboratoires scientifiques); le principe est ensuite « ontologisé » pour en faire le moteur d'une théorie généralisée des « actants ».

5. B. Latour et P. Weibel (eds), *Making Things Public : Atmospheres of Democracy*, catalogue d'exposition, Cambridge, MIT Press, 2005.

motifs de *Face à Gaïa*[1]. C'est une question de positionnement politique, pas de cohérence philosophique, mais on peut rêver à un univers parallèle dans lequel Isabelle Stengers, grande lectrice de Guattari à qui elle dédie *L'Invention des Sciences Modernes* avec Latour, comme je l'ai noté, aurait fait lire à celui-ci *Les trois écologies*, de Guattari, qui date de 1989 et cherche à expliciter un rapport entre écologie de l'environnement, écologie politique, et écologie psychique (les « trois » écologies)...

Au final, Latour aime bien ricaner sur la naïveté de l'idée du matérialisme en faveur de la matérialité, de l'instrumentalité, puis des processus une fois qu'il s'imprègne de métaphysique whiteheadienne, associée pour lui à l'aventure bruxelloise du GECO. Comme il l'écrivait déjà en 1984 dans *Irréductions*, « Le matérialisme de ce petit précis devrait faire pâlir les beaux matérialismes de jadis avec leurs nappes de matière homogène et leurs forces uniques, si belles qu'elles en devenaient immatérielles » ; « rien ne se réduit à rien »[2]. On pourrait lui retourner le compliment en lui disant qu'il est « ivre d'ontologie », comme on disait méchamment de Spinoza qu'il était *gottbetrunken*. Latour déplore en effet que « les philosophes explorent avec une audace folle des ontologies alternatives, mais ils ne peuvent s'empêcher d'en choisir une, comme si leur job était de définir de quoi le monde se compose en vrai et pour tout le monde »[3]. Il faudrait ne pas avoir à choisir, sous-entend-il. Choisir une ontologie, c'est naïf, c'est réducteur, c'est aride; le matérialisme ne serait alors simplement qu'un exemple de la dysfonction ou pathologie inhérente à la pensée (ou un certain type de pensée philosophique), trop réductionniste – condamné, pour reprendre l'exemple que donne Latour, à « prend[re] la Reine Elizabeth pour le Royaume-Uni »[4]. Le réductionnisme, écrira-t-il dans une de ses dernières publications, « reste une indispensable tactique d'enquête et de figuration mais n'est plus capable de donner l'impression, comme naguère, d'engendrer une ontologie – ou alors il faut dire [...] qu'il s'agit d'un dessin »[5].

1. B. Latour, *Face à Gaïa*, *op. cit.*, 7ᵉ conférence. Cet aspect est repris et complexifié chez Latour avec la notion de « zone critique » dans *Où atterrir ? Comment s'orienter en politique*, Paris, La Découverte, 2017.

2. B. Latour, *Irréductions*, *op. cit.*, p. 241-242, p. 250 et p. 287.

3. B. Latour et C. Marinda, « À métaphysique, métaphysique et demie... », art. cit., p. 82.

4. B. Latour, *Irréductions*, *op. cit.*, p. 284.

5. B. Latour, « "Ce cheval ne tient plus dans le cadre"... », art. cit., p. 579.

Face au matérialisme « classique » (mais lequel ? celui, physicaliste, de Hobbes ? celui, vitalisant, de La Mettrie ? sans parler du matérialisme historique), les deux tendances que j'ai cherché à examiner ici, la pensée de Latour et le NM, se positionnent en faveur d'une ontologie de l'agentivité conçue comme plus profonde que la matière elle-même; mais Latour complique la situation en refusant le choix d'une ontologie, même s'il semble pencher en faveur des entéléchies (et, encore et toujours, des actants). On l'a vu plus haut, Latour, surtout dans une certaine partie de son œuvre (mais une partie relativement longue et centrale), a ce geste récurrent de se revendiquer plus réaliste que le roi, plus empiriste que les empiristes, et bien sûr plus matérialiste que les matérialistes naïfs qui croient encore en la « matière ». Parfois ce geste est légitimé par un renvoi vers un concept d'agentivité apparemment plus profond encore que la matière elle-même (chez Latour), parfois cette projection vers une ontologie se fait au nom du matérialisme lui-même (chez les *new materialists*). Mais il me faut ajouter par souci d'honnêteté que cette boulimie ontologique n'est pas juste un problème *dans* la pensée de Latour (ou des *new materialists*); elle est un problème aussi *pour* le matérialisme, puisque celui-ci, presque en son essence, est une *production d'ontologie*(*s*))[1]. Ce que sans doute, Stengers a vu et Latour n'a pas vu ou n'a pas voulu voir – au sens où elle a une vision plus généreuse du projet matérialiste. Sans attendre ni l'audace latourienne ni l'arrivée d'un *new materialism* au tournant des années 2000, le matérialisme est traversé par des poussées spéculatives : songeons à l'« Alma Venus » de Lucrèce ou à Diderot imaginant « dans Jupiter ou dans Saturne des polypes humains »[2].

Charles WOLFE
Université Toulouse – Jean Jaurès / ERRAPHIS

1. Voir, encore une fois, C. Henning, « The Politics of Nature, Left and Right… », art. cit.
2. Le *De rerum natura* de Lucrèce commence avec une invocation de la « bienfaisante » ou « nourricière » Vénus (*Alma Venus*), I, l. 2. Pour Diderot, voir *Le Rêve de D'Alembert*, dans *Œuvres complètes*, t. XVII, éd. H. Dieckmann, J. Proust et J. Varloot, Paris, Hermann, 1987, p. 125.

TABLE DES MATIÈRES

Achevé d'imprimer en novembre 2024 sur les presses de
La Manufacture - *Imprimeur* – 52200 Langres – Tél. : (33) 325 845 892
Imprimé en France – N° : 240923 – Dépôt légal : décembre 2024